나이스 육효六爻

上

맹기옥(孟起玉) 著

祥元文化社

추천사

태양과 지구 그리고 달을 포함한 하늘의 별들은 한 치의 오차도 없이 오랜 세월 동안 질서 정연하게 정해진 궤도를 따라 움직이고 있습니다. 그에 따라 세상 어느 한 가지도 그 모습으로 그냥 그대로 머무는 법이 없으니 인간의 삶도 그러하다 하겠습니다. 우주와 지구의 움직임은 일정한 운동법칙을 가지고 있는데 인간이라고 예외일 수가 없습니다. 그래서 그 법칙에 따라 미래를 예측해 보려는 시도가 오래 전부터 동양, 서양을 막론하고 이어져 왔습니다. 불확실하여 두려운 앞날을 예측하기 위해 점을 쳐왔던 것입니다.

미래를 알고 싶어 하는 것은 본능에 속합니다. 그래서 사람들은 정치, 경제, 철학, 종교, 사회 어떤 분야를 불문하고 앞날을 예측해 보려고 합니다. 내일의 날씨를 알고 싶어 하듯이 내일의 나의 모습도 알고 싶어 합니다. 육효六爻를 비롯하여 육임, 구성학, 기문둔갑, 매화역수 등이 그러한 학문입니다.

육효는 주역의 괘에 명리학의 지지를 혼합시켜 적중률을 높이려고 시도합니다. 육효는 상象과 수數를 이용한 논리적인 이치를 가지고 있어 어떤 점사占辭이든지 판단하지 못할 것이 거의 없습니다. 단 사심邪心이나 도박, 투기, 사리사욕 등에 관해 점을 친다면 거부를 하니 신비할 뿐입니다. 단, 인간 됨됨이를 바로 세우고 난 후 점을 칠 때 올바른 답을 보여줍니다.

이번에 오랜 기간 동방대에서 함께 강의를 해 오신 맹기옥 선생께서 육효를 공부하는 분들을 위한 책을 출판한다고 합니다. 역학을 하는 분들이라면 명리학과 더불어 하나의 점술을 병행한다면 적중률을 훨씬 높일 수 있는데 육효도 그중 하나입니다.

맹기옥 선생께서는 오래 전부터 명리 책을 쓰고 강의를 해 오면서 육효에도 관심을 가져 다음(Daum)에 나이스 사주명리(육효) 카페를 만들어 많은 동영상을 제공하고 있습니다. 육효를 정리한 책이 있으면 좋겠다는 요구가 있어 이번에 기존의 자료들을 정리하여 출판한다고 합니다.

맹기옥 선생은 동방문화대학원 대학교 명리학 최고지도자과정과 전문가과정에서 강의하고 있고, 그동안 『적천수』『난강망』『자평진전』 등 명리 고전 해설서를 포함해 여러 권의 명리서를 출간하였습니다. 이번 육효책에는 8괘와 64괘 등 육효에 대한 기본이론과 천금부, 하지장에 대한 설명 그리고 실전에 도움이 되는 많은 점들의 사례들로 구성되어 있어 육효를 배우는 데 크게 도움이 될 것입니다.

맹기옥 선생의 탄탄한 명리지식에 바탕을 둔 이번 점술 중의 점술 육효!《나이스 육효》책으로 시간과 돈과 노력을 아끼며 효율적인 학습이 되기를 기대해 봅니다.

동방문화대학원 대학교
석좌교수 철학박사 **유방현**

서문

명리를 한참 공부하고 있을 때 자연스럽게 주역이나 매화역수 그리고 육효 등을 접하게 되었고, 후에 동양 점술학을 더 깊이 공부해 보고자 사이버 대학을 다녔는데 이때 풍수, 관상, 육임 등도 접하였습니다. 이 중에서 육효는 주역의 괘와 명리의 간지를 이용하여 점을 친다는 점에 매력을 느껴서 다음 (Daum)에 나이스 사주명리(육효) 카페를 만들고 나름대로 체계적인 정리도 하였습니다. 그러나 어느 순간 이렇게 여러 가지를 손댔다가는 죽도 밥도 안 될 것 같아 모든 것을 접고 명리에만 몰두하였습니다. 그 결과로 명리고전 3 대 해설서를 비롯한 "나이스 명리학" 시리즈 책이 나왔고 여기저기에서 강의 도 하고 있습니다.

그러나 시절인연이라고 했던가요? 상담을 하면서 보니 명리로는 설명 하기 힘든 내용들이 있었습니다. 예를 들어 '잃어버린 물건을 찾을 수 있을까?' '빌려준 돈은 언제 받을 수 있을까?' '내일 소풍을 가는데 날씨가 어떤가?' '헤어진 그 사람에게 다시 연락이 올까?' 등 이런 질문에 부딪쳤을 때 과거에 공부했던 육효점을 쳐보곤 하였는데 그 결과는 신통방통하였습니다. 그래서 다시 육효에 관심을 갖고 있을 때 마침 출판사와 연락이 되어 책을 내기로 하였습니다.

육효점은 오랜 역사를 가진 점술 중의 하나입니다. 점占은 어떤 논리적인 근거가 있는 것이 아니고, 점을 치는 순간의 우주 기운과 자기의 기도祈禱를 일치시키는 것입니다. 양궁과 같은 스포츠 시합을 할 때 정신을 집중시키듯이 점을 칠 때도 정성을 다해 우주 기운을 끌어 모으는 것이 가장 중요합니다.

육효점은 주역 괘를 바탕으로 합니다. 그래서 먼저 주역 괘에 대한 이

해가 필요합니다. 주역만으로도 주역점을 칠 수 있으나, 육효는 주역에 명리학의 간지를 결합시켜 훨씬 적중도를 높였습니다. 그래서 육효는 주역이나 명리학에 대한 지식이 없는 초급자에게는 무척 어렵게 느껴질 수 있지만 일단 기본 내용만 정리되면 수학 공식 적용하듯이 대입만 하면 되니 참 편리합니다. 즉, 육효는 울고 들어가서 웃고 나오는 점술이라고 할 수 있습니다.

요새는 인터넷이나 스마트폰을 사용하여 육효의 괘를 뽑는 수고를 덜 수 있으니, 뽑아진 괘를 보고 통변에만 초점을 맞추면 됩니다. 마치 과거 육효가 자동차 구조를 배우는 데 중점을 두었다면, 현대 육효는 자동차 구조는 몰라도 운전만 잘하면 되는 것과 같습니다. 그래서 육효가 고리타분하다는 인식에서 벗어나 앞으로는 육효를 배우는 사람들이 더욱 늘어날 것으로 예상됩니다.

명리가 사주팔자와 운의 흐름으로 운명을 풀어낸다면, 육효는 대개 점을 치는 달의 지지와 그날의 일진을 사용합니다. 그래서 육효점은 이론상으로는 평생운도 가능하지만 근시점近時占에서 더 높은 적중률을 나타냅니다.

누구나 상담할 기회를 갖게 될 것입니다. 필자도 명리를 공부하기 전부터 중·고등학교에서 입시교육이나 일상에서 많은 상담을 해왔습니다. 그 당시 상담할 때 옆에 사주팔자가 있었다면 얼마나 상담 내용이 풍부해졌을까 생각해 보곤 합니다. 의사나 약사 또는 영업 등 다른 직종에 종사하는 분들도 사주팔자나 점술을 배우고 임하면 더욱 더 일의 효율을 높일 수 있고, 사주나 타로를 보면서 육효도 함께 참고한다면 더욱 알찬 상담이 될 것 같습니다. 이 책을 정리하면서 제갈공명이나 이순신 장군 등도 점을 쳤다는데 육효점이 아니었을까 하는 생각이 들었습니다.

이 육효책은 각 종교의 경전처럼 읽고 또 읽기를 권장합니다. 기도나 주문을 외우는 것처럼 정신을 집중하여 반복해 읽어 가다 보면 반드시 깨닫는 바가 있을 것입니다. 이 책에 나오는 예문들은 다른 육효 서적이나 인터넷 등에서 가져온 것도 있으나 육효점에 대한 설명은 육효 이론을 바탕으로 필자가 직접 하였습니다.

육효를 처음 접했을 때 보았던 다음 구절이 항상 머리에 남아 있습니다. "함부로 점치지 마라!!"

끝으로 항상 한결같이 따뜻하게 대해 주신 존경하는 유방현 교수님께 감사를 드립니다. 그리고 교정에 참가해 주신 문태석님(인천), 조선호님(서울), 이계승님(서울), 봉일스님(영동), 맹주권님(수원), 이봉철님(서울), 문형준님(남양주), 박미순님(서울)께 감사를 드립니다. 이 분들의 도움으로 원고의 많은 잘못된 부분을 고칠 수 있었습니다. 다시 한 번 감사를 드립니다.

이 책이 육효를 공부하는 분들에게 도움이 되었으면 좋겠습니다.

2019년 봄에
빛고을 광주에서
맹기옥

육효에 대한 동영상이나 더 많은 자료는 다음(daum) 카페 나이스사주명리(육효)를 검색해 보시기 바랍니다.

下券

제4부 ... 각점론

제**1**부

기초편

점칠 때 주의사항

❶ 함부로 점을 쳐서는 안 된다.

❷ 심신을 청결하게 하고 자기만의 주문(呪文)을 외운 후 엄숙한 자세로 임한다.

❸ 점치는 내용을 꾸밈이나 거짓없이 사실 그대로 고해야 한다.

❹ 한 가지 내용만 성심을 다해 물어야 한다.

❺ 옳은 일이 아니면 점치지 말고 장난으로 점쳐서는 안 된다.

❻ 만일 옳은 일이 아닌 점을 쳤다면 말하지 마라.

❼ 점괘가 나오면 의심하지 말고 확신을 가져라.

❽ 두 가지 이상의 문제는 따로 점을 쳐야 한다.

❾ 애매모호할 때는 다시 점을 쳐도 좋다.

육효점으로 볼 수 있는 것들

▨ 평생 운세

▨ 아픈 사람은 나을 수 있을까?

▨ 기다리는 사람이 올까?

▨ 임신은 언제쯤 될까?

▨ 재물에 대한 점

▨ 혼인에 대한 여러 가지 사항

▨ 수명은 어느 정도?

▨ 여행 중 날씨는 어떨까?

▨ 진행 중인 소송이나 시합에서 승리할 수 있을까?

▨ 직장에서 징계는 언제 풀릴까?

▨ 직업을 구할 수 있을까?

▨ 잃어버린 물건은 찾을 수 있을까?

▨ 시험에 합격할 수 있을까?

▨ 물건을 팔려는데 잘 팔릴까?

▨ 출산은 순조로울까?

▨ 부부관계가 좋아질 수 있을까?

▨ 여행을 떠나려는데 괜찮을까?

▨ 이사하려는데 괜찮을까?

육효(六爻)의 구성

3개의 효가 모여 소성괘가 되고, 소성괘 두 개가 상하로 만나 대성괘가 된다. 초효·2효·3효를 하괘(下卦) 또는 내괘라고 하고, 4효·5효·상효는 상괘(上卦) 또는 외괘라고 한다. 대성괘는 64개인데, 각 대성괘에는 6개의 효가 있으니, 효의 총수는 64×6=384개가 된다. 육효점은 주역의 괘를 기반으로 하므로 주역의 괘나 효에 대해 많이 알수록 정확도는 높아진다.

		천지비
외괘(상괘)	상효	I
	5효	I
	4효	I
내괘(하괘)	3효	II
	2효	II
	초효	II

▶육효에서 사용하는 대성괘

대성괘는 소성괘 두 개를 붙여 놓은 것을 말한다. 소성괘에는 세 개의 효가 있고, 대성괘에는 두 개의 소성괘가 붙어 여섯 개의 효가 있다.

효는 아래에서 위로 이름을 붙인다. 맨 아래를 초효라고 하고, 그 다음부터 2효, 3효, 4효, 5효로 이름을 붙인다. 그리고 맨 위의 효를 상효라고 한다. 양효(−)를 구(九), 음효(−−)를 육(六)으로 붙이기도 한다. 즉 2효가 양이면 구이(九二)라고 하고, 상효가 음이면 상육(上六)이라고 한다. 헷갈리기 쉬우므로 쉬운 방법을 사용하면 좋지만 그런 용어를 쓰는 사람도 있으니 소통을 위해 알아둘 필요는 있다. 대성괘는 두 개의 소성괘가 합쳐진 것인데 대성괘 아래에 있는 소성괘를 내괘, 그리고 위에 있는 소성괘를 외괘라고 말하며 내외(內外)나 원근(遠近) 등을 파악할 때 사용한다.

각 괘와 효에는 설명이 붙어 있는데 이를 괘사(卦辭), 효사(爻辭)라고 한다. 괘사와 효사로 길흉이나 일의 진행과정 그리고 상대방의 입장 등을 판단할 수 있다. 초효는 이제 시작이고 걸음마 상태를 나타내고, 상효는 정상에 오르면 더 이상 올라갈 곳이 없는 불안한 위치를 나타낸다. 3효는 하괘에서 상괘로 이어지는 가장 변화가 심한 효이다. 2효는 하괘(내괘)의 중(中)이 되고, 5효는 상괘(외괘)의 중(中)이 된다.

_효(爻)의 위치 구분_

	1효(초효)	2효	3효	4효	5효	상효
가문	손자	자식	나, 형제 부처(夫妻)	부모, 숙부	조부모	조상
지역	벽지, 시골	동, 면	구, 읍	시, 군	도, 광역시	서울
인물	서민	면장	군수	지사	장관, 총리	대통령
학교	유치원	초등학교	중학교	고등학교	대학교	대학원
교육계	학생	선생	교장	교육장	교육감	교육부장관
업무	속생각	개인사	가사(家事)	인사(人事)	관사(官事)	나랏일
가택	마당	부엌	방, 집안	대문, 화장실	도로	지붕, 천장, 담
인체	발	종아리, 자궁	허벅지	배	가슴	머리
가축	닭	개	돼지	염소	소	말
의약	짠 약	신 약	단 약	쓴 약	매운 약	모든 약
일기(日氣)	풍운(風雲)	이슬	번개, 가뭄	벼락, 안개	태양	하늘
분묘(墳墓)	자식	처(妻)	형(兄)	모(母)	부(父)	조(祖)

　　각 효가 나타내는 의미를 알아야 점을 칠 때 구체적으로 점사(占辭)를 이야기할 수 있다. 위 표를 보면 초효는 가장 근본이 되는 것이고, 점차 효가 올라갈수록 폭은 넓어지고 하는 일이 많아짐을 알 수 있다. 책에 나와 있는 것 외에도 모든 조직이나 자연현상에 각 효가 나타내는 의미를 붙일 수 있으니 스스로 연습해 보아야 한다.

육효에 필요한 기본 이론

명리학을 공부한 사람이라면 육효에 필요한 상식적인 이론들을 어느 정도 알고 있겠지만, 그렇지 않은 사람들은 육효의 기본 지식을 습득하는데 상당한 시간이 걸린다. 이 책에서는 육효에 필요한 기본 이론을 간단히 설명하고 주로 육효를 실용적으로 활용하는데 많은 부분을 할당하고 있다. 사주실제풀이를 할 때 보조적인 점술로서 육효를 사용하기 위함이다. 동양철학의 기본이 되는 음양오행이나 천간 지지에 대해 더 자세히 알고 싶으신 분은 상원문화사에서 출간된 나이스사주명리(이론편)을 읽어보기를 권장한다.

▶천간과 지지

오행	木		火		土		金		水	
천간	甲	乙	丙	丁	戊	己	庚	辛	壬	癸
음양	양(陽)	음(陰)	양(陽)	음(陰)	양(陽)	음(陰)	양(陽)	음(陰)	양(陽)	음(陰)
색깔	녹색청색	녹색청색	적색	적색	황색	황색	백색	백색	흑색	흑색
방위	동쪽	동쪽	남쪽	남쪽	중앙	중앙	서쪽	서쪽	북쪽	북쪽
후천수	3	8	7	2	5	10	9	4	1	6

_지지_

계절	봄(春)		환절기	여름(夏)		환절기	가을(秋)		환절기	겨울(冬)		환절기
하루	아침		전환기	낮		전환기	저녁		전환기	밤		전환기
지지	寅	卯	辰	巳	午	未	申	酉	戌	亥	子	丑
오행	木	木	土	火	火	土	金	金	土	水	水	土
띠	호랑이	토끼	용	뱀	말	양	원숭이	닭	개	돼지	쥐	소
숫자	3	8	5	2	7	10	9	4	5	6	1	10
색깔	녹색청색	녹색청색	황색	적색	적색	황색	백색	백색	황색	흑색	흑색	황색
방위	동쪽	동쪽	동남쪽	남쪽	남쪽	서남쪽	서쪽	서쪽	서북쪽	북쪽	북쪽	동북쪽
시간	3 - 5	5 - 7	7 - 9	9 - 11	11 - 13	13 - 15	15 - 17	17 - 19	19 - 21	21 - 23	23 - 1	1 - 3
월	1월	2월	3월	4월	5월	6월	7월	8월	9월	10월	11월	12월
절기	입춘	경칩	청명	입하	망종	소서	입추	백로	한로	입동	대설	소한

_60갑자 표_

甲子(갑자) 1924, 1984, 2044	甲申(갑신) 1884, 1944, 2004	甲辰(갑진) 1904, 1964, 2024
乙丑(을축) 1925, 1985, 2045	乙酉(을유) 1885, 1945, 2005	乙巳(을사) 1905, 1965, 2025
丙寅(병인) 1926, 1986, 2046	丙戌(병술) 1886, 1946, 2006	丙午(병오) 1906, 1966, 2026
丁卯(정묘) 1927, 1987, 2047	丁亥(정해) 1887, 1947, 2007	丁未(정미) 1907, 1967, 2027
戊辰(무진) 1928, 1988, 2048	戊子(무자) 1888, 1948, 2008	戊申(무신) 1908, 1968, 2028
己巳(기사) 1929, 1989, 2049	己丑(기축) 1889, 1949, 2009	己酉(기유) 1909, 1969, 2029
庚午(경오) 1930, 1990, 2050	庚寅(경인) 1890, 1950, 2010	庚戌(경술) 1910, 1970, 2030
辛未(신미) 1931, 1991, 2051	辛卯(신묘) 1891, 1951, 2011	辛亥(신해) 1911, 1971, 2031
壬申(임신) 1932, 1992, 2052	壬辰(임진) 1892, 1952, 2012	壬子(임자) 1912, 1972, 2032
癸酉(계유) 1933, 1993, 2053	癸巳(계사) 1893, 1953, 2013	癸丑(계축) 1913, 1973, 2033
甲戌(갑술) 1934, 1994, 2054	甲午(갑오) 1894, 1954, 2014	甲寅(갑인) 1914, 1974, 2034
乙亥(을해) 1935, 1995, 2055	乙未(을미) 1895, 1955, 2015	乙卯(을묘) 1915, 1975, 2035
丙子(병자) 1936, 1996, 2056	丙申(병신) 1896, 1956, 2016	丙辰(병진) 1916, 1976, 2036
丁丑(정축) 1937, 1997, 2057	丁酉(정유) 1897, 1957, 2017	丁巳(정사) 1917, 1977, 2037
戊寅(무인) 1938, 1998, 2058	戊戌(무술) 1898, 1958, 2018	戊午(무오) 1918, 1978, 2038
己卯(기묘) 1939, 1999, 2059	己亥(기해) 1899, 1959, 2019	己未(기미) 1919, 1979, 2039
庚辰(경진) 1940, 2000, 2060	庚子(경자) 1900, 1960, 2020	庚申(경신) 1920, 1980, 2040
辛巳(신사) 1941, 2001, 2061	辛丑(신축) 1901, 1961, 2021	辛酉(신유) 1921, 1981, 2041
壬午(임오) 1942, 2002, 2062	壬寅(임인) 1902, 1962, 2022	壬戌(임술) 1922, 1982, 2042
癸未(계미) 1943, 2003, 2063	癸卯(계묘) 1903, 1963, 2023	癸亥(계해) 1923, 1983, 2043

◗오행의 상생

- ⊙ 목생화(木生火)
- ⊙ 화생토(火生土)
- ⊙ 토생금(土生金)
- ⊙ 금생수(金生水)
- ⊙ 수생목(水生木)

◗오행의 상극

- ⊙ 목극토(木剋土)
- ⊙ 토극수(土剋水)
- ⊙ 수극화(水剋火)
- ⊙ 화극금(火剋金)
- ⊙ 금극목(金剋木)

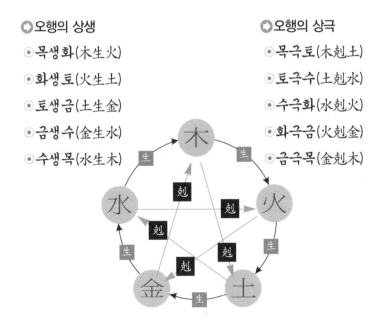

◗육친의 상생

- ⊙ 비생식(比生食)
- ⊙ 식생재(食生財)
- ⊙ 재생관(財生官)
- ⊙ 관생인(官生印)
- ⊙ 인생비(印生比)

◗육친의 상극

- ⊙ 비극재(比剋財)
- ⊙ 재극인(財剋印)
- ⊙ 인극식(印剋食)
- ⊙ 식극관(食剋官)
- ⊙ 관극비(官剋比)

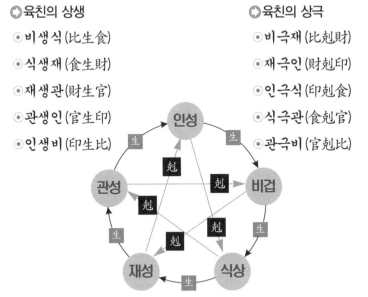

비겁(형제) – 식상(자손) – 재성(처재) – 관성(관귀) – 인성(부모)

※ ( ) 안은 육효에서의 용어

▶왕상휴수사(旺相休囚死)

육효는 천간과 지지 중심으로 이론을 펼쳐가는 것이 아니고 주역의 괘에 지지를 붙여 점을 친다. 그래서 육효 천간지지 이론은 명리학에서 다루는 왕상휴수사나 12운성에 비해서는 어설픈 면이 있다. 명리의 용어로 말하면 비겁은 왕(旺), 생을 받는 인성은 상(相), 설기하는 식상은 휴(休), 극을 하는 재성은 수(囚), 극을 당하는 관성은 사(死)가 된다.

⊙왕(旺) : 계절과 같은 오행　　예 봄이라면　木
⊙상(相) : 계절이 생하는 오행　　예 봄이라면　火
⊙휴(休) : 계절을 생하는 오행　　예 봄이라면　水
⊙수(囚) : 계절을 극하는 오행　　예 봄이라면　金
⊙사(死) : 계절이 극하는 오행　　예 봄이라면　土

왕상휴수사 표

오행 ＼ 계절	木(봄)	火(여름)	土(사계)	金(가을)	水(겨울)
木	왕(旺)	휴(休)	수(囚)	사(死)	상(相)
火	상(相)	왕(旺)	휴(休)	수(囚)	사(死)
土	사(死)	상(相)	왕(旺)	휴(休)	수(囚)
金	수(囚)	사(死)	상(相)	왕(旺)	휴(休)
水	휴(休)	수(囚)	사(死)	상(相)	왕(旺)

▶ 12운성(十二運星)

12운성에는 태(胎), 양(養), 장생(長生), 목욕(沐浴), 관대(冠帶), 건록(建祿), 제왕(帝王), 쇠(衰), 병(病), 사(死), 묘(墓), 절(絕)이 있다. 태어나서 성장하여 장성했다가 다시 쇠하여 병들어 죽어 사라지는 과정으로 자연의 순환을 표시한 것이다. 따라서 글자가 나타내고자 하는 자연의 변화를 읽어내야지 글자에 집착하면 안 된다.

명리학에서는 천간과 지지 관계를 살펴보는 12운성을 중요하게 여긴다. 사주팔자가 천간과 지지로만 되어 있기 때문이다. 그러나 육효에서는 음간과 양간 구분없이 오행을 기준으로 12운성에서 일부만 적용하고 있지만 만일 12운성을 온전히 적용한다면 확률을 훨씬 높일 수 있을 것이다.

육효에서 12운성은 점치는 날의 일지 오행을 기준으로 정한다. 예를 들어 점치는 날의 지지가 金이라면 寅卯辰은 절태양(絕胎養)으로 보고, 巳午未는 생욕대(生浴帶)에 해당한다. 그리고 申酉戌은 록왕쇠(祿旺衰)로 보며, 亥子丑은 병사묘(病死墓)로 보는 것이다.

점술은 구체적인 상황의 전개를 이야기하는 것보다는 예스(Yes) 아니면 노우(No)로 말해야 하므로 육효에서도 장생이나 관대 그리고 건록이나 제왕은 좋다고 해석한다. 반면에 사(死), 묘(墓), 절(絕) 등은 만사불성을 의미하니 부정적으로 통변하는 것이 일반적이지만, 앞에서 말한 것처럼 한자의 뜻에 집착하는 것은 올바른 방법이 아니다.

_12운성 표_

	장생	목욕	관대	건록	제왕	쇠	병	사	묘	절	태	양
木	亥	子	丑	寅	卯	辰	巳	午	未	申	酉	戌
火	寅	卯	辰	巳	午	未	申	酉	戌	亥	子	丑
金	巳	午	未	申	酉	戌	亥	子	丑	寅	卯	辰
水	申	酉	戌	亥	子	丑	寅	卯	辰	巳	午	未

육효에 필요한 주역의 괘

육효는 주역의 괘에 근간을 두고 있다. 그래서 육효를 공부하기 전에 주역에 대해 간단히 정리해 둘 필요가 있다. 주역에는 삼역(三易)이 있는데, 하(夏)나라 때 연산역(連山易), 은(殷)나라 때 귀장역(歸藏易), 주(周)나라 때 주역(周易)이 그것이다.

중국의 역사는 요순(堯舜)시대를 거쳐 하(夏)나라, 은(殷)나라, 주(周)나라, 춘추전국(春秋戰國)시대로 이어진다. 그 후로 진(晉)나라, 한(漢)나라, 당(唐)나라, 송(宋)나라, 금(金)나라로 이어지고, 그 뒤에 원(元)나라, 명(明)나라, 청(淸)나라가 있었다. 이 역사를 보면 주역이 어느 때 만들어졌는지 짐작할 수 있다.

주역(周易)에는 삼의(三意)가 있다고 하는데 첫째가 간역(簡易)이다. 만물의 생성화멸의 자연법칙이 간단하고 평이하다는 의미다. 그다음 두 번째가 변역(變易)인데 춘하추동, 사계 등 만물이 끊임없이 변한다는 것이다. 세 번째로는 불역(不易)인데 만물이 끊임없이 변하지만 변하는 법칙은 변하지 않는다는 것이다.

주역(周易)은 상하경(上下經)으로 되어 있는데 복희씨(伏羲氏)가 팔괘(八卦)를 만들고, 주공(周公)이 64괘로 발전시켜 괘효사(卦爻辭)를 달았다. 문왕(文王)이 계사(繫辭)를 달았고, 공자(孔子)가 십익(十翼)을 붙였다고 한다. 십익에는 단전상하(彖傳上下), 상전상하(象傳上下), 계사전상하(繫辭傳上下), 문언전(文言傳), 서괘전(序卦傳), 설괘전(說卦傳), 잡괘전(雜卦傳) 등 총 열 권이 있다.

주역의 괘는 태극(太極)에서 양의(兩儀), 즉 음과 양으로 분화된다. 음은 다시 소양과 태음으로 나뉘고, 양은 태양과 소음으로 나뉜다. 또다시 태음은 곤괘와 간괘로 나뉘고, 소양은 감괘와 손괘로 나뉜다. 그리고 소음은 진괘와 이괘로 나뉘고, 태양은 태괘와 건괘로 나뉜다. 이 팔괘를 소성괘라고 하는데 이 소성괘가 다시 두 개씩 합쳐져서 64괘의 대성괘가 된다.

태극							
양의	양(陽)				음(陰)		
사상	태양(太陽) ⚌		소음(少陰) ⚍		소양(少陽) ⚎		태음(太陰) ⚏
팔괘	건(乾)	태(兌)	이(離)	진(震)	손(巽)	감(坎)	간(艮)	곤(坤)
괘	☰	☱	☲	☳	☴	☵	☶	☷
풀이	건삼련 (乾三連)	태상절 (兌上絶)	이중절 (離中絶)	진하련 (震下連)	손하절 (巽下絶)	감중연 (坎中連)	간상연 (艮上連)	곤삼절 (坤三絶)
자연	하늘	연못	불	우레	바람	물	산	땅

양(陽)은 확산·상승을 나타내고, 음(陰)은 응축·하강을 나타낸다. 그래서 양이 세 개 모인 건괘 ☰는 올라가고 확산하는 모습을 보여주는 하늘을 표현했고, 음이 세 개 모인 곤괘 ☷는 하강 응축하여 움직이지 않는 땅을 나타냈다.

이렇게 주역의 괘는 자연 현상을 나타냈으므로, 괘를 보고 괘가 나타내고자 하는 자연현상을 읽어내도록 해야 한다. 명리학의 천간 지지가 하늘과 땅에서 일어나는 변화의 현상을 표시한 것과 같다.

이괘 ☲는 활활 타오르는 불을 보고 만들었는데 위아래가 양이고 가운데는 음이다. 촛불이나 장작불 등을 보면 가운데 검은 부분이 있는데 이를 음으로 표시한 것이다.

감괘 ☵는 아래로 흘러내려가는 물을 보고 만들었다. 위아래 양쪽에 내려가려는 음이 있고 가운데 상승하려는 양이 있으므로 물은 출렁거리며 내려가는 것이다.

간괘 ☶는 땅에 붙어 있고 가운데만 볼록한 모습을 한 산을 보고 만들었다. 음은 아래로 내려가려는 성질이 있는데 맨 위의 양 때문에 볼록 위로 튀어나오게 되는 것이다. 꼭 산이 아니더라도 가운데가 볼록한 물체나 현상들은 모두 간괘로 표시할 수 있다.

태괘 ☱는 연못을 보고 만들었다. 아래 두 개의 양 때문에 올라가려 하지만 맨 위의 음이 누르고 있는 형상이다. 그러나 음이 두 개의 양을 누르는 것도 한계가 있어 언젠가는 양에 의해 증발될 수도 있다. 이따금 마르는 연못을 보고 태괘를 만들었다.

손괘 ☴는 땅에 붙어 다니는 바람을 보고 만들었다. 윗쪽 두 개의 양이 상승하며 움직이게 만드는데 맨 아래의 음이 땅을 벗어나지 못하는 것이다.

진괘 ☳는 하늘에서 땅으로 내려치는 벼락을 보고 만들었다. 강한 두 개의 음의 기운 때문에 급속히 하강하는데 맨 아래의 양이 반발을 한다. 그래서 땅에 붙지는 못하고 자기부상열차처럼 떠 있는 상태가 되어 안정감이 없는 모습을 보인다.

이런 방식으로 자연현상을 보고 주역의 팔괘는 만들어졌다. 주역의 괘는 자연현상을 표시한 것이다.

▶팔괘(八卦)

팔괘가 나타내는 의미를 확장해 보자. 다음 설명은 팔괘와 친숙해지고 각 괘에 대한 사고의 확장을 위해서이다.

◉일건천(一乾天) ☰

하늘, 부친, 창공, 태양, 달, 온통 양(陽)이다, 양은 생명력이다, 시작, 출발, 전진, 오른다, 높다, 잡을 수 없다, 넓다, 자유롭다, 크다, 커진다, 공짜다, 법 없다, 모두 내 것이다, 창의력, 맘대로, 기체, 점, 먼지, 추진력, 쉬지 않고 움직인다, 먼 곳에서 활동한다, 활동 범위가 넓다, 하는 일이 뜻대로 된다, 더 이상의 오르막은 없다, 정점에 도달하니 내려간다, 가장(家長), 겨울, 찬바람, 서북쪽 戌亥 방향이다.

⊙이태택(二兌澤) ☱

연못, 소녀, 저수지, 댐의 물, 땅 위의 고인 물, 피기 직전의 꽃망울, 상승 준비, 나갈 준비, 탈옥 준비, 가출 준비, 곧 화산이 폭발할 수 있다, 곧 증발한다, 잘 마른다, 틈만 나면 외출, 가출, 곧 박차고 나간다, 규율 어긴다, 내부의 분노, 마음속의 자유, 미래의 희망, 겉보기와 다르다, 순진 차분, 엄마가 보호하는 고등학생, 음(陰)의 통제가 약하다, 버릇없다, 후에 단속해도 안 된다, 상관(傷官) 기운이 강하다, 서쪽 酉金 방향이다.

⊙삼이화(三離火) ☲

불, 중녀, 상승, 올라가는 기운, 오르려고 하지만 오르지 못한다, 떨어져 나가려 한다, 도망치려 하지만 먼 곳으로 가지 못한다, 화려한 외출, 자유를 꿈꾼다, 차마 못 버린다, 불꽃 속에 있는 어둠, 겉은 화려해도 속은 어둡다, 좋은 집에 빚 있다, 겉만 번지르르 하고 속은 비었다, 내실이 없다, 공허하다, 마음에 응어리 있다, 품에 안고 움직인다, 겉은 화려하다, 마음속에 있는 친정, 남쪽 午火 방향이다.

⊙사진뢰(四震雷) ☳

우레, 장남, 우레는 하늘에서 땅으로, 음이 강해 양을 누른다, 물 속에 있는 물고기이다. 태아가 움직인다, 땅 속의 마그마이다, 양(陽)이 불만이 많다,

곧 터진다, 울기 직전이다, 장남의 스트레스, 억눌림, 짓눌림, 풍선을 너무 압박하면 터진다, 오르는 양(陽)을 강하게 누른다, 겉모습은 음(陰)이다, 비 올 때 번쩍, 마른하늘에 번개, 겉보기와 다르게 안에는 폭발물 있다, 내성적 이나 폭발하면 무섭다, 이성을 지키지만 마음속에 불만 있다, 참고 견딘다, 가문이나 집안을 지킨다, 불만이 있어도 고향을 지킨다, 아버지를 따른다, 동쪽 卯木 방향이다.

⊙오손풍(五巽風) ☰

바람, 장녀, 올라가고 싶으나 붙잡힌다, 바람은 땅에 붙어 있다, 태풍도 땅에 붙어 이동한다, 바람처럼 떠난다, 친정 못 잊고 있는 큰딸, 땅에 붙어 있는 풍선, 멀리 못가고 근처를 돌아다닌다, 근처로 이사 다닌다, 크게 움직이지 못하지만 마음은 자유롭다, 현실에 얽매어 있다, 현실에 발 붙이고 이상을 꿈꾼다, 바람이 분다, 바람이 부니 깨끗해진다, 출장 다니는 직장인, 반 자유, 구속을 받아도 활달하다, 영업사원이다, 辰巳 동남 방향이다.

⊙육감수(六坎水) ☵

물 水, 중남(中男), 물은 아래로 흐른다, 고인 것은 물이 아니다, 가운데 양이 있어 출렁인다, 시골로 간다, 좌천이다, 귀향, 귀양, 겉은 차분하지만 속은 부글부글, 겉은 차지만 가운데는 불덩이, 잘 참는다, 이성적이다, 냉정을 유지한다, 평온 속에서 움직임 있다, 꽃망울, 내부의 생명력, 자라나는 어린이나 청년, 꿈나무, 외유내강(外柔內剛)이다, 물은 생명이다, 물은 살아 있다, 해류(海流)는 움직인다, 고개 숙인다, 소박하고 겸손하다, 차분하게 아래로 흐른다, 하극상이 없다, 북쪽 子水 방향이다.

⊙칠간산(七艮山) ☶

산(山), 소남(少男), 땅에 붙었다, 구속이 심하다, 활동 범위가 좁다, 부모를 떠날 수 없는 막내, 발이 묶였다, 초반의 위축이 심하다, 발버둥을 치나 힘들다, 노력하지만 한계가 있다, 정지되어 있다, 근본은 내성적이다, 겉은 활발하다, 보기보다 위축되어 있다, 움직이지 못한다, 산에 나무가 많다, 겉은 생명력이 넘친다, 독립적이지 못하다, 마마보이, 모자멸자(母慈滅子), 동북쪽 丑寅 방향이다.

⊙팔곤지(八坤地) ☷

땅, 모(母), 온통 음(陰)이다, 근본, 내려가고 또 내려간다, 정지되었다, 움직이지 않는다, 기도 중이다, 차분하다, 안정감 있다, 집에 붙어 있다, 시골 생활, 못 떠난다, 제자리 지킨다, 어둠 속이다, 어머니 품이다, 의욕이 없다, 음(陰)이 극에 달했다, 모든 것을 포용한다, 자기 뜻을 감춘다, 내부의 반발심 없다, 주변 자극에 반응이 없다, 작고 단단하다, 실속 있다, 작은 것이 비싸다, 움직이지 않으니 법을 위반하지 않는다, 남서쪽 未申 방향이다.

괘를 이용하여 점을 치는 학문을 상수학(象數學)이라고 하는데 상(象)과 수(數)를 연결시켜야 하므로 처음부터 일건천, 이태택, 삼이화 등으로 숙달하면 좋다. 주역을 점치는 도구가 아니고 순수하게 학문으로만 연구하는 것을 의리학(義理學)이라고 한다. 즉 학(學)으로 연구하면 의리학이 되고, 술(術)로 활용하면 상수학이 된다.

▶ 팔괘(八卦)의 형상(形象)과 의미(意味)

	건(乾) ☰	태(兌) ☱	이(離) ☲	진(震) ☳	손(巽) ☴	감(坎) ☵	간(艮) ☶	곤(坤) ☷
숫자	1	2	3	4	5	6	7	8
자연	하늘 天	늪, 연못 澤	불 火	번개 雷	바람 風	물 水	산 山	땅 地
읽기	일건천	이태택	삼이화	사진뢰	오손풍	육감수	칠간산	팔곤지
가족	아버지	소녀	중녀	장남	장녀	중남	소남	어머니
선천방위	남	동	동	동북	서남	서	서북	북
후천방위	서북	서	남	동	동남	북	동북	서남
신체부위	머리	입	눈	발	넓적다리	귀	손	배
기관	대장	허파	소장	간, 담	간, 담	콩팥 신장	위장	비장
오행	金	金	火	木	木	水	土	土
성정	굳세다	기쁘다	곱다	움직이다	드나들다	(함정) 빠지다	멈추다	순하다
동물	말	양	꿩, 거북	뱀, 용	닭	돼지, 쥐	개	소
천기	맑음	비	맑음	뇌우	바람	비, 눈	안개	흐림
색	백색	백황	적색 자색	록(綠) 벽(碧)	청색	흑색	황색	황색 흑색
맛	신(辛)	신(辛)	고(苦)	산(酸)	산(酸)	함(鹹)	감(甘)	감(甘)
물가	비싸다	싸다	상승 중	하락하다 상승	조금 오른다	하락	많이 오른다	싸다
신분	군주	선생	군인	제후	교육자	법률가	아동	신학자
물상	싸락눈	달	해	무지개	구름	우물	안개	토지
질병(疾病)	두통 폐병	해소 폐병	고열 심장	정신병 간	우울증 간	오한 신장	마비증 종기	설사 위장
육친	남편	매(妹)	학자	군자	상인	청년	행원	처

육효점은 일상에서 일어나는 사건이나 일에 관해 점을 치는 경우가 대부분이다. 부모 외에 남자는 소남·중남·장남이 있고, 여자는 소녀·중녀·장녀가 있다. 남자는 양이고, 여자는 음이다.

팔괘에서 홀수로 되어 있는 효가 남녀를 나타낸다. 즉, 건(乾)은 양이 세 개[홀수]이니 남자이다. 곤(坤)은 음이 세 개[홀수]이니 여자이다. 태(兌)는 양이 두 개이고 음이 하나[홀수]이니 여자이고, 이(離)는 양이 두 개이고 음이 하나[홀수]이니 여자이다. 진(震)은 음이 두 개에 양이 하나[홀수]이니 남자이고, 손(巽)은 양이 두 개에 음이 하나[홀수]이니 여자이다. 감(坎)은 음이 두 개에 양이 하나[홀수]이니 남자이고, 간(艮)은 음이 두 개에 양이 하나[홀수]이니 남자이다.

그다음으로 주역의 효는 아래에서 위로 읽어나간다. 맨 밑에 있는 효가 초효이고, 맨 위에 있는 효가 상효이다. 건(乾)은 모두 양이니 하늘을 나타내고, 곤(坤)은 모두 음이니 땅을 나타낸다. 양은 올라가고 확산하며 음은 내려가고 응축하는 성질을 가지고 있다.

진(震)은 맨 아래에 남자가 있으니 장남이다. 감(坎)은 가운데에 남자가 있으니 중남이고, 간(艮)은 맨 위에 남자가 있으니 소남이다. 이때 장남·중남·소남은 상대적인 지위나 나이를 나타내니 점을 칠 때 상황에 따라 설명하면 된다. 예를 들면 진(震)과 간(艮), 즉 장남과 소남이 만나면 큰형과 막내가 함께 한다고 보거나 대학생과 유치원생이라고 상황에 따라 통변한다. 또 사장과 신입사원이 만났다고도 볼 수 있다. 손(巽)은 맨 아래에 여자가 있으니 장녀이다. 이(離)는 중간에 여자가 있으니 중녀이고, 태(兌)는 맨 위에 여자가 있으니 소녀가 된다.

➤64괘

앞에서 말했듯이 64괘는 두 개의 소성괘가 합쳐진 것이다. 다음 표는 하나의 소성괘를 상괘로 하고, 다른 하나의 소성괘는 하괘로 하여 64괘를 만들어 이름을 붙인 것이다. 모두 일상에서 잘 사용하지 않는 어휘들이므로 수십 번 읽어 익숙하게 해두면 좋다. 육효점을 칠 때는 주역 64괘에 대한 깊은 지식이 필요하지 않을 수도 있지만 아는 만큼 이해하고 설명할 수 있으니 소리내어 반복해서 읽으면 암기에 도움이 될 것이다.

_64괘_

上卦 下卦	건(乾)	태(兌)	이(離)	진(震)	손(巽)	감(坎)	간(艮)	곤(坤)
건(乾)	건위천 乾爲天	택천쾌 澤天夬	화천대유 火天大有	뢰천대장 雷天大壯	풍천소축 風天小畜	수천수 水天需	산천대축 山天大畜	지천태 地天泰
태(兌)	천택리 天澤履	태위택 兌爲澤	화택규 火澤睽	뢰택귀매 雷澤歸妹	풍택중부 風澤中孚	수택절 水澤節	산택손 山澤損	지택림 地澤臨
이(離)	천화동인 天火同人	택화혁 澤火革	리위화 離爲火	뢰화풍 雷火豊	풍화가인 風火家人	수화기제 水火旣濟	산화비 山火賁	지화명이 地火明夷
진(震)	천뢰무망 天雷无妄	택뢰수 澤雷隨	화뢰서합 火雷噬嗑	진위뢰 震爲雷	풍뢰익 風雷益	수뢰둔 水雷屯	산뢰이 山雷頤	지뢰복 地雷復
손(巽)	천풍구 天風姤	택풍대과 澤風大過	화풍정 火風鼎	뢰풍항 雷風恒	손위풍 巽爲風	수풍정 水風井	산풍고 山風蠱	지풍승 地風升
감(坎)	천수송 天水訟	택수곤 澤水困	화수미제 火水未濟	뢰수해 雷水解	풍수환 風水渙	감위수 坎爲水	산수몽 山水蒙	지수사 地水師
간(艮)	천산둔 天山遯	택산함 澤山咸	화산려 火山旅	뢰산소과 雷山小過	풍산점 風山漸	수산건 水山蹇	간위산 艮爲山	지산겸 地山謙
곤(坤)	천지비 天地否	택지췌 澤地萃	화지진 火地晉	뢰지예 雷地豫	풍지관 風地觀	수지비 水地比	산지박 山地剝	곤위지 坤爲地

▶64괘 중에서 특수한 괘

⊙육합괘(六合卦)

천지비, 지천태, 택수곤, 수택절, 화산려, 산화비, 뢰지예, 지뢰복

⊙육충괘(六沖卦)

중천건, 중택태, 중화이, 중뢰진, 중풍손, 중수감, 중산간, 중지곤,

천뢰무망, 뢰천대장

⊙사대난괘(四大難卦)

택수곤, 수뢰둔, 감중수, 수산건

⊙육흉괘(六凶卦)

지화명이, 산지박, 산풍고, 택천쾌, 뢰화풍, 천화동인

⊙황천괘(黃泉卦)

춘 : 수풍정, 지뢰복, 천택리, 풍천소축, 산천대축

하 : 수뢰둔, 지택림

추 : 산풍고, 천택리

동 : 수뢰둔, 지화명이, 수화기제, 뢰택귀매

⊙사멸괘(四滅卦)

춘 : 산수몽, 수천수

하 : 산풍고, 풍지관

추 : 산지박, 수택절

동 : 화산려, 지택림

수괘(首卦)와 소속괘(所屬卦)

육효에서는 64괘의 순서가 보통 주역 책에 나와 있는 순서와는 다르다. 육효의 64괘는 8개의 수괘(首卦) 밑에 7개의 괘가 소속되어 있어 하나의 궁을 이룬다. 팀장이 7명의 팀원을 거느리고 있는 것과 같다. 수괘란 팔괘가 중복되어 있는 대성괘를 말하는데, 건위천[중건천], 태위택[중태택], 이위화[중이화], 진위뢰[중진뢰], 손위풍[중손풍], 감위수[중감수], 간위산[중간산], 곤위지[중곤지]가 있다.

육효점을 칠 때는 8괘의 건금(乾金), 태금(兌金), 이화(離火), 진목(震木), 손목(巽木), 감수(坎水), 간토(艮土), 곤토(坤土)처럼 오행을 포함해서 외워두어야 한다. 왜냐하면 각 궁에 소속된 대성괘에 붙어 있는 비신[地支]의 육친을 정할 때 이 궁을 중심으로 판단하기 때문이다.

예를 들면 건궁은 金이니 효에 寅木이 붙어 있다면 금극목으로 재성, 즉 처재(妻財)에 해당한다.

각 궁에 속한 괘는 다음과 같다.

건궁 (乾宮)	태궁 (兌宮)	이궁 (離宮)	진궁 (震宮)	손궁 (巽宮)	감궁 (坎宮)	간궁 (艮宮)	곤궁 (坤宮)
金	金	火	木	木	水	土	土
건위천	태위택	리위화	진위뢰	손위풍	감위수	간위산	곤위지
천풍구	택수곤	화산려	뢰지예	풍천소축	수택절	산화비	지뢰복
천산둔	택지췌	화풍정	뢰수해	풍화가인	수뢰둔	산천대축	지택림
천지비	택산함	화수미제	뢰풍항	풍뢰익	수화기제	산택손	지천태
풍지관	수산건	산수몽	지풍승	천뢰무망	택화혁	화택규	뢰천대장
산지박	지산겸	풍수환	수풍정	화뢰서합	뢰화풍	천택리	택천쾌
화지진	뢰산소과	천수송	택풍대과	산뢰이	지화명이	풍택중부	수천수
화천대유	뢰택귀매	천화동인	택뢰수	산풍고	지수사	풍산점	수지비

건위천(금궁)			
상효	父戌	世	I
5효	兄申	身	I
4효	官午		I
3효	父辰	應	I
2효	財寅	命	I
초효	孫子		I

❶ 건위천괘이다.

❷ 건위천괘는 금궁(金宮)에 속한다.

❸ 초효 子水는 금생수 자손(식상)이다.

❹ 2효 寅木은 금극목 처재(재성)가 된다.

❺ 3효 辰土는 토생금 부모(인성)가 된다.

❻ 4효 午火는 화극금 관귀(관성)가 된다.

❼ 5효 申金은 같은 金이니 형제(비겁)가 된다.

❽ 상효 戌土는 토생금 부모(인성)가 된다.

➤ 건금궁(乾金宮)

건궁에는 건위천, 천풍구, 천산둔, 천지비, 풍지관, 산지박, 화지진, 화천대유가 있다.

⊙ 건위천(乾爲天) ☰☰

천(天)은 하늘이다. 두 개의 하늘이 모였다. 온통 양의 기운으로 구속 없는 자유로움이다. 여섯 개의 효가 모두 양(陽)으로 64괘 중 가장 강하고 튼튼한 괘이다. 실리는 없어도 자존심, 명예, 꿈은 가득하다. 창조의 기쁨, 정신적 기쁨, 자유분방. 극에 이르렀으니 변화에 대비해야 한다. 덕으로 겸양을 배워야 공명이나 명예를 누릴 수 있다. 곧고 바르면 이롭다. 벼는 익을수록 고개를 숙인다. 여성이라면 여장부이다.

⊙ 천풍구(天風姤) ☰☴

구(姤)는 우연히 만난 것이다. 좋을 수도 있고 나쁠 수도 있다. 하늘 아래 바람이 불기 시작한다. 초효에서 음이 시작되었다. 드러나진 않아도 흩어졌던 구름이 만나기 시작한다. 뜻하지 않은 변화에 대비해야 한다. 뜻밖의 행운을 가져올 수도 있으나 뜻밖의 재난에도 대비해야 한다. 자기 분수를 지켜야 지나침이 없다. 만사를 차분하게 처신해야 한다. 여자는 남자를 상대로 영업하면 좋다. 남자는 여자의 감언이설을 조심해야 한다.

⊙천산둔(天山遯)

하늘 아래 산이 있고 산위에 하늘이 있다. 둔(遯)은 '피하다' '물러나다' '은둔하다' 라는 뜻이다. 천풍구에 이어 초효와 2효에 음이 생겼다. 음이 세력을 얻기 시작하니 양은 서서히 물러나야 한다. 물러서는 것이 꼭 나쁜 것은 아니다. 자연에 순응해야 한다. 참고 기다리면 답이 나온다. 은둔하여 기다려야 한다. 음도 서두르면 안 된다. 분수를 모르고 급하게 일처리를 하면 험한 일을 당할 수 있다.

⊙천지비(天地否)

하늘과 땅이다. 비(否)는 '막히다' '답답하다' 라는 뜻이다. 하늘은 올라가고 땅은 내려간다. 서로 등을 지고 있으니 만사불성이다. 음양이 만났다고 무조건 좋은 것은 아니다. 사사건건 시비와 불협화가 일어나니 답답하기만 하다. 겉으로는 음양의 조화 같지만 내부적으로는 외화내쟁(外華內爭)이다. 함께 있어도 너는 너, 나는 나이다. 꽉 막혀 통할 수가 없다. 은인자중(隱忍自重)하는 것이 좋다.

⊙풍지관(風地觀)

관(觀)은 '살핀다' 라는 뜻이다. 땅위에 바람이 불어 곳곳이 들춰지니 부정(不正)은 통하지 않는다. 곳곳이 투명해지지만 잘못되면 강풍이 될 수도 있다. 낡은 것이 사라진다. 집안이 청소된다. 답답한 것들이 해결된다. 모든 것이 투명해진다. 세무조사나 감사에 대비해야 한다. 썩은 것은 아파도 도려내야 한다. 비밀이 없어야 한다. 잃어버린 것을 찾고 어려움은 해결된다. 뒷거래를 하지 말아야 한다.

⦿산지박(山地剝)

땅 위에 산이 솟아 있다. 박(剝)은 '벗기다' '빼앗다' 라는 뜻이다. 양은 상효에만 남았고 온통 음이다. 곧 어둠이 덮칠 것이다. 바닥을 쳐야 새로운 세상이 열린다. 윗사람과 아랫사람의 내부 갈등이 심하다. 상사는 사면초가(四面楚歌)이니 불길한 미래를 예고한다. 현실을 직시하고 타협과 협상으로 어려운 현실을 극복해야 한다. 권위를 버리고 줄 것은 주어야 한다. 독선을 버려야 은인이 원수가 되는 재앙을 피할 수 있다. 주변 사람을 믿지 마라.

⦿화지진(火地晉)

땅 위에 떠 있는 태양이다. 진(晉)은 '나아가다' 전진하다' 라는 뜻이다. 진(晉)은 진(進)이다. 성급하게 굴지 말고 차분히 전진하며 자연의 법칙을 따라야 한다. 무리하지 말고 법을 지켜야 한다. 그렇지 않으면 재앙이 온다. 정도(正道)를 벗어나면 행운은 사라진다. 겸손한 마음으로 나아가면 만사가 형통할 것이다. 목표를 가지고 전진하면 희망은 있다. 서두르지 않으면 연인도 오고 귀인도 오고 명예도 재물도 들어온다. 순리를 어기면 행운은 사라진다.

◉화천대유(火天大有)

대유(大有)는 '크게 이루다, 크게 소유하다.'는 뜻이다. 하늘 위에 높이 해가 떴다. 해가 중천에 떠 밝게 빛나는 상이니 천하를 소유한다. 원하는 바를 이룰 수 있다. 정신적인 면이나 금전적인 면 모두 좋다. 천하에 기쁨이 가득하다. 64괘 중 가장 길한 괘이다. 너무 좋으면 질투와 시기가 있는 법이니 공명정대하게 행동해야 한다. 좋은 인연과 재물을 만나니 혼인은 성사되고, 시비는 사라지고, 잃어버린 것은 찾게 된다.

▶태금궁(兌金宮)

태궁에는 태위택, 택수곤, 택지췌, 택산함, 수산건, 지산겸, 뢰산소과, 뢰택귀매가 있다.

◉태위택(兌爲澤)

두 개의 호수이다. 태(兌)는 '즐거움' '온화한 분위기'를 뜻한다. 연못은 소녀이다. 기쁨과 호기심이 넘친다. 소녀들의 수다는 기쁘고 즐겁지만 감정의 기복이 심하다. 입이 두 개이니 구설을 조심해야 한다. 구설수만 주의하면 모든 일이 성사된다. 언제든지 충돌하고 불화할 소지가 있다. 호기심이 많으나 경험이 부족하니 소탐대실할 수도 있다. 베푸는 곳에서 기쁨을 느낄 수 있다. 구재, 혼인, 질병, 모두 만사형통이다.

⊙택수곤(澤水困)

연못 밑에 더 큰 어둠이 있다. 암흑이다. 곤(困)은 '부족하다' '곤궁하다' '괴롭다' '통하지 않는다.' 라는 뜻이다. 여유, 품위가 없다. 희망하는 일이 성사되지 않는다. 지옥이다. 사방이 중상, 모략, 절망뿐이다. 당장은 해결 방법이 없으니 운명이니 생각하고 기다려야 한다. 함정에 빠졌으니 숨죽이고 참고 견뎌야 한다. 사대난괘(四大難卦) 중의 하나이다. 사대난괘는 감위수, 수뢰둔, 택수곤, 수산건이다.

⊙택지췌(澤地萃)

췌(萃)는 '모인다.' 라는 뜻이다. 땅 위에 연못이 있으니 만인이 모인다. 협력자가 많으니 사람들이 주변에 잘 모인다. 어려운 일도 대성공이다. 만인이 모여들어 휴식을 취하니 평화롭고 아름다운 모습이다. 모인 사람 중에는 꼭 좋은 사람만 있으라는 법은 없다. 호사다마(好事多魔), 유비무환(有備無患)의 마음을 가지고 조심하고 또 조심해야 한다. 자신을 낮추면 원하는 대로 성취할 수 있다.

⊙택산함(澤山咸)

산 위에 연못이 있다. 함(咸)은 '교감하다, 통하다, 화합하다.' 는 의미다. 소녀와 소남이 만났으니 남녀간의 순수한 사랑이다. 만남은 기쁘고 사랑이 싹튼다. 도모하는 일이 모두 순조롭게 성사된다. 많은 사람들이 휴식을 취하고 평화롭다. 서두르지 말고 분수에 맞게 행동하면 모든 것이 풍요롭다. 지극 정성으로 노력하기만 하면 모든 일이 성사될 것이다. 음악, 미술, 영화, 연애 등 예능과 관련된 일은 모두 좋다.

⊙ 수산건(水山蹇)

건(蹇)은 '절뚝발이' '나아가기 힘들다' '고생하다' 라는 뜻이다. 바다 밑에 산이 있다. 물은 암흑이니 그 속에 갇혔다. 고달프다. 희망이 없고 의욕도 없다. 참고 견디는 것 외에는 나아갈 수도 물러설 수도 없다. 재물도 명예도 허사가 된다. 병도 악화되고 암담하다. 수난의 연속이다. 답답하기만 하다. 변화를 주지 말고 제자리를 지키는 것이 상책이다. 견디고 인내하며 지금의 난국을 헤쳐 나가야 한다. 사대난괘(四大難卦) 중의 하나이다.

⊙ 지산겸(地山謙)

산이 땅 속으로 들어갔다. 외유내강이다. 익은 벼가 고개를 숙이는 형상으로 그 후덕함으로 만사형통이다. 겸(謙)은 '겸손' '겸양' 이다. 시간이 될 때까지 겸손해야 한다. 겸손은 화(禍)를 피하는 방법 중 하나이다. 겸손을 잃지 않으면 소망하는 일이 모두 성사된다. 사업은 번창하고, 직장인은 승진되고, 혼사는 성사되고, 질병은 낫게 된다. 집나간 사람은 돌아온다. 진퇴를 결정할 때는 과감하게 하라.

⊙ 뢰산소과(雷山小過)

소과(小過)는 '조금 지나치다' 라는 뜻이다. 산에 천둥벼락이 치니 속전속결로 해결하라. 꾸물거리지 말고 빨리 움직여라. 자존심을 버리고 저자세로 안전을 도모하라. 어려운 현실에서 살아가려면 자중자애하고, 사랑과 덕으로 해결해야 한다. 소과(小過)이니 크게 확장하지 말고 적극적으로 나서지 말아야 한다. 허영심과 자존심을 버리고 겸손과 양보로 조금씩 일을 처리해야 한다. 남의 눈치를 보지 말아야 한다.

⊙뢰택귀매(雷澤歸妹)

연못 위에 천둥이 치니 모든 일이 예상 밖으로 일어난다. 중년남자와 젊은 여자의 일이다. 귀매(歸妹)는 '정상적이지 못한 결혼'이라는 뜻이다. 잘못된 출발로 힘들고 곤란한 일이 연속된다. 남의 구설수에 오르지 않도록 해야 한다. 남자는 여자를 멀리하면 좋다. 뜻대로 되지 않으니 헛수고뿐이다. 모든 일을 천천히 수동적으로 추진하라. 생각대로 되는 일이 없다. 망신수, 늦바람수, 임신수가 있다.

▶이화궁(離火宮)

이궁에는 이위화, 화산려, 화풍정, 화수미제, 산수몽, 풍수환, 천수송, 천화동인이 있다.

⊙이위화(離爲火)

두 개의 태양이 천지를 비추니 명예와 인기가 하늘을 찌른다. 호사다마(好事多魔). 밝음 속에는 어둠이 있고, 아름다움 속에는 추함이 있다. 중용의 도를 지켜야 한다. 온 세상이 광명으로 빛나니 재앙은 소멸되고 질병은 쾌유되고, 근심 걱정은 사라진다. 직장에서 승진하고, 명리(名利)는 형통하다. 기분에 도취되어 경거망동하지 않으면 행복과 기쁨이 넘쳐난다. 애정과 사업에 굴곡이 있을 수 있으니 보이는 것만 믿어서는 안 된다.

◉ 화산려(火山旅) ☲☶

려(旅)는 '여행' '나그네의 여정으로 피곤하고 불안하다.' 이다. 혼자 먼 길을 걸으니 애처롭고 고독할 뿐이다. 산 위에 태양이 떴으니 환할 때 여행을 끝내야 하지만 생각대로 일이 잘 안 풀린다. 행운이 따르지 않아 고생만 하고 결실이 없다. 주위에 도와주는 사람도 없다. 초조하다. 시작은 있으나 결과가 좋지 않다. 나쁜 사람들과 어울리지 않아야 한다. 빨리 변화가 왔으면 좋겠다. 균형 잡힌 지혜와 내적 충실이 필요하다. 태양은 또 떠오른다.

◉ 화풍정(火風鼎) ☲☴

장작불 아래 바람이 분다. 정(鼎)은 '발이 세 개인 솥' '안정감'을 뜻한다. 뜻이 같은 동지가 함께하니 기쁨이 천리에 퍼진다. 주변 사람과 협력하고 겸손을 잃지 않으면 화려함과 풍성함이 온누리에 퍼진다. 모두가 우러러 본다. 성공의 근본은 타인의 협조이다. 뜻밖의 귀인이 나타나니 행운이 온다. 재를 득하고, 혼인이 성사되고, 명리(名利)를 취하고, 동지가 다가온다. 가출하면 실리가 없다. 사람을 너무 믿지 말고, 옛것을 버리고 새것을 찾아라.

◉ 화수미제(火水未濟) ☲☵

미제(未濟)란 '미완성'을 뜻한다. 불은 오르려 하고 물은 내려가니 만남이 너무 힘들다. 현실은 서로 등을 돌렸으니 인내하면서 답답함을 참고 끈기로 버티는 것이 상책이다. 우선 살고 봐야 한다. 구설수가 발생하니 소송하면 불리하고 재물운도 없으며 혼인은 실패한다. 지금은 힘들고 어렵지만 수도(修道)하는 마음으로 참고 인내하면 차차 기쁨이 있다. 영원히 나쁜 것도 영원히 좋은 것도 없다.

◉ 산수몽(山水蒙) ☷☶

몽(蒙)은 '어리다' '어리석다' 라는 뜻이다. 막 시작하는 교육과 관계가 있다. 산 속의 물이고 산 속의 안개이다. 혼돈이고 무질서이다. 혼수상태로 미로를 헤매는 것과 같다. 패기와 용기가 있다고 모든 일이 되는 것은 아니다. 수행하는 마음으로 자신을 단련하고, 쓸데없는 수고를 하지 말아야 한다. 새 것을 찾지 말고 옛것을 착실히 보전하면 좋다. 이 괘가 나오면 손재수가 있고, 관액이 있으며, 혼인은 성사되지 못하고, 구재는 힘들다.

◉ 풍수환(風水渙) ☴☵

환(渙)은 '흩어지다' '풀어지다' 라는 뜻이다. 바다 위에 바람이 부니 물이 바람에 흩어진다. 허망하고 동상이몽(同床異夢)이다. 확고한 의지로 온몸을 던져 노력하면 기회를 잡을 수 있다. 만용을 부려서는 안 된다. 억지로 밀어붙이지 마라. 무리를 하면 흉한 일이 있으니 기다리면서 노력하면 어려움을 피하고 행운으로 바꿀 수 있다. 마음을 추스르고 앞날을 대비하면 다시 희망이 찾아온다.

⊙ 천수송(天水訟)

송(訟)은 '다툼' '소송' '재판' 등을 뜻한다. 하늘 아래 물은 구름이다. 구름이 하늘을 가리니 서로가 좋지 않다. 하늘은 오르려 하고 물은 내려가려고 한다. 마찰과 갈등이 생기고 대립하는 일이 벌어진다. 존경과 아량의 부족으로 대립이 심각하다. 서로의 고집과 자존심을 버리지 않으면 사는 것이 다툼의 연속이다. 무슨 일이든 고집을 부리면 점점 더 어려워진다. 협력하며 이해하고 양보하는 것이 살 길이다.

⊙ 천화동인(天火同人)

하늘 아래 태양이 빛나니 큰 기쁨이 있는 상(象)이다. 하늘과 태양이 화합을 이루니 답답한 마음이 뻥 뚫리게 된다. 동인(同人)은 '뜻을 같이 한다.' '협력'이라는 뜻이다. 꽃마차 위에서 춤추는 상으로 만사가 이득이다. 외유내강(外柔內剛)의 성실함과 완벽함으로 모든 일에 좋은 결과가 있다. 아무리 어려워도 상부상조하는 동업자가 나타나 도우니 결실을 볼 수 있다.

▶ 진목궁(震木宮)

진궁에는 진위뢰, 뢰지예, 뢰수해, 뢰풍항, 지풍승, 수풍정, 택풍대과, 택뢰수가 있다.

⊙ 진위뢰(震爲雷)

뢰(雷)는 '천둥, 우레' '몹시 두려워하다' '위엄을 떨치다'를 뜻한다. 천지에 우레 소리가 요란하니 모두가 혼비백산(魂飛魄散)이다. 놀라거나 두려워해서는 안 된다. 침착성을 잃어서도 안 된다. 차분하게 내실을 다지면서 시간을 보내면 뜻대로 성취할 수 있다. 위기 뒤에 기회가 오니 신념을 가지고 나아가야 한다. 차분히 노력하면 큰 뜻을 펼칠 수 있다.

⊙ 뢰지예 (雷地豫)

예(豫)는 '예측'이라는 뜻이다. 땅 위에 새싹이 솟았으니 만물이 약동하는 상(象)이다. 새싹은 기쁨과 희망이다. 우레가 땅을 치면 세상은 변한다. 혼란스러웠던 대기가 말끔히 정화된다. 그러나 아직은 사상누각(砂上樓閣)이다. 모든 것이 허무할 수도 있다. 침착하게 대응해야 한다. 차분함과 침착함으로 유비무환(有備無患)의 지혜를 길러야 한다. 그러면 혼인은 성사되고, 재물은 얻게 되고, 질병은 쾌유되며, 구설수는 사라진다.

⊙ 뢰수해 (雷水解)

해(解)는 '해결되다.' '해소된다.'라는 뜻이다. 우레가 진동하여 비를 내리니 얼어붙었던 대지가 풀린다. 사막에서 오아시스를 만난 격이니 기회가 왔을 때 신속히 처리해야 한다. 약진할 수 있는 기회이고 문제를 해결할 수 있는 기회이다. 시간이 흐르면 잘못될 수도 있다. 번개처럼 행하라. 재물·혼인 등은 모두 성사되고, 구설이나 질병 등은 모두 해결된다.

◉ **뢰풍항**(雷風恒) ☳

항(恒)은 '변함이 없다.' '한결같다.' 라는 의미다. 번개치고 바람이
부니 주변이 불안하다. 안정되어야 평화가 있으니 안정을 최우선으로
해야 한다. 변화나 새로운 일은 피하고 기존의 일에 내실을 기하는 것
이 좋다. 지금은 변화를 줄 때가 아니다. 초심을 잃지 말고 현 상태에
만족하며 원만한 상태를 유지하면 성장과 발전이 있다. 재물은 구할 것
이고, 혼인은 성사되고, 질병은 치유될 것이다.

◉ **지풍승**(地風升) ☷

승(升)은 '위로 상승하다.' '번성하다.' 라는 뜻이다. 땅 속에 신선한
바람이 공급되고 있다. 땅 속에서 바람이 어둠 속을 탐색하고 있다. 작
은 것을 쌓아 큰 것을 이룬다는 상(象)이지만 지금은 전면에 나설 때가
아니다. 맨 밑에 있는 음의 성장 기운을 막을 수가 없다. 그러나 새 것
보다 기존의 것에 충실하며 내실을 기해야 한다. 그러면 시비와 구설은
사라지고 명리(名利)를 얻을 것이다.

◉ **수풍정**(水風井) ☵

정(井)은 '우물' '두레박' 을 뜻한다. 우물 속의 두레박이 물 속을 정
화(精華)시킨다. 물 속에 바람이 부니 해류(海流)이다. 물 속에서 다니
는 물고기이다. 힘들다고 가만히 있으면 흉하다. 어둠 속에서도 무엇
인가 꾸며내야 한다. 암중모색(暗中摸索). 희생과 봉사를 하면서 최선
을 다하면 뜻밖의 복록이 있다. 물 속에 바람이니 밖으로 나오지 말고

꾸준히 노력하면 기쁨이 충만할 것이다. 아직 새로운 시도를 하면 안된다.

⊙ 택풍대과(澤風大過) ☱☴

대과(大過)란 '크게 벗어나 지나치다.' 라는 뜻이다. 연못 속에 바람이 부니 위험하다. 수풍정(水風井)보다 더 위험하다. 근본이 흔들린다. 바람이 잠잠해지기를 기다리며 근본부터 재점검해야 한다. 욕심을 버리고 근신해야 한다. 빛 좋은 개살구처럼 속은 썩어가니 건질 것이 없다. 자중해야 한다. 손재수가 있고, 혼인은 깨진다. 태산을 넘기에는 짐이 너무 많다. 욕심과 망상을 버려야 한다.

⊙ 택뢰수(澤雷隨) ☱☳

수(隨)는 '따르다.' '순종하다.' 라는 뜻이다. 연못 속에 우레가 있으니 평온함 속에 움직임이 있다. 외유내강이다. 무한한 잠재능력이다. 때를 기다려 잠재된 내적 역량을 사용하면 소망하는 일을 성취할 수 있다. 앞에 나서면 후회할 일이 생기니 뒤를 따르라. 감언이설(甘言利說)에 주의하며 정도(正道)를 지키면 기쁨이 있다. 고생 끝에 기쁨이 올 것이고, 재물은 얻고, 혼인은 성사된다. 뜻밖의 재물도 구할 수 있다.

▶ 손목궁(巽木宮)

손궁에는 손위풍, 풍천소축, 풍화가인, 풍뢰익, 천뢰무망, 화뢰서합, 산뢰이, 산풍고가 있다.

◉손위풍(巽爲風) ☰☰

위도 바람이고 아래도 바람이다. 바람은 우유부단한 것처럼 보이지만 결정적일 때는 집요하게 모든 것을 성취한다. 제 할 일은 하는 것이다. 장녀가 모여 있으니 여자동창들의 모임이다. 여자를 상대로 영업하면 좋다. 바람은 좁은 곳에도 새로운 활력을 공급한다. 바람이 공급되면 시비구설이 없어지고 질병은 낫게 된다. 확고한 결단력을 가지고 흔들리지 않으면 발복생재할 수 있다.

◉풍천소축(風天小畜) ☰☰

축(畜)은 '기르다.' '저축하다.' 라는 뜻이다. 하늘 위에서 바람이 분다. 곧 비가 올 것이지만 지금은 때가 아니다. 서둘지 말고 순리에 따르며 크고 멀리 보며 처신해야 한다. 시비구설이 있을 수 있으니 함부로 행동하지 말고 인내하고 기다리라. 서두르면 공든 탑이 무너질 수 있다. 혼사는 실패하고, 재물은 얻지 못한다. 기다리는 사람〔待人〕은 오지 않는다.

◉풍화가인(風火家人) ☰☰

불 위에 바람이 분다. 가인(家人)은 '집을 지키는 사람'을 뜻한다. 사소한 일도 서로 의논해서 결정해야 한다. 동생이 언니 아래 있어 그 뜻을 따르니 일가(一家)가 편안하다. 각자가 자기의 자리를 지켜야 한다. 겸손함을 잃으면 모든 일이 허사가 된다. 집안의 평화를 위해서는 가정교육이 잘 되어야 한다. 불 위에 바람이 불고 있으니 불씨를 꺼뜨리지 않는 것이 가정을 지키는 것의 핵심이다.

⊙ 풍뢰익(風雷益) ☰☷

익(益)은 '더하다.' '증가하다.' '이익이다.' 라는 뜻이다. 바람이 불고 천둥이 친다. 바람과 우레가 서로 조화로운 모습이다. 변화 속에 새 생명이 탄생한다. 외형에 집착하지 말고 새로움에 대비하는 내실을 다지면 기다림의 결실이 있을 것이다. 비워야 채워진다. 위에 있는 것을 덜어서 아래에 보태니 큰 이익이 있을 것이다. 헌것을 버리고 새것을 찾으니 모두가 유리하다.

⊙ 천뢰무망(天雷无妄) ☰☷

무(无)는 '없다.' 라는 뜻이고, 망(妄)은 '허망하다.' 는 뜻이다. 하늘 아래 천둥은 경고의 소리이니 물욕을 버리고 자연의 순리를 따라야 한다. 하늘 위의 천둥은 위용이 있지만 하늘 아래 천둥은 허풍에 가깝다. 소문난 잔치에 먹을 것이 없다. 길흉화복이 모두 하늘의 뜻이니 원한다고 되는 것이 아니다. 내면에 충실하며 본분을 지킨다면 때가 되면 소원을 성취한다. 새로운 변화는 거스를 수 없는 대세다.

⊙ 화뢰서합(火雷噬嗑) ☰☷

서합(噬嗑)은 '음식을 입 안에 넣고 씹는다.' 는 의미다. 위턱과 아래턱이 만나 입 안의 음식물을 씹어 하나로 화합한다. 불속에서 가스통이 터진다. 놀라고 다급하겠지만 철저히 공(公)과 사(私)를 가려 여유롭게 대처하면 뜻을 이룬다. 태양이나 우레는 투명하고 공명정대한 것을 좋아한다. 사심을 버리고 공사를 구분하여 처리하면 모든 일이 성취된다. 질병은 낫고, 혼인은 성사되고, 가난은 사라진다.

⊙ 산뢰이(山雷頤) ☰☷

이(頤)는 '턱' '기르다.'는 뜻이다. 산 속에 폭약이고, 턱 사이에 있는 가지런한 이빨이다. 입은 음식물을 씹어 영양분을 섭취하고 바른 말을 하는 곳이다. 함부로 말하다가 공든 탑이 무너질 수 있다. 인간관계가 엉뚱하게 흘러갈 수 있고, 화난(禍難)이 있을 수 있으니 분수와 예의를 지켜야 한다. 그러면 내면적 갈등과 분쟁은 사라지고 만사형통할 것이다. 자손에게 혼인수가 있다.

⊙ 산풍고(山風蠱) ☰☴

고(蠱)는 '벌레' '벌레가 나뭇잎을 갉아 먹는다.'는 뜻이다. 산 속에 바람이 부니 산 속이 허하고 내실이 없다. 부패와 배신으로 속이 곪아 손재수나 물건을 잃을 수 있다. 지금은 안정감이 없으니 이사나 직장 변동이 따르고, 구재나 혼인 등은 뜻대로 되지 않는다. 어둠이 가면 밝음이 오는 것이니 용기를 갖고 기다려야 한다. 시간이 모든 것을 해결해 줄 것이다.

▶ 감수궁(坎水宮)

감궁에는 감위수, 수택절, 수뢰둔, 수화기제, 택화혁, 뢰화풍, 지화명이, 지수사가 있다.

⊙감위수(坎爲水)

온통 어둠이고, 추위이고, 물 속이니 움직일 수가 없다. 고난이 가중되니 암담한 세상 허무할 뿐이다. 이렇게 어려운 환경에서는 용기와 힘만으로는 안 되니 활동을 멈추고 신중해야 한다. 인내하며 때를 기다려야 한다. 아무도 믿지 말고 도(道)를 닦는 마음으로 임해야 한다. 영웅호걸도 때를 잘못 만나면 어쩔 수가 없지만 언젠가 봄은 올 것이다. 사대난괘(四大難卦) 중 하나이다.

⊙수택 절(水澤節)

바다 밑에 연못이 있다. 물은 어둠을 나타낸다. 절(節)은 '절도' '규칙' '절약'을 뜻한다. 분수를 지키고 나서지 말아야 한다. 섣불리 행동하지 말고, 무슨 일이든 쉽게 결정하면 안 된다. 절제하고 분수를 지키면 화(禍)가 복(福)으로 바뀔 것이다. 궁하면 통하는 것이다. 바닥을 치면 오르게 되어 있다.

⊙수뢰둔(水雷屯)

둔(屯)은 '진을 치다.' '막히다.' '고민하다.'라는 뜻이다. 캄캄한 물 속의 우레고, 태(胎) 중의 아이다. 군대에 막 입대한 훈련병과 같으니 앞날이 캄캄하다. 하는 일마다 난관에 봉착한다. 전면에 나서지 말고 정세를 살피면서 포기하지 말고 희망을 가지고 살아야 한다. 시비구설의 연속이다. 사대난괘 중 하나이다〔사대 난괘 : 택수곤, 수뢰둔, 감위수, 수산건〕. 질병, 혼인, 구재, 출행 모두 뜻대로 안 된다.

⊙ 수화기제(水火旣濟) ䷾

水와 火의 조화, 음과 양의 조화. 水는 내려가고 火는 올라간다. 세상이 모두 내 것이다. 기제(旣濟)란 '일을 이미 성취한다.' '어려움에서 이미 벗어났다.'라는 뜻이다. 교만한 마음을 없애고 내실에 충실하면 번영과 기쁨뿐이다. 그러나 정상에 서면 내려가야 한다. 호사다마(好事多魔), 제행무상(諸行無常)이니 머지않아 닥칠 재난에 대비해야 한다. 기제(旣濟)는 미제(未濟)이고, 미제(未濟)는 기제(旣濟)이다. 대자연의 진리이다.

⊙ 택화혁(澤火革) ䷰

연못 아래에 불이 있다. 물이 끓으니 변화가 일어난다. 혁(革)은 '바꾸다' '혁신하다'의 뜻이다. 조급한 마음을 버리고 철저히 준비하면 천운을 잡아 만사형통한다. 변해야 살게 되니 혁명적인 자기 개혁이 필요하다. 묵은 것을 버리고 새것을 취하는 기쁨이 있다. 직업 전환, 가옥의 증개축, 혼인, 질병 모두 좋다. 혁신적으로 변하라.

⊙ 뢰화풍(雷火豐) ䷶

풍(豐)은 '풍성하다.'라는 뜻이다. 천둥과 번개가 치면서 대기의 불균형이 해소된다. 사방이 환해지니 만사형통의 상(象)이다. 풍년이 드니 안정을 취하게 된다. 혼인이나 명예 등의 경사는 빛을 발하고 질병은 치유된다. 옳고 그름을 정확히 구분하지 않으면 재난에 휩싸일 수 있다. 무리한 야망과 욕심은 파멸을 가져오니 안정을 유지하고 이성을 찾아야 한다.

⊙지화명이(地火明夷) ☷☲

명이(明夷)는 태양이 땅 아래에 있으니 '밝은 것이 상했다.'는 뜻이다. 재능이 묻힌 상(象)이니 능력 있는 신참이라도 현실은 캄캄한 땅 속이다. 고참의 잔소리가 심하더라도 조용히 준비하고 기다려야 한다. 오직 인내만이 살길이다. 밤이 지나면 아침이 오니 어둠 속에서 조용히 준비하고 기다려야 한다. 여행이나 이사는 하면 좋지 않다. 모두 헛수고가 된다. 실패뿐이다.

⊙지수사(地水師) ☷☵

땅 속의 물이니 지하수이다. 층층이 장애를 통과한 맑은 물이다. 사(師)는 '선생' '군대'라는 뜻이다. 통솔하려면 계획을 세워야 한다. 내실을 다지고 인내하면 소원대로 이룰 것이다. 유비무환의 정신으로 준비하면 반드시 이길 것이다. 명리(名利)를 얻고 혼인은 성사된다. 질병은 치유되고, 사업도 순조롭다. 매매도 이루어진다. 유명해지면 적(敵)도 많아진다. 특히 이성문제를 조심하라.

▶간토궁(艮土宮)

간궁에는 간위산, 산화비, 산천대축, 산택손, 화택규, 천택리, 풍택중부, 풍산점이 있다.

⊙ **간위산(艮爲山)**

산 넘어 산이다. 깊은 산이다. 산 속에서 재충전하며 내일을 기약해야 한다. 평정심을 잃지 말고 능력을 배양해야 한다. 일단 현실에 순응하고 내적 충전을 하면서 후일을 기약해야 한다. 지금 시도하는 모든 것이 허사가 된다. 견인불굴(堅忍不屈)의 자세로 내실을 쌓으며 기다려야 한다. 지금의 역경은 후일 빛을 발할 것이다. 혼인, 구재, 이사, 시험, 승진 모두 좋지 않다.

⊙ **산화비(山火賁)**

비(賁)는 '꾸미다' '장식하다' 라는 뜻이다. 산 아래 단풍이 들었다. 산 아래로 태양이 넘어가니 황혼의 빛이 아름답다. 화려함에 속아서는 안 되니 경솔하게 처신하지 말고 내실을 기해야 한다. 곧 밤이 오니 어둠을 밝히는 불을 준비하라. 산 아래 불꽃은 어둠 속의 길을 찾아주는 희망이다. 혼인, 매매, 승진 등 단기적인 일에는 좋다. 현실에 충실하면 작게나마 기쁨을 얻는다.

⊙ **산천대축(山天大畜)**

대축(大畜)은 '크게 쌓다.' '많이 모이다.' 라는 뜻이다. 하늘 위로 산이 솟았으니 위풍당당하고 희망찬 미래가 펼쳐진다. 인내심을 갖고 적극적으로 나아가면 만사형통이다. 일이 잘 풀릴 때는 경거망동하지 말고, 자기주장을 강하게 내세우지 말아야 한다. 매사에 겸손하고 사양하는 마음을 가지면 혼인, 재물, 질병 등 원하는 대로 성취할 것이고, 시

비구설도 사라진다. 호사다마(好事多魔)를 기억하고 좋을 때 겸손해야
한다.

◉산택손(山澤損) ☲

손(損)은 '덜다.' '손해보다.'라는 뜻이다. 산 아래에 연못이 있으니
산 아래 연못을 수원(水源)으로 생각하고 내일을 기약하는 것이 좋다.
내일의 희망이 있기에 오늘의 고통을 참는 것이고, 지금의 고통은 미래
를 위한 투자가 된다. 지금은 모든 것이 힘들지만 이 또한 지나갈 것이
니 참고 견뎌야 한다. 물건을 잃거나 가정불화가 있을 수 있고, 병점(病
占)에서 이 괘가 나오면 쉽게 낫지 않고 오래간다.

◉화택규(火澤睽) ☲

연못 위에 태양이 비춘다. 연못이 증발하려고 한다. 규(睽)는 '서로 등
지다.' '노려보다.' '사팔눈'이라는 뜻을 가지고 있다. 자매간에 반목과
질시 그리고 불화가 있다. 결론 없는 싸움에 서로가 시간만 낭비한다.
경쟁관계에서 서로를 못 믿으니 하는 일이 잘 꼬인다. 질병, 구재, 혼인,
명리, 전부 좋지 않다. 특히 남성은 여성을 조심하라.

◉천택리(天澤履) ☰

리(履)는 '밟는다.' '따른다.' '예절'이라는 뜻이다. 하늘과 호수가 서
로 조화를 이룬다. 호수에 하늘의 그림자가 비추니 한 폭의 그림이다.
이 평화가 깨질까 두렵다. 욕심을 버리고 현상을 유지해 가야 한다. 자
연의 법칙에 순응하며 예의와 도덕을 지키면 어려움이 닥쳐도 전화위

복이 된다. 호수에 소용돌이가 일어나면 아름다움이 사라질 수 있으니 변화를 주는 것보다는 현상을 유지하는 것이 좋다.

⊙풍택 중부(風澤中孚)

중부(中孚)는 '어미 새가 알을 따뜻하게 품는다.'는 뜻이다. 연못 위에 바람이 분다. 물결이 고요하게 일어나 다정다감하게 화합하는 상(象)이다. 연못의 물이 증발할까 두렵지만 순수한 열정으로 노력하면 크게 길하다. 그러나 성의가 없으면 만사가 되는 일이 없다. 구설이 있을 수 있으니 경거망동하지 말아야 한다. 혼인은 인연이 없고, 장사는 안 되니 잠시 쉬는 것이 좋다.

⊙풍산점(風山漸)

점(漸)은 '점점' '점차로 나아지는 것'을 뜻한다. 산 위에 바람이 부니 온 나무가 춤을 춘다. 그러나 산 위의 바람은 언제든 멈출 수 있다. 강풍일 수도 있으니 무리하지 말고 변화에 순응해야 한다. 자만심이 지나치면 일을 망칠 수 있다. 변화 속에는 아픔도 있다. 점진적으로 일하면 모두가 만족한다. 정도(正道)를 벗어나 정(情)에 의존하면 안 된다. 이사, 매매, 재물은 모두 만족이다.

▶곤토궁(坤土宮)

곤궁에는 곤위지, 지뢰복, 지택림, 지천태, 뢰천대장, 택천쾌, 수천수, 수지비가 있다.

⊙ **곤위지**(坤爲地) ☷☷

온통 땅이다. 만물을 양육하는 땅으로 어머니를 상징한다. 곤(坤)의 속성은 '순응하다.' '지극하다.' 이다. 만물을 생하고 기르는 대지로 후덕함과 포용력은 최고이다. 아끼고 저축한다. 어떠한 충격이나 고통도 감수하며 희로애락에 별 반응을 안 한다. 물욕을 버리고 넓은 마음으로 순리를 따르면 광명이 있다. 은인자중(隱忍自重)하고 관용하면 크게 길하다. 서두르면 유혹에 넘어가기 쉽다.

⊙ **지뢰복**(地雷復) ☷☳

땅 속에 생명체가 솟았다. 잉태되었다. 새로운 시작이다. 복(復)은 '돌아오다.' '회복하다.' 라는 뜻이다. 아직은 어둠 속이니 섣불리 행동하지 말아야 한다. 모든 것이 물거품이 될 수 있다. 지금은 때가 아니다. 서두르면 집안은 불화하고 금전은 밖으로 나간다. 참고 견디면 모든 일이 차분하게 진행되고 경영이 원만하게 이루어진다. 순리를 따르면 전진만 있을 것이다.

⊙ **지택림**(地澤臨) ☷☱

땅 속의 연못이다. 땅 속의 수원(水源)이니 만물을 키우는 힘이다. 지하에 물이 있으니 메마를 일이 없고 만물이 윤택하다. 임(臨)은 '순서를 밟다.' '군림하다.' 라는 뜻으로 지도자 상이니 큰 발전이 있을 것이다. 이성문제로 구설수가 있을 수 있으니 경거망동해서는 안 된다. 부드러움이 강함을 이긴다는 것을 명심하고 부드럽게 진행하면 모든 것을 이루리라.

⊙ 지천태(地天泰)

태(泰)는 '크다.' '태평하다.'라는 뜻이다. 땅의 기운은 하늘로 올라가고 하늘의 기운은 땅으로 내려와 서로 조화를 이룬다. 음양의 조화가 절묘하니 안정과 태평을 누린다. 하늘과 땅의 화합으로 만사형통이다. 이성문제, 혼인문제는 서두르지 말고, 그 외의 문제는 무조건 시도하라. 하늘과 땅이 만나 도우니 모두 이룰 것이다.

⊙ 뇌천대장(雷天大壯)

대장(大壯)은 '힘차다.' '성대하다.' '씩씩하다.'라는 뜻이다. 하늘 위에 번개가 친다. 하늘이 질서를 찾아 하늘에서부터 변화가 오니 서두르지 말아야 한다. 하늘의 뜻을 따르면 모든 일이 형통할 것이다. 서두르면 빛 좋은 개살구가 될 수 있다. 승부, 질병, 혼인은 좋으나 될듯하면서도 되지 않는 경우가 많으니 차분하게 대처해야 한다.

⊙ 택천쾌(澤天夬)

쾌(夬)는 '물리친다.' '결단한다.'는 뜻이다. 하늘 위의 호수이니 하극상이다. 음 하나가 5개의 양을 누르고 있다. 큰 변화와 소용돌이가 예상된다. 옛 세대가 새 세대에게 밀려나는 것도 자연의 순리이니 거역하면 안 된다. 고집부리면 회복할 수 없는 실패수가 있다. 천방지축 날뛴다면 커다란 재앙이 있을 수 있다. 작은 실수로 큰 실패를 가져올 수 있다. 이 쾌가 나오면 재물은 들어오고 재난은 사라진다.

⦿수천수(水天需) ☰

수(需)는 '기다리다.' '기대하다.' 라는 뜻이다. 하늘 위에 먹구름이 있으니 일이 지연된다. 막히는 것이 아니고 지연이다. 곧 구름이 걷히고 해가 날 것이니 시간이 지나면 상황이 바뀐다. 서두르면 화(禍)를 초래하고 사업에 장애가 생긴다. 여건이 성숙되면 자연스럽게 발복할 것이니 은인자중(隱忍自重)하고 기다려야 한다. 성급하게 행동하면 만사불통이 되니 도(道)를 닦는 마음으로 행해야 한다. 영웅호걸도 때를 잘 만나야 한다.

⦿수지비(水地比) ☵☷

비(比)는 '비교하다.' '인화(人和)'를 상징하는데 대업을 성취하는 운이다. 땅 위에서 물이 흘러가는 상(象)으로 모든 소원을 성취한다. 서로 협력하니 이롭지 않은 것이 없다. 뜻을 같이 하는 사람이 집단을 이루어 서로 돕고 협력한다. 그러나 어찌 계곡물이 바다로 가는데 우여곡절이 없겠는가? 양보하고 인화(人和)로서 추진하면 구재, 혼인, 명예 등 모든 소망하는 일이 이루어진다.

작괘(作卦) 방법

육효는 주역의 괘를 이용하여 점을 친다. 그래서 일단 괘를 뽑아야 하는데 괘를 뽑는 방법은 여러 가지가 있다. 과거에는 서죽(筮竹)* 등을 이용한 복잡한 방법들이 사용되었으나 지금은 시대가 변하여 간단하게 득괘할 수 있는 여러 가지 방법이 있다.

*서죽(筮竹) : 점을 치기 위해 대나무로 만든 도구

- 척전법(擲錢法) ☞ 엽전이나 동전을 던져서 괘를 뽑는다.
- 단시법(斷時法) ☞ 점치는 순간의 시각으로 괘를 뽑는다.
- 단수법(斷數法) ☞ 전화번호나 차량번호 등으로 괘를 뽑는다.
- 단색법(斷色法) ☞ 입고 있는 옷, 색상 등 색깔로 괘를 뽑는다.
- 인체법(人體法) ☞ 눈에 띄는 몸의 특정부위로 괘를 뽑는다.
- 서죽득괘법(筮竹得卦法) ☞ 50개의 서죽을 사용하여 괘를 뽑는다.

⊙주사위법 ☞ 주사위로 괘를 뽑는다.

⊙산대법 ☞ 대나무를 깎아 여덟 개의 산대를 만들어 괘를 뽑는다.

▶ 척전법(擲錢法)

동전 앞면 숫자를 양(陽)으로 하고, 뒷면 한글은 음(陰)으로 한다. 반대로도 할 수 있으나 한번 정하면 원칙을 지켜야 한다. 세 번 던지면 소성괘가 나오고, 여섯 번 던지면 대성괘가 나온다. 처음 던질 때 아래쪽 초효부터 적어나간다.

동전을 세 번 던져 100-백-100이 나온다면 **양-음-양**이니 **삼리화** 즉 **이괘☲**가 된다. 만일 세 번 던졌는데 100-100-100이 나온다면 **양-양-양**이므로 **일건천**, 즉 **건괘☰**가 된다. 이렇게 소성괘를 두 번 반복하여 대성괘를 만든다. **양-양-양** 또는 **음-음-음**의 괘는 **동효**로 보면 된다. 동효는 점을 치는 순간의 시간으로 정해도 된다. 즉, 동전을 던져 상괘와 하괘를 뽑아낸 후 그 순간의 시간까지 합친다. 그리고 6으로 나누어 동효를 뽑아낸다. 즉 (상괘＋하괘＋그때의 시간)÷6으로 하고 그 나머지를 동효로 한다. 나머지가 0일 때는 상효가 동했다고 본다. 그때의 시간이란 12지지를 말한다. **子 丑 寅 卯**...를 1부터 차례로 붙이면 된다.

시간	子	丑	寅	卯	辰	巳	午	未	申	酉	戌	亥
숫자	1	2	3	4	5	6	7	8	9	10	11	12

*동효(動爻) : 움직이는 효, 점을 치게 되는 이유를 나타낸다.
동효는 모든 효를 대표한다. 학급 반장이라고 생각하면 된다.

괘를 뽑을 때는 정성을 다해야 그만큼 정확한 점을 칠 수 있다는 것을 명심해야 한다.

➤인체 득괘법(人體 得卦法)

머리 → 건(乾), 입 → 태(兌), 눈 → 리(離), 발 → 진(震),

다리 → 손(巽), 귀 → 감(坎), 손(手) → 간(艮), 배 → 곤(坤)

⊙동효

발 → 초효, 다리 → 2효, 배 → 3효, 가슴 → 4효, 목 → 5효, 머리 → 상효

신체	머리	입	눈	발	다리	귀	손	배
괘	건(乾)	태(兌)	이(離)	진(震)	손(巽)	감(坎)	간(艮)	곤(坤)

신체	발	다리	배	가슴	목	머리
동효	초효동	2효동	3효동	4효동	5효동	상효동

⊙얼굴만으로 괘를 뽑을 수도 있다.

이마 → 건(乾), 입 → 태(兌), 눈 → 이(離), 턱 → 진(震),

머리카락 → 손(巽), 귀 → 감(坎), 코 → 간(艮), 뺨 → 곤(坤)

신체	이마	입	눈	턱	머리카락	귀	코	뺨
괘	건(乾)	태(兌)	이(離)	진(震)	손(巽)	감(坎)	간(艮)	곤(坤)

신체	턱	입	코	귀	눈	이마
동효	초효동	2효동	3효동	4효동	5효동	상효동

제일 먼저 눈에 뜨이는 부분이 상괘가 되고, 두 번째로 눈에 들어오는 부분을 하괘로 한다. 다르게 할 수도 있으나 한번 정했으면 자기만의 원칙은 지켜야 한다.

동효를 외부에 두드러진 신체의 형상으로 정해도 되지만 그때의 시간으로 정할 수도 있다. 신체의 형상으로 상괘와 하괘를 정하고 그때의 시간까지 합쳐 6으로 나누어 동효를 뽑아낸다. 즉 (상괘＋하괘＋그때의 시간)÷6으로 하고 그 나머지를 동효로 한다. 동효는 하나의 대성괘가 여섯 개의 효를 가지고 있으므로 6으로 나눈다. 나머지가 0일 때는 상효가 동했다고 본다. 그때의 시간이란 12지지를 말한다. 子丑寅卯...를 1부터 차례로 붙이면 된다.

◉시간 수

시간	子	丑	寅	卯	辰	巳	午	未	申	酉	戌	亥
숫자	1	2	3	4	5	6	7	8	9	10	11	12

▶시간 득괘법(時間 得卦法)

특별히 눈에 뜨이는 특이한 점이 없을 때는 점을 치는 순간의 시간을 보고 괘를 뽑는 경우가 많다. 시침을 상괘(上卦)로 하고 분침은 하괘(下卦)로 한다. 그리고 동효는 1시간이 60분이고 효는 6개이니 10분씩 나누면 된다. 이것도 정해진 것은 아니고 일반적으로 행해지는 방법일 뿐이다.

시침이 있는 숫자를 **상괘**를 잡고, 분침이 있는 숫자를 **하괘**로 잡는다.

시계 바늘	11~1	1~2	2~4	4~5	5~7	7~8	8~10	10~11
괘	감(坎)	간(艮)	진(震)	손(巽)	리(離)	곤(坤)	태(兌)	건(乾)

예 5시 33분이면

5시 + 33분 = 38.   38 ÷ 8 = 4. 나머지 6이니 **상괘**는 **육감수**(六坎水)

분은 그대로 33분.   33 ÷ 8 = 4. 나머지 1이니 **일건천**(一乾天)

동효는 (38 + 33) ÷ 6 = 11. 나머지 5이니 5효가 동효이다.

수천수(水天需)에서 5효가 동했다고 보고 점을 친다.

➤ 숫자 득괘법

예 전화번호 251-1998

2 + 5 + 1 = 8 ÷ 8 = 1. 나머지 0 나머지가 0이면 8 그대로

상괘는 **팔곤지**(八坤地)

1 + 9 + 9 + 8 = 27. 27 ÷ 8 = 3. 나머지가 3이니 **하괘**는 **삼이화**(三離火)

동효는 8 + 27 = 35. 35 ÷ 6 = 5. 나머지 5이니 5효가 동한다.

지화명이(地火明夷)에서 5효가 동한다.

항상 **상효**와 **하효**는 8로 나누고 **동효**는 6으로 나눈다. 팔괘와 육효를 생각하면 된다.

예 58세 되는 사람이 7월 6일 왔다.

58 + 7 = 65   65 ÷ 8 = 8 나머지 1, **상괘 일건천**(一乾天)

58 + 6 = 64   64 ÷ 8 = 8 나머지 0, 나머지가 0일 때는 8로

하괘 팔곤지(八坤地)

동효는 65＋64＝129. 129÷6＝21 나머지 3. 그래서 동효는 3효이다.

천지비(天地否)에서 3효가 동한다.

➤색(色) 득괘법

입고 있는 옷의 색깔로 득괘하는 방법으로 상의 색깔은 **상괘**로 하고,
하의 색깔은 **하괘**로 한다. 넥타이나 와이셔츠 색깔로 동효를 잡는다.

색	흰색	흰색	적홍색	청색	청색	흑색	황색	황색
괘	건(乾)	태(兌)	이(離)	진(震)	손(巽)	감(坎)	간(艮)	곤(坤)

색	흑색, 회색	적색, 홍색	청색, 녹색	백색	황색, 주황색	잡색
동효	초효	2효	3효	4효	5효	상효

예 丙午일에 온 사람이 청색 상의에 흑색 바지를 입고 적색 와이셔츠
를 입었다.

　상괘는 **사진뢰**(四震雷)

　하괘는 **육감수**(六坎水)

　동효는 적색이니 **2효**가 동한다.

　뢰수해(雷水解)에서 2효가 동한다.

➤성명(姓名) 득괘법

상괘는 이름 전체 획수 ÷ 8의 나머지

하괘는 성 빼고 이름 부분의 획수 ÷ 8의 나머지

동효는 상괘 획수 + 하괘 획수 ÷ 6의 나머지

예 김(金)..8 건(建)..9 호(豪)..14

상괘는 8+9+14=31. 31÷8=3 나머지 7. **칠간산(七艮山)**

하괘는 9+14=23. 23÷8=2 나머지 7. **칠간산(七艮山)**

동효는 31+23=54. 54÷6=9 나머지 0. (나머지 0은 6으로)

간위산(艮爲山)으로 상효가 동한다.

▶ 그 외 득괘법

득괘하는 방법은 한두 가지가 아니다. 수많은 방법이 있지만 실전에서는 그렇게 다양한 방법을 사용하지 않는다. 학교에 다닐 때 많은 과목을 배우지만 졸업 후 실제 직업을 가지고 사회생활을 할 때는 배운 과목을 모두 사용하지 않는 것과 같다. 자기에게 맞는 득괘법 2~3가지를 익숙하게 활용하면 된다.

◉ 일년 신수 작괘법

❶ 본인이 태어난 해의 간지를 쓴다.　辛巳년 생이면 辛巳

❷ 보고 싶은 해의 태세를 쓴다.　2019년이면 己亥년

❸ 보고 싶은 해의 달을 쓴다.　만세력의 간지

❹ 보고 싶은 해의 일을 쓴다.　만세력의 간지

◐일년 신수를 볼 때는 천간은 선천수로, 지지는 후천수로 본다.

　상괘는 **선천수**로 천간합 ÷ 8의 나머지

　하괘는 **후천수**로 지지충 ÷ 8의 나머지

　동효는 (천간합+지지충) ÷ 6의 나머지

◐숫자에서 홀수는 양을 나타내고 짝수는 음을 나타낸다.

선천수

천간	甲	乙	丙	丁	戊	己	庚	辛	壬	癸
선천수	9	8	7	6	5	9	8	7	6	5

지지	子	丑	寅	卯	辰	巳	午	未	申	酉	戌	亥
선천수	9	8	7	6	5	4	9	8	7	6	5	4

甲己子午는 9 　　　乙庚丑未는 8

丙辛寅申은 7 　　　丁壬卯酉는 6

戊癸辰戌은 5 　　　巳亥는 4

후천수

지지	子	丑	寅	卯	辰	巳	午	未	申	酉	戌	亥
후천수	1	10	3	8	5	2	7	10	9	4	5	6

◉ **관영(觀影) 작괘법**

　건(乾) ☞　말, 사자, 군주, 궁궐, 평원, 철광석

　태(兌) ☞　양, 첩, 기생, 연예인, 골짜기, 악기, 보석, 금은, 별

　리(離) ☞　꿩, 학, 새, 미인, 학자, 문예인, 무기공장, 사치품, 편지, 문서

진(震) ☞ 용, 곤충, 현자, 구름, 산림, 배, 차, 시장

손(巽) ☞ 닭, 과부, 승려, 상인, 화초, 초원, 의류, 과수원, 나무제품

감(坎) ☞ 돼지, 물고기, 도둑, 굴, 술집, 어패류, 달

간(艮) ☞ 개, 쥐, 성, 언덕, 무덤, 사당

곤(坤) ☞ 소, 여자, 신하, 토지, 창고, 전답, 농가, 고향

◉ 서죽(筮竹) 득괘법

50개의 서죽(筮竹)으로 주문 후 괘를 얻는 방법이다.

50개의 서죽(筮竹) 중 1개를 선봉에 두고 49개를 사용하는 득괘법이다. 현실적으로 특별한 경우가 아니면 사용하지 않는다. 서죽 득괘법에 대한 더 자세한 내용은 인터넷 등에서 찾아보면 된다.

육효 용어 정리

육효에서만 사용하는 전문적인 용어는 반드시 알아둘 필요가 있다.

▶괘(卦)에 관한 용어

- 득괘(得卦) : 서죽(筮竹)이나 동전 또는 시간 등으로 괘를 뽑는 것
- 작괘(作卦) : 득괘한 것으로 괘를 만드는 것
- 간괘(看卦) : 작괘한 괘를 보고 길흉과 성패를 살펴보는 것

▶효(爻)에 관한 용어

- 효위(爻位) : 효의 위치를 말하며 순서, 원근, 고저, 귀천, 수치 등을 판단한다.
- 정효(正爻) : 대성괘에 있는 6개의 효를 말한다.

- **세효(世爻)** : 정괘(正卦)에서 자신〔나〕을 나타내는 효를 말한다.

- **응효(應爻)** : 상대방이나 점을 치는 목적을 나타내는 효를 말하는데, 세효(世爻)의 대효(對爻)이다.

  <mark>예</mark> 세효가 나라면 응효는 상대방.

- **대효(對爻)** : 서로 대칭이 되는 효로 초효와 4효, 2효와 5효, 3효와 상효를 말한다.

- **간효(間爻)** : 세효와 응효 사이에 있는 효로 이웃, 중개자로 본다.

- **동효(動爻)** : 움직이는 효로 타효를 생극하며 변화를 일으킨다.

- **암동효(暗動爻)** : 일진에게 충을 당해 동하는 효를 말한다.

- **변효(變爻)** : 동효가 움직여서 변화된 효를 말한다.
  음은 양으로, 양은 음으로 변한다.

- **정효(靜爻)** : 동하지 않는 효로 타효를 생극하지 못한다.

- **방효(榜爻)** : 세효나 응효 또는 용신에 가까이 있는 효로 이웃이 어느 편에 우호적인지 구분할 때 사용한다.

- **화효(化爻)** : 효가 동하면 효의 음양이 변하고 괘도 변한다. 변한 효를 변효 또는 화효라고 한다. 화효는 동효만을 생극할 수 있으며 일의 결과를 나타낸다.

➤ 신(神)이 붙은 용어

- **용신(用神)** : 구하고자 하는 점의 목적이 되는데 사건이나 사람이 될 수 있다. 자기점은 세효가 용신이고, 재물점은 재가 용신이고, 직장은 관이 용신이다.

- **원신(原神)** : 용신을 생하는 오행으로, 재가 용신이면 손이 원신이 된다.
- **기신(忌神)** : 용신을 극하는 육친이나 오행을 말한다.
- **구신(仇神)** : 기신을 생하는 육친이나 오행으로 원신을 극한다.

		화뢰서합 ⇐ 리위화		이화(離火)궁		
청룡		I	兄巳	I	身世	
현무		II	孫未	II		卯월
백호		I	財酉	I	午	丁丑일
등사	孫辰	II	官亥	✗	命應	공망 申酉
구진		II	孫丑	II		
주작		I	父卯	I		

- 남편의 질병에 관한 점이다.
- 남편은 관이 용신이다.
- 3효의 官亥가 동하여 孫辰이 되었다.
- 손이 관을 극하니 회두극이 되었다.
- 용신 亥水는 卯월에서 설기되고 丁丑일에 극을 당한다.
- 용신 亥水는 변효 辰에 입묘되니 대흉이다.
- 다가오는 辰일에 조심해야 한다.

- **비신(飛神)** : 납갑법에 따라 괘의 효 옆에 붙어 있는 지지를 말한다.
- **복신(伏神)** : 용신이 괘에 나타나지 않을 때 사용하는 은복(隱伏)된 지지를 말한다.
- **진신(進神)** : 동효가 화(化)해서 변효가 될 때 같은 오행의 글자가 앞

으로 순행하는 경우를 말한다.

예 寅→卯, 巳→午, 申→酉

- **퇴신(退神)** : 진신과 반대로 동효가 화(化)하여 변효가 될 때 같은 오
행의 글자가 뒤로 역행하는 경우를 말한다.

예 卯→寅, 午→巳, 酉→申

➤ 기타 육효에 쓰이는 용어들

- **단(斷)** : 점괘(占卦)에 따라 길흉과 성패의 결단을 내리는 것을 말한다.

- **역술(易術)** : 역리로 운명과 운세를 알아보는 것을 말한다.
- **술사(術士)** : 역술하는 사람을 뜻한다.
- **괘상(卦象)** : 괘가 지니고 있는 형상과 뜻을 말한다.

- **문복자(問卜者)** : 점을 치러 온 고객을 말한다.
- **단자(斷者)** : 점을 쳐서 길흉과 성패를 알려주는 술사(術士)를 말한다.

- **납갑(納甲)** : 육효의 각 효에 붙이는 지지.
- **유기** : 월령이나 일진의 생부가 있고 무공망, 무휴수, 무파재를 말한다.
- **무기** : 공파묘 등을 당하고 월령이나 일진의 생부가 없는 것을 말한다.

- **지세(持世)** : 세효에 놓인 지지를 말한다.
- **생세(生世)** : 세효를 생하는 것을 말한다.

● 극세(剋世) : 세효를 극하는 것을 말한다.

● 비화(比和) : 같은 오행을 만나는 것을 말한다. 명리학에서 비겁과 같다.

● 당령(當令) : 오행이 자기 계절을 얻어 왕할 때를 말한다.

● 왕상(旺相) : 비신이 일진이나 월령의 생을 받거나 같은 오행의 계절 일 때를 말한다.

● 휴수(休囚) : 비신 오행이 월령에게 극을 받는 것을 말한다.

● 월공(月拱) : 비신이 월령과 같은 오행이어서 힘을 받을 때를 말한다.

● 일공(日拱) : 비신이 일진과 같은 오행이어서 힘을 받을 때를 말한다.

● 궁(宮) : 64괘가 배속된 여덟 개의 체(體)로 각 궁에는 8개의 대성괘 가 속해 있다.

● 타궁(他宮) : 육효에 동효가 있어 효가 변하면 그에 따라 변한 궁을 말한다.

● 육친(六親) : 형제, 자손, 처재, 관귀, 부모를 말한다. 명리의 비겁, 식 상, 재성, 관성, 인성에 해당한다.

● 육수(六獸) : 육효에 붙이는 6마리 짐승으로 청룡, 주작, 구진, 등사, 백호, 현무를 말한다.

- **명동(明動)** : 득괘시 동한 효로 스스로 동한다.
- **암동(暗動)** : 일진의 충을 받아 피동(被動)하는 효로 타의로 동한다.
- **발동(發動)** : 효가 동하여 움직이는 것을 말한다.

- **독정(獨靜)** : 5개의 효가 모두 동하고 한 개 효만 정(靜)한 것을 말한다.
- **독발(獨發)** : 5개의 효가 모두 정하고 한 개 효만 동(動)한 것을 말한다.
- **난동(亂動)** : 여러 개가 어지럽게 동한 경우를 말한다.

- **진정(盡靜)** : 육효에 동효가 하나도 없이 모두 안정된 경우를 말한다.
- **진발(盡發)** : 육효가 모두 동하여 정신이 없는 경우를 말한다.

- **유상(有傷)** : 형충파해와 극을 받아 손상된 경우를 말한다.
- **유고(有故)** : 형충파해극이나 합 또는 회두극, 반음, 복음, 묘절, 퇴신, 공망 등 손상된 것으로 유병(有病)이라고도 한다.

- **양현(兩顯)** : 용신이 두 개가 나타나는 것으로 중출(重出)이라고도 한다.
- **다현(多現)** : 용신이 여러 개가 나타나는 것을 말한다. 용신이 다현 하면 쓸모없게 된다.

- **추개(推開)** : 일진이 비신을 충거(沖去)하여 비신이 제 역할을 못하는 경우로 이때는 복신을 사용해야 한다.
- **대(帶)하다** : 같이 있다.

용신(用神)과 기신(忌神)

▶용신(用神)

용신은 모든 점의 주체가 되는 주신(主神)이다. 자기의 신수점에서는 세효가 용신이고, 자손의 신수점에서는 손이 용신이 된다. 공명점에서는 관이 용신이다.

용신은 어떤 경우에나 왕하면 좋다. 용신이 일진이나 월령에서 생부를 받지 못하여 휴수하거나 무기할 경우라도 공상(空傷＝空破墓刑冲剋害)되지 않아야 희망이 있다.

용신이 동하여 세효를 극하면 단기적인 일에는 속히 성사되지만, 혼인(婚姻) 등 장기적인 일에는 성사되더라도 세효가 다치니 결국에는 흉하다.

◉용신다현(用神多現)일 경우 용신 정하는 법

❶ 동한 효가 가장 먼저이다.

❷ 지세한 것이 두 번 째이다.

❸ 공망이나 형충파해합된 것이다.

❹ 극해 등을 받은 가장 곤란한 글자이다.

➤ 기신(忌神)

기신은 용신을 극하는 신(神)을 말하고, 원신은 용신을 생부하는 신(神)을 말한다. 기신은 정하고 쇠약하면 좋고, 원신은 동하고 유기하면 좋다.

용신이 휴수 또는 무기할 경우에 일월이나 동효가 용신을 극해하면 대흉하다. 이때 원신도 함께 동하여 기신을 유통시켜 주면 좋다. 즉, 金이 용신일 때 기신 火가 동하면 土〔원신〕도 함께 동하여 화생토, 토생금으로 유통되면 좋다.

용신이 휴수 또는 무기할 경우에 기신이 동하였으나 공망 등으로 공상(空傷)이 되면 기신이 동하지 않는다. 그러나 공상(空傷)에서 벗어날 시기에는 조용히 있다가 용신을 극하게 되니 흉하다.

용신이 왕할 때 용신에게 해를 미치는 기신이 동하면 용신이 약해진다. 이때는 기신이 극제되는 날 뜻을 이룬다.

동효(動爻)와 변효(變爻)

6개의 효가 동하면 양효가 음효로, 음효가 양효로 변하는데 이때 동한 효를 동효라고 하고, 동하여 변한 효를 변효라고 한다. 그리고 효가 속한 변하기 전의 원래 괘를 본괘(本卦), 변한 후의 괘를 변괘(變卦)라고 한다. 괘가 변하면 납갑법에 따라 붙여지는 지지, 즉 비신도 변하고 괘 이름도 변한다.

예를 들어 택산함괘는 상괘가 태괘이고 하괘는 간괘이다. 태괘는 상효부터 음양양, 간괘는 상효부터 양음음이다. 그래서 다음과 같이 된다.

	택산함	초효 동	2효 동	3효 동	4효 동	5효 동	상효 동
상효	‖	‖	‖	‖	‖	‖	Ⅰ
5효	Ⅰ	Ⅰ	Ⅰ	Ⅰ	Ⅰ	‖	Ⅰ
4효	Ⅰ	Ⅰ	Ⅰ	Ⅰ	‖	Ⅰ	Ⅰ
3효	Ⅰ	Ⅰ	Ⅰ	‖	Ⅰ	Ⅰ	Ⅰ
2효	‖	‖	Ⅰ	‖	‖	‖	‖
초효	‖	Ⅰ	‖	‖	‖	‖	‖
	본괘	택화혁	택풍대과	택지췌	수산건	뢰산소과	천산둔

본괘 택산함에서 초효가 동했다면 초효의 음이 양으로 변한다. 그래서 택화혁이 되고, 만일 택산함에서 2효가 동했다면 2효의 음이 양으로 변하니 택풍대과가 된다. 같은 방법으로 택산함의 3효가 동하면 택지췌가 되고, 4효가 동하면 수산건이 된다. 5효가 동하면 5효의 양이 음으로 변하니 뢰산소과가 되고, 상효가 동하면 상효에 있는 음이 양으로 변하니 천산둔이 된다. 동효는 하나도 없을 수도 있고 두 개 이상이 나올 수도 있다.

	택산함	兌金궁	
주작	父未	⚊⚊	壬寅월
청룡	兄酉	⚊	戊子일
현무	孫亥	⚊⚊	공망 : 午未일
백호	兄申	⚊	
등사	官午	⚊⚊	
구진	父辰	⚊⚊	

　壬寅월 戊子일에 점괘를 뽑았더니 **택산함**이 나왔다.

　2태택과 7간산에 해당하니 상괘(외괘)는 태괘이고 하괘(내괘)는 간괘이다. 즉, 상괘가 태택(兌澤)이고 하괘가 간산(艮山)이니 택산함이 된다. 양효는 Ⅰ이고 음효는 Ⅱ로 표시한다. 동효는 ⚊와 ⚊로 표시한다.

　택산함은 태금(兌金)궁에 속한다. 소속된 궁의 오행은 나중에 생극을 통해 비신을 붙일 때 필요하다. 효가 동하게 되면 음효는 양효로 변하고 양효는 음효로 변하게 된다. 위 괘에서 네 개의 동효의 음양이 바뀌면 풍천소축괘가 된다. 택산함이 풍천소축으로 바뀌는 것이다.

	풍천소축(변괘)	택산함(본괘)
상효	I	⚊
5효	I	I
4효	II	⚊
3효	I	I
2효	I	⚊
초효	I	⚊

육효에서 공망은 일진을 기준으로 한다.

戊子일의 공망은 午未가 된다.

세효(世爻)와 응효(應爻)

▶세효(世爻)

세효는 점사(占事)의 주체이다. 즉, 나 또는 내편 또는 점하는 사람(내점인)을 나타낸다. 세효의 왕쇠는 월령과 일진을 기준으로 왕상휴수(旺相休囚)를 따져 정한다. 세효는 항상 왕상하면 좋다. 보통 세(世)로 표시한다.

세효의 위치는 본궁 수괘의 상효에서 시작하여 초효-2효-3효-4효-5효-4효-3효 순서로 변한다. 64괘의 세효와 응효를 표시하는 표를 보면 바로 알 수 있다.

▶응효(應爻)

응효는 세효와 대응관계가 되는 효이다. 세효가 나라면 응효는 상대방이 된다. 세효가 원고라면 응효는 피고가 된다. 응효는 승패에는 경쟁자, 동업에는 동업자, 판매에는 고객, 구직점에서는 직장, 채권자에는 채무자가 된다. 모든 일에는 세효와 응효가 상대적으로 작용하는데 세효와 응효가 서로 합이 되면 길하고 충이 되면 흉하다. 세효와 응효가 모두 공망이 되면 쌍방 모두 일을 이룰 수 없다. 보통 응(應)으로 표시한다.

▶ 간효(間爻)

세효와 응효는 두 칸 떨어져서 배치되는데 이때 세효와 응효 사이에 있는 두 개의 효를 간효라고 한다. 세효 옆의 간효는 내편이고, 응효 옆의 간효는 상대편이 된다. 간효가 동하여 세효를 생하면 내가 이롭고, 간효가 동하여 응효를 생하면 상대방이 이롭다. 간효는 세응 사이에서 소개자, 중개자, 심판자, 증인, 동행자 등을 의미한다. 간효가 세효나 응효 또는 용신을 충이나 합하면 중개인이 일의 성사에 도움이 안 된다. 모든 일에 간효가 동하는 것을 꺼리는데 중간 중매자의 지나친 개입으로 일이 좋은 결말을 맺지 못하기 때문이다.

	풍지관	
상효	I	
5효	I	
4효	II	世
3효	II	간효
2효	II	간효
초효	II	應

※세효와 응효 사이에 있는 것이 간효이다.

➤세응(世應) 붙이는 법

8괘	건궁(乾宮)
수괘	건위천
소속괘	천풍구
	천산둔
	천지비
	풍지관
	산지박
	화지진
	화천대유

건궁괘에는 수괘 건위천 아래에 천풍구, 천산둔, 천지비, 풍지관, 산지박, 화지진, 화천대유 등 7개의 소속괘가 있다. 여기서 수괘에 붙은 세효는 상효에 붙이고, 각 궁에 부속된 7개의 소속괘에는 초효에서 부터 2효-3효-4효-5효-4효-3효의 순으로 세효가 붙는다.

즉, 건위천은 수괘이므로 상효에 세효가 붙고 건괘에 속하는 나머지 7개의 소속괘는 초효부터 2효-3효 순서로 붙여 나간다. 그래서 천풍구는 초효, 천산둔은 2효, 천지비는 3효, 풍지관은 4효, 산지박은 5효에 세효를 붙인다.

그다음 화지진은 수괘의 세효가 있는 상효로 올라가지 않고 4효로 내려와 붙이고, 화천대유는 다시 내려와 3효에 세효를 붙인다. 세효가 정해지면 응효는 세효와 두 칸 떨어진 대효 자리에 붙이면 된다. 즉, 초효에 세효가 있으면 응효는 4효에 있고, 2효에 세효가 있으면 응효는 5효에 있다. 3효에 세효가 있으면 응효는 상효에 있고, 4효에 세효가 있으면 응효는 초효에 있다. 5효에 세효가 있으면 응효는 2효에 있고, 상효에 세효가 있으면 응효는 3효에 있다.

	건위천	
상효	l	世
5효	l	
4효	l	
3효	l	應
2효	l	
초효	l	

	천풍구	
상효	l	
5효	l	
4효	l	應
3효	l	
2효	l	
초효	ll	世

	천산둔	
상효	l	
5효	l	應
4효	l	
3효	l	
2효	ll	世
초효	ll	

	천지비	
상효	l	應
5효	l	
4효	l	
3효	ll	世
2효	ll	
초효	ll	

	풍지관	
상효	∣	
5효	∣	
4효	‖	世
3효	‖	
2효	‖	
초효	‖	應

	산지박	
상효	∣	
5효	‖	世
4효	‖	
3효	‖	
2효	‖	應
초효	‖	

	화지진	
상효	∣	
5효	‖	
4효	∣	世
3효	‖	
2효	‖	
초효	‖	應

	화천대유	
상효	∣	應
5효	‖	
4효	∣	
3효	∣	世
2효	∣	
초효	∣	

납갑(納甲) 붙이는 법

6개의 효에 12지지를 붙이는 법을 납갑법(納甲法)이라고 한다. 그리고 효 옆에 붙어 있는 지지를 비신(飛神)이라고 한다. 납갑법은 육효점을 칠 때 아주 중요한 과정이니 잘 배워두어야 하는데 정해진 법이 있으니 그에 따르면 된다. 최근에는 인터넷이나 스마트폰에 필요한 사항만 입력하면 곧바로 비신까지 붙여진 괘가 나오니 편리하다.

작괘한 괘는 6개의 효로 되어 있지만 상하 두 개의 팔괘가 3효씩 붙어 있다. 효는 아래 내괘에서부터 외괘로 붙여나간다. 괘에 따라 비신 붙이는 법은 다음과 같다.

8괘	건(乾)	태(兌)	이(離)	진(震)	손(巽)	감(坎)	간(艮)	곤(坤)
음양	양	음	음	양	음	양	양	음
수괘	건위천	태위택	이위화	진위뢰	손위풍	감위수	간위산	곤위지
소속괘	천풍구	택수곤	화산려	뢰지예	풍천소축	수택절	산화비	지뢰복
	천산둔	택지췌	화풍정	뢰수해	풍화가인	수뢰둔	산천대축	지택림
	천지비	택산함	화수미제	뢰풍항	풍뢰익	수화기제	산택손	지천태
	풍지관	수산건	산수몽	지풍승	천뢰무망	택화혁	화택규	뢰천대장
	산지박	지산겸	풍수환	수풍정	화뢰서합	뢰화풍	천택리	택천쾌
	화지진	뢰산소과	천수송	택풍대과	산뢰이	지화명이	풍택중부	수천수
	화천대유	뢰택귀매	천화동인	택뢰수	산풍고	지수사	풍산점	수지비
상괘 비신	戌申午	未酉亥	巳未酉	戌申午	卯巳未	子戌申	寅子戌	酉亥丑
하괘 비신	辰寅子	丑卯巳	亥丑卯	辰寅子	酉亥丑	午辰寅	申午辰	卯巳未

양괘, 즉 건(乾)·진(震)·감(坎)·간(艮)에는 순서는 다르더라도 양의
지지 子寅辰 午申戌이 붙는다. 건괘와 진괘는 비신이 같다.

음괘, 즉 곤(坤)·태(兌)·이(離)·손(巽)에는 역시 순서는 다를 수 있지
만 음의 지지 未巳卯 丑亥酉가 붙는다.

택산함괘의 비신을 붙이는 법은 초효부터 3효까지는 간괘 하괘의 비
신을 붙이고, 4효부터 상효까지는 태괘 상괘의 비신을 붙이면 된다. 그
래서 초효, 2효, 3효에는 간괘의 비신인 辰 午 申을 붙였고, 4효, 5효,
상효에는 태괘의 비신인 亥 酉 未를 붙였다.

		택산함
상효	‖	未
5효	∣	酉
4효	∣	亥
3효	∣	申
2효	‖	午
초효	‖	辰

만일 작괘한 괘가 지천태라면 하괘는 건괘이니 초효부터 子 寅 辰이 되고, 상괘는 곤괘가 되니 4효부터 丑 亥 酉가 될 것이다. 또 풍지관이라면 하괘는 곤괘이니 未 巳 卯가 되고, 상괘는 손괘가 되니 未 巳 卯가 될 것이다.

		지천태
상효	‖	酉
5효	‖	亥
4효	‖	丑
3효	∣	辰
2효	∣	寅
초효	∣	子

		풍지관
상효	∣	卯
5효	∣	巳
4효	‖	未
3효	‖	卯
2효	‖	巳
초효	‖	未

⊙동했을 때 납갑 붙이는 법

	풍뢰익			풍지관	
상효	I	卯		I	卯
5효	I	巳		I	巳
4효	II	未	←	II	未
3효	II			II	卯
2효	II			II	巳
초효	I			⚊̸	未

풍지관에서 초효가 동했을 때 납갑을 붙여보자.

동하면 음양이 바뀌게 된다. 초효가 동하면 풍지관의 초효는 음이므로 양으로 바뀌게 된다. 그러면 괘는 풍뢰익〔위 표의 왼쪽〕이 된다.

상괘의 손괘는 변함이 없으므로 4효부터 5효－상효에 未 巳 卯로 적어가면 된다. 하괘는 곤괘에서 진괘로 바뀌었으므로 하괘의 비신은 바뀐다. 진궁의 납갑을 살펴보면 초효부터 상효까지 적어보면 子寅辰午申戌이다.

우리에게 필요한 것은 초효부터 3효까지이니 子寅辰을 순서대로 적어가면 된다.

	풍뢰익			풍지관	
상효	I	卯		I	卯
5효	I	巳		I	巳
4효	II	未	←	II	未
3효	II	辰		II	卯
2효	II	寅		II	巳
초효	I	子		⚊̸	未

복신(伏神)

복신이란 본괘에 나타나지 않은 육친을 말한다. 점치고자 하는 용신의 글자가 없으면 점을 칠 수가 없다. 그래서 드러나지 않는 오행〔육친〕의 글자는 복신을 찾아 용신으로 삼는다. 다섯 가지 오행〔용신〕이 모두 드러나 있다면 복신을 찾을 필요가 없다. 복신은 각 괘에 이미 표시되어 있으니 찾아 쓰면 된다.

복신이 정해지는 원리는 다음과 같다.

	택산함		兌金궁		태위택 비신	
상효	父未	‖	壬寅月		父未	
5효	兄酉	∣	戊子일		兄酉	
4효	孫亥	∣	공망 : 午未		孫亥	
3효	兄申	∣			父丑	
2효	官午	‖	복신 : 財卯	←	財卯	
초효	父辰	‖			官巳	

앞 괘의 비신을 보면 목화토금수 오행에서 木이 없고 육친으로는 木에 해당하는 財가 없다. 만일 재의 상황을 보고 싶어 재를 용신으로 삼을 때는 드러난 재가 없으니 막막하다. 이때는 2효에 숨어 있는 복신을 살펴 점을 친다.

복신을 정하는 방법은 본괘가 속한 수괘에서 같은 효위의 글자를 빌려 쓴다. 즉, 택산함은 태궁(兌宮)에 속하니 태궁〔태위택〕의 비신을 살펴본다. 태궁〔태위택〕의 비신은 초효부터 巳卯丑亥酉未가 되는데 현재 찾고 있는 木은 2효에 있는 卯木이 된다. 그래서 복신은 2효 밑에 위치하고 태금(兌金)에서 볼 때 卯木은 재(財)가 된다.

복신은 좋을 때도 있지만 좋지 않을 때도 있다. 복신이 생부를 받아 왕상하고, 공망이 아니거나 극을 당하지 않으면 유용하다. 그러나 복신이 휴수, 사절되거나 또는 공망이 되거나 극을 받고 생을 받지 못하면 쓸모없게 된다.

일월, 동효, 정효 등은 자신의 밑에 숨어 있는 복신을 생극할 수 있지만 복신은 자기보다 위에 있는 어느 것도 생극할 수 없다.

◎ 복신도 유용할 수 있다
❶ 일월의 생부를 받아 왕상할 때
❷ 복신을 품고 있는 비신이 복신을 생할 때
❸ 동효의 생을 받을 때
❹ 일, 월 그리고 동효가 복신을 품고 있는 비신을 극할 때
❺ 복신을 품고 있는 비신이 공파묘절이나 휴수될 때
❻ 공망된 비신 아래에 있는 복신은 쉽게 끄집어 쓸 수 있다

○ 무용한 복신은 다음과 같다.

❶ 일, 월의 복신이 일, 월의 충극을 받아 휴수 무기할 때

❷ 복신을 품고 있는 비신의 극해를 받을 때

❸ 일, 월과 같은 비신이 복신의 묘절에 해당할 때

❹ 복신이 공망되면 하고자 하는 일이 뜻대로 되지 않는다

	지화명이 ⇐		지뢰복		곤토(坤土)궁		
구진		‖	孫酉	‖			
주작		‖	財亥	‖			丑월
청룡		‖	兄丑	‖	命應		己卯일
현무	財亥			兄辰	✗			공망 申酉
백호		‖	官寅	‖		복신 父巳	
등사				財子		身世		

- 장모 귀국에 관한 점이다.
- 장모는 부가 용신인데 복신으로 있다.
- 장모의 귀국 여부는 아직은 모른다.
- 3효 辰土가 동하여 亥水로 변했다.
- 그러나 변효 亥水는 숨어 있는 복신 巳火를 충하지 못한다.
- 복신은 일월의 생을 받거나 왕한 비신의 생을 받을 때만 유용하다.
- 복신이 일진과 비신의 생을 받고 있다.
- 용신의 기신은 水가 되는데 3효 土가 동하여 막고 있다.
- 변효는 같은 효의 동효에만 영향을 미치기 때문이다.
- 점을 치는 卯木일이 용신을 생한다.
- 동효가 토극수로 기신인 水를 극하는 것은 좋은 징조이다.
- 복신이 출현하는 巳월이나 巳일에 귀국한다.

六神		천풍구 ⇐	화풍정		이화(離火)궁		
청룡		|	兄巳	|	身		
현무	財申	|	孫未	X	應		亥월
백호		|	財酉	|			丁未일
등사		|	財酉	|	命		공망 寅卯
구진		|	官亥	|	世		
주작		||	孫丑	||		복신 父卯	

●아버지가 가출했다.

●부친에 관한 것은 부가 용신이다.

●용신 부는 초효에 복신으로 있는데 점치는 일에 卯가 공망이다.

●5효가 동하여 초효를 충하니 복신이 드러난다.

●복신이 드러나 亥卯未 목국이 되니 긍정적이다.

●그러나 未일에는 木이 입묘하는 날이다.

●卯가 공망과 입묘에서 벗어나는 卯일에 귀가할 것이다.

六神		건위천 ⇐	산천대축		간토(艮土)궁		
청룡		|	官寅	|	命		
현무	孫申	|	財子	X	應		巳월
백호	父午	|	兄戌	X			丙申일
등사		|	兄辰	|	身	孫申	공망 辰巳
구진		|	官寅	|	世	父午	
주작		|	財子	|			

●부모님이 언제 귀가하실까?

●부모님에 관한 것은 부가 용신이니 2효에 은복되어 있는 午火가 용신
이다.

- 용신 午火는 월에서 비화되고 일에서 휴수되며 비신인 寅木의 생을 받고 있다.
- 월령 巳火는 현재 공망이다.
- 2효의 寅木은 일진에게 충이 되어 암동한다.
- 4효가 동하여 변효와 암동한 2효와 寅午戌 삼합이 된다.
- 5효도 동하여 회두생을 받으며 2효 비신을 생한다.
- 현재 2효는 寅申충이 되어 있어 힘이 없으니 충을 푸는 亥일에 귀가할 것이다.

◉ 64괘의 세응, 신명, 괘신, 복신

건(乾)	태(兌)	이(離)	진(震)	손(巽)	감(坎)	간(艮)	곤(坤)
양	음	음	양	음	양	양	음
건위천	태위택	이위화	진위뢰	손위풍	감위수	간위산	곤위지
천풍구	택수곤	화산려	뇌지예	풍천소축	수택절	산화비	지뢰복
천산둔	택지췌	화풍정	뇌수해	풍화가인	수뢰둔	산천대축	지택림
천지비	택산함	화수미제	뇌풍항	풍뢰익	수화기제	산택손	지천태
풍지관	수산건	산수몽	지풍승	천뢰무망	택화혁	화택규	뇌천대장
산지박	지산겸	풍수환	수풍정	화뢰서합	뇌화풍	천택리	택천쾌
화지진	뇌산소과	천수송	택풍대과	산뢰이	지화명이	풍택중부	수천수
화천대유	뇌택귀매	천화동인	택뢰수	산풍고	지수사	풍산점	수지비
戌申午	未酉亥	巳未酉	戌申午	卯巳未	子戌申	寅子戌	酉亥丑
辰寅子	丑卯巳	亥丑卯	辰寅子	酉亥丑	午辰寅	申午辰	卯巳未

건위천　乾金

	父戌	I	世	
	兄申	I	身	
	官午	I		
	父辰	I	應	
	財寅	I	命	
	孫子	I		

풍지관　乾金

	財卯	I		
	官巳	I	命	
	父未	II	世	
	財卯	II		
	官巳	II	身	
	父未	II	應	

천풍구　乾金

	父戌	I			
	兄申	I	命		
卦身	官午	I	應		
	兄酉	I			
	孫亥	I	身	財寅	
	父丑	II	世		

산지박　乾金

	財寅	I			
	孫子	II	世	兄申	
卦身	父戌	II	命		
	財卯	II			
	官巳	II	應		
	父未	II	身		

천산둔　乾金

	父戌	I			
	兄申	I	應		
	官午	I	命		
	兄申	I			
	官午	II	世	財寅	
	父辰	II	身	孫子	

화지진　乾金

	官巳	I			
	父未	II			
	兄酉	I	身世		
卦身	財卯	II			
	官巳	II			
	父未	II	命應	孫子	

천지비　乾金

	父戌	I	應		
卦身	兄申	I			
	官午	I	身		
	財卯	II	世		
	官巳	II			
	父未	II	命	孫子	

화천대유　乾金

	官巳	I	應	
	父未	II	身	
	兄酉	I		
	父辰	I	世	
卦身	財寅	I	命	
	孫子	I		

태위택　兌金			
父未	‖	世	
兄酉	丨	命	
孫亥	丨		
父丑	‖	應	
財卯	丨	身	
官巳	丨		

수산건　兌金			
孫子	‖	命	
父戌	丨		
兄申	‖	世	
兄申	丨	身	
官午	‖		財卯
父辰	‖	應	

	택수곤　兌金			
	父未	‖	命	
	兄酉	丨		
	孫亥	丨	應	
卦身	官午	‖	身	
	父辰	丨		
	財寅	‖	世	

지산겸　兌金			
兄酉	‖	身	
孫亥	‖	世	
父丑	‖		
兄申	丨	命	
官午	‖	應	財卯
父辰	‖		

	택지췌　兌金			
	父未	‖	身	
	兄酉	丨	應	
	孫亥	丨		
	財卯	‖	命	
	官巳	‖	世	
卦身	父未	‖		

뢰산소과　兌金			
父戌	‖		
兄申	‖		
官午	丨	命世	孫亥
兄申	丨		
官午	‖		財卯
父辰	‖	身應	

택산함　兌金			
父未	‖	命應	
兄酉	丨		
孫亥	丨		
兄申	丨	身世	
官午	‖		財卯
父辰	‖		

	뢰택귀매　兌金			
	父戌	‖	應	
卦身	兄申	‖	命	
	官午	丨		孫亥
	父丑	‖	世	
	財卯	丨	身	
	官巳	丨		

리위화　離火

兄巳	I	身世	
孫未	II		
財酉	I		
官亥	I	命應	
孫丑	II		
父卯	I		

산수몽　離火

父寅	I		
官子	II	身	
孫戌	II	世	財酉
兄午	II		
孫辰	I	命	
父寅	II	應	

화산려　離火

	兄巳	I		
	孫未	II	身	
	財酉	I	應	
	財申	I		官亥
卦身	兄午	II	命	
	孫辰	II	世	父卯

풍수환　離火

	父卯	I	身	
	兄巳	I	世	
	孫未	II		財酉
	兄午	II	命	官亥
卦身	孫辰	I	應	
	父寅	II		

화풍정　離火

兄巳	I	身	
孫未	II	應	
財酉	I		
財酉	I	命	
官亥	I	世	
孫丑	II		父卯

천수송　離火

孫戌	I		
財申	I		
兄午	I	命世	
兄午	II		官亥
孫辰	I		
父寅	II	身應	

화수미제　離火

兄巳	I	應	
孫未	II		
財酉	I	命	
兄午	II	世	官亥
孫辰	I		
父寅	II	身	

천화동인　離火

孫戌	I	身應	
財申	I		
兄午	I		
官亥	I	命世	
孫丑	II		
父卯	I		

진위뢰　震木

	財戌	‖	世	
	官申	‖	身	
	孫午	∣		
	財辰	‖	應	
	兄寅	‖	命	
	父子	∣		

지풍승　震木

	官酉	‖		
	父亥	‖	命	
	財丑	‖	世	孫午
	官酉	∣		
	父亥	∣	身	兄寅
	財丑	‖	應	

뢰지예　震木

	財戌	‖		
	官申	‖	命	
卦身	孫午	∣	應	
	兄卯	‖		
	孫巳	‖	身	
	財未	‖	世	父子

수풍정　震木

	父子	‖		
	財戌	∣	身世	
	官申	‖		孫午
	官酉	∣		
	父亥	∣	命應	兄寅
	財丑	‖		

뢰수해　震木

	財戌	‖		
	官申	‖	身應	
	孫午	∣		
	孫午	‖		
	財辰	∣	命世	
	兄寅	‖		父子

택풍대과　震木

	財未	‖	身	
	官酉	∣		
	父亥	∣	世	孫午
	官酉	∣	命	
	父亥	∣		兄寅
	財丑	‖	應	

뢰풍항　震木

	財戌	‖	應	
	官申	‖		
	孫午	∣	身	
	官酉	∣	世	
	父亥	∣		兄寅
	財丑	‖	命	

택뢰수　震木

	財未	‖	應	
	官酉	∣	身	
	父亥	∣		孫午
	財辰	‖	世	
	兄寅	‖	命	
	父子	∣		

손위풍 巽木

	육친	효	世身應命	복신
	兄卯	I	世	
	孫巳	I		
	財未	II	身	
	官酉	I	應	
	父亥	I		
	財丑	II	命	

천뢰무망 巽木

	육친	효	世身應命	복신
	財戌	I		
	官申	I		
	孫午	I	命世	
	財辰	II		
	兄寅	II		
	父子	I	身應	

풍천소축 巽木

	육친	효	世身應命	복신
	兄卯	I		
	孫巳	I		
	財未	II	命應	
	財辰	I		官酉
	兄寅	I		
卦身	父子	I	身世	

화뢰서합 巽木

	육친	효	世身應命	복신
	孫巳	I		
	財未	II	命世	
	官酉	I		
	財辰	II		
	兄寅	II	身應	
	父子	I		

풍화가인 巽木

	육친	효	世身應命	복신
	兄卯	I		
	孫巳	I	命應	
卦身	財未	II		
	父亥	I		官酉
	財丑	II	身世	
	兄卯	I		

산뢰이 巽木

	육친	효	世身應命	복신
	兄寅	I		
	父子	II	身	孫巳
	財戌	II	世	
	財辰	II		官酉
	兄寅	II	命	
	父子	I	應	

풍뢰익 巽木

	육친	효	世身應命	복신
	兄卯	I	應	
	孫巳	I	身	
	財未	II		
	財辰	II	世	官酉
	兄寅	II	命	
	父子	I		

산풍고 巽木

	육친	효	世身應命	복신
	兄寅	I	應	
	父子	II		孫巳
	財戌	II	身	
	官酉	I	世	
	父亥	I		
	財丑	II	命	

감위수	坎水			
	兄子	II	世	
	官戌	I		
	父申	II	命	
	財午	II	應	
	官辰	I		
	孫寅	II	身	

택화혁	坎水			
	官未	II	身	
	父酉	I		
	兄亥	I	世	
	兄亥	I	命	財午
	官丑	II		
卦身	孫卯	I	應	

수택절	坎水			
卦身	兄子	II	身	
	官戌	I		
	父申	II	應	
	官丑	II	命	
	孫卯	I		
	財巳	I	世	

뢰화풍	坎水			
卦身	官戌	II	命	
	父申	II	世	
	財午	I		
	兄亥	I	身	
	官丑	II	應	
	孫卯	I		

수뢰둔	坎水			
	兄子	II	命	
	官戌	I	應	
	父申	II		
	官辰	II	身	財午
	孫寅	II	世	
	兄子	I		

지화명이	坎水			
卦身	父酉	II		
	兄亥	II	命	
	官丑	II	世	
	兄亥	I		財午
	官丑	II	身	
	孫卯	I	應	

수화기제	坎水			
	兄子	II	身應	
	官戌	I		
	父申	II		
	兄亥	I	命世	財午
	官丑	II		
	孫卯	I		

지수사	坎水			
	父酉	II	應	
	兄亥	II		
	官丑	II	命	
	財午	II	世	
	官辰	I		
	孫寅	II	身	

간위산　艮土

	官寅	l	命世	
	財子	‖		
	兄戌	‖		
	孫申	l	身應	
	父午	‖		
	兄辰	‖		

화택규　艮土

	父巳	l		
	兄未	‖		財子
	孫酉	l	身世	
	兄丑	‖		
卦身	官卯	l		
	父巳	l	命應	

산화비　艮土

	官寅	l		
卦身	財子	‖		
	兄戌	‖	身應	
	財亥	l		孫申
	兄丑	‖		父午
	官卯	l	命世	

천택리　艮土

	兄戌	l	命	
	孫申	l	世	財子
	父午	l		
	兄丑	‖	身	
	官卯	l	應	
	父巳	l		

산천대축　艮土

	官寅	l	命	
	財子	‖	應	
	兄戌	‖		
	兄辰	l	身	孫申
	官寅	l	世	父午
	財子	l		

풍택중부　艮土

	官卯	l		
	父巳	l	命	財子
	兄未	‖	世	
	兄丑	‖		孫申
	官卯	l	身	
	父巳	l	應	

산택손　艮土

	官寅	l	應	
	財子	‖	命	
	兄戌	‖		
	兄丑	‖	世	孫申
	官卯	l	身	
	父巳	l		

풍산점　艮土

	官卯	l	命應	
	父巳	l		財子
	兄未	‖		
	孫申	l	身世	
	父午	‖		
	兄辰	‖		

곤위지 坤土			
	孫酉	‖	世
卦身	財亥	‖	
	兄丑	‖	身
	官卯	‖	應
	父巳	‖	
	兄未	‖	命

뢰천대장 坤土			
	兄戌	‖	
	孫申	‖	
	財午	Ⅰ	命世
	兄辰	Ⅰ	
	官寅	Ⅰ	
	財子	Ⅰ	身應

지뢰복 坤土				
	孫酉	‖		
	財亥	‖		
	兄丑	‖	命應	
	兄辰	‖		
	官寅	‖		父巳
卦身	財子	Ⅰ	身世	

택천쾌 坤土				
	兄未	‖		
	孫酉	Ⅰ	世	
	財亥	Ⅰ	身	
卦身	兄辰	Ⅰ		
	官寅	Ⅰ	應	父巳
	財子	Ⅰ	命	

지택림 坤土			
	孫酉	‖	
	財亥	‖	應
	兄丑	‖	身
卦身	兄丑	‖	
	官卯	Ⅰ	世
	父巳	Ⅰ	命

수천수 坤土				
	財子	‖	命	
	兄戌	Ⅰ		
	孫申	‖	世	
	兄辰	Ⅰ	身	
	官寅	Ⅰ		父巳
	財子	Ⅰ	應	

지천태 坤土				
	孫酉	‖	應	
	財亥	‖	身	
	兄丑	‖		
	兄辰	Ⅰ	世	
卦身	官寅	Ⅰ	命	父巳
	財子	Ⅰ		

수지비 坤土			
	財子	‖	應
	兄戌	Ⅰ	
卦身	孫申	‖	身
	官卯	‖	世
	父巳	‖	
	兄未	‖	命

육효점 치는 순서

① 점치기 위해 마음가짐을 가다듬은 후에

② 자기만의 득괘 방법을 사용하여 괘를 뽑는다.

③ 64괘 괘명에 따라 괘사(卦辭)를 확인하고 효를 배치한다.

④ 육효에서는 효를 배치할 때 아래 예와 같이 세로로 음양을 표시한다.

⑤ 효 옆에 납갑이나 육친 또는 육수의 글자를 쓰기 위해서이다.

⑥ 동효를 표시하고 납갑(納甲)과 육친을 붙인다.

⑦ 그 다음 세효와 응효를 배치하고 신명(身命)과 육수를 붙인다.

⑧ 신살을 달고 공망을 표시한다.

⑨ 암동효가 있는지 살펴본다.

⑩ 용신을 찾아 희기신(喜忌神)의 관계를 살피고

⑪ 용신을 월령과 일진과 동효에 대조한다.

⑫ 생극합충(生剋合沖) 등을 따져보며 길흉과 성패를 판단한다.

예 巳月 丁亥일 오전 10시 27분

  상괘 (10시+27분)÷8 나머지 5, **손풍(巽風)**

  하괘 27분이니까 27÷8=3 나머지 3, **이화(離火)**

  동효 (37+27)÷6=10 나머지 4, **4효가 동효**

		천화동인 ⇐ 풍화가인		손목(巽木)궁		
청룡		Ⅰ	兄卯	Ⅰ		青	
현무		Ⅰ	孫巳	Ⅰ	命應	玄	巳月
백호	孫午	Ⅰ	財未	⚊		白	丁亥일
등사		Ⅰ	父亥	Ⅰ		蛇	공망 午未
구진		Ⅱ	財丑	Ⅱ	身世	句	
주작		Ⅰ	兄卯	Ⅰ		朱	

- 상괘가 손괘이고 하괘가 이괘이니 풍화가인을 얻었다.

- 풍화가인괘는 손목(巽木)궁에 속한다.

- 동효가 4효이니 4효의 음이 양으로 바뀌어 천화동인이 되었다.

- 풍화가인에서 하괘 이화(離火)의 납갑은 卯丑亥이고,

- 상괘 손풍(巽風)의 납갑은 未巳卯이다.

- 상괘 4효가 동하여 손괘가 건괘로 변하였다.

- 건괘 4효의 납갑은 午가 된다.

- 동효는 未土 재이니 財未가 동하여 孫午가 된다.

- 풍화가인은 손목(巽木)궁으로 2세 5응으로 정해져 있다.

●손목(巽木)궁이니 木을 기준으로 비신을 붙인다.

●세효에 丑이 있으니 신(身)은 2효에 놓이고 명(命)은 5효에 놓인다.

●세효가 음효이니 괘신은 초효 午부터 붙여 나가면 2효는 未가 된다.

●세효에 음효가 있을 경우에는 초효부터 午未申酉戌亥로 상효까지 붙여 나가기 때문이다.

●일진이 丁亥일이니 초효부터 주작으로 시작하여 청룡으로 끝난다.

●丁亥일은 午未가 공망이니 4효의 동효와 화효가 공망이다.

●일지 亥水가 5효 巳火를 충하니 5효에 있는 孫巳가 암동하였다.

●丁亥일이니 변효 午火는 일간의 건록이 되고 ,

●3효 亥水 부는 천을귀인이 된다.

●일진 亥水를 기준으로 각 효의 12신살을 뽑는다.

다시 한 번 연습해 보자.

❶ 壬寅월 戊子일에 점을 치기 위해 마음을 모아 괘를 뽑는다.

동전이나 주사위 등 여러 가지 방법으로 택산함괘를 얻었다.
택산함은 태금 궁에 속하니 다음과 같이 적는다.

		택산함	兌金궁		
		‖			壬寅月
		‖			戊子일
		‖			
		‖			
		‖			
		‖			

❷ 비신과 육친을 붙인다.

		택산함	兌金궁		
	父未	‖			壬寅月
	兄酉	‖			戊子일
	孫亥	‖			
	兄申	‖			
	官午	‖			
	父辰	‖			

❸ 세효와 응효와 신명 그리고 복신을 찾아 적는다.

		택산함	兌金궁		
	父未	‖	命 應		壬寅月
	兄酉	‖			戊子일
	孫亥	‖			
	兄申	‖	身 世		
	官午	‖		財卯	
	父辰	‖			

신명(身命)의 위치는 지세한 비신에 따라 효의 위치가 결정된다.

❹ 공망이 있으면 찾아 적는다.

2효와 상효에 공망이 있다.

			택산함	兌金궁		
	父未	‖	命 應			壬寅月
	兄酉	‖				戊子일
	孫亥	‖				공망 午未
	兄申	‖	身 世			
	官午	‖		財卯		
	父辰	‖				

공망은 점치는 날의 일진 戊子를 기준으로 한다.

❺ 육수를 붙인다.

戊子일이므로 초효에서부터 구진-등사-백호-현무-청룡-주
작 순서로 적어 올라간다.

			택산함	兌金궁			
주작	父未	‖	命 應		朱	壬寅月
청룡	兄酉	‖			靑	戊子일
현무	孫亥	‖			玄	공망 午未
백호	兄申	‖	身 世		白	
등사	官午	‖		財卯	蛇	
구진	父辰	‖			句	

육효점을 칠 때는 왕쇠, 동정(動靜), 음양(陰陽), 효위를 살펴보며
사물의 대소(大小)와 성패하는 날짜의 원근(遠近)을 판단한다.

제**2**부

중그비편

삼전(三傳)

삼전이란 태세와 월령 그리고 일진을 말한다.

▶**태세(太歲)** : 점치는 해를 말한다. 보통 월령과 일진으로 점을 치지만 장기적인 사안은 태세를 적용하고, 시각을 다투는 출산점은 시진(時辰)을 적용하기도 하는데 점치는 내용에 따라 판단한다.

▶**월령(月令)** : 점치는 달을 말하는데 월건(月建)과 같다. 명리에서처럼 음력이나 양력이 아닌 절기를 기준으로 한다. 일진과 월령은 용신, 동효, 변효, 정효 등 모든 효를 생극이나 충합할 수 있다.

▶**일진(日辰)** : 점치는 날을 말한다. 특히 육효점은 그날 일어나는 단시점을 볼 경우가 많으므로 일진과 같은 글자의 효는 괘 중에서 가장 강력한 힘을 갖는다.

		수산건	⇐	지산겸		태금(兌金)궁	
구진		‖	兄酉	‖	身		辰년
주작	父戌	Ⅰ	孫亥	⚊̸	世		未월
청룡		‖	父丑	‖			己未일
현무		Ⅰ	兄申	Ⅰ	命		공망 子丑
백호		‖	官午	‖	應	財卯	
등사		‖	父辰	‖			

- 세효가 있는 5효가 동했다.

- 5효 亥水는 연월일에게 삼전극을 당했다.

- 변효인 戌土에게 다시 극을 당한다.

- 세효는 죽을 맛이다.

- 己未일에 점을 쳤으니 다시 土일이 오는 날 조심해야 한다.

		수풍정	⇐	택풍대과		진목(巽木)궁	
구진		‖	財未	‖	身		辰년
주작		Ⅰ	官酉	Ⅰ			午월
청룡	官申	‖	父亥	⚊̸	世	복신 孫午	己丑일
현무		Ⅰ	官酉	Ⅰ	命		공망 午未
백호		Ⅰ	父亥	Ⅰ			
등사		‖	財丑	‖	應		

- 세효가 있는 4효가 동했다.

- 년일에서 극을 당하고 월에서 휴수되었다.

- 4효 亥水가 동해 金이 되니 금생수가 되어 세효는 구사일생이다.

월령(月令)

명리학에서는 사계절을 나타내는 월령이 12개의 지지로 되어 있지만 육효에서는 사계절로만 나눈다. 즉, 여름에는 火가 왕하고 水가 쇠하고, 가을에는 金이 왕하고 木이 쇠하고, 겨울에는 水가 왕하고 火가 쇠하며, 봄에는 木이 왕하고 金이 쇠하다.

계절	봄			여름			가을			겨울		
월	寅	卯	辰	巳	午	未	申	酉	戌	亥	子	丑
오행	木이 강하고 金은 약하다			火가 강하고 水는 약하다			金은 강하고 木은 약하다			水가 강하고 火는 약하다		
	강하면 밖에서 활발하게 쓰고, 약하면 실내에서 정신적으로 쓴다											

육효에서 월령의 기준은 양력도 음력도 아닌 절기를 기준으로 한다. 즉 입춘을 기준으로 寅월이 시작되고, 경칩을 기준으로 卯월이 시작된다. 청명을 기준으로 辰월이 시작되고, 입하를 기준으로 巳월이 시작된다. 망종을 기준으로 午월이 시작되고, 소서를 기준으로 未월이 시

작된다. 입추를 기준으로 申월이 시작되고, 백로를 기준으로 酉월이 시작된다. 한로를 기준으로 戌월이 시작되고, 입동을 기준으로 亥월이 시작된다. 대설을 기준으로 子월이 시작되고, 소한을 기준으로 丑월이 시작된다.

寅·卯·辰월은 木의 기운이 사령하고, 巳·午·未월은 火의 기운이 사령한다. 申·酉·戌월은 金의 기운이 사령하고, 亥·子·丑월은 水의 기운이 사령한다. 여기서 辰戌丑未월은 각 계절이 바뀌는 환절기로 보면 된다. 예를 들면 辰월은 봄에서 여름으로 넘어가는 환절기가 되고, 未월은 여름에서 가을로 넘어가는 환절기이다. 戌월은 가을에서 겨울로 넘어가는 환절기이고, 丑월은 겨울에서 봄으로 넘어가는 환절기가 된다.

육효는 명리학처럼 천간과 지지를 사용하지 않고 오행만 사용한다. 오행은 십간이나 십이지지보다 더 구체적이지 못하다. 그래서 최근에는 육효에 십이지지를 적용하는 시도가 행해지고 있는데 바람직한 일이다. 점의 정확도도 그만큼 높아질 것이다.

계절	봄			여름			가을			겨울		
월	寅	卯	辰	巳	午	未	申	酉	戌	亥	子	丑
	입춘	경칩	청명	입하	망종	소서	입추	백로	한로	입동	대설	소한
	木	木→火		火		火→金	金		金→水	水		水→木

▶ 월령의 활용

- 월령은 팔자의 본부로 정효, 동효, 변효 등 모든 효를 생극이나 충합할 수 있다.

- 어떤 효가 월령과 합이 되면 유용하고, 파(破)를 당하면 쓸모가 없다.

- 어떤 효가 월령의 생부를 받는다고 해도 공망이 되면 무력하다.

- 월령이 어떤 효를 생부할 때 생부를 받는 그 효를 왕상 또는 유기하다고 한다.

- 월령이 어떤 효를 극설하면 휴수 또는 무기하다고 한다.

- 월령이 어떤 효를 충하면 그 효는 월파(月波)되었다고 하며 무기력하게 된다.

- 월령이나 일진에 의해 무력하게 된 효가 다시 공망이 되면 출공한다고 해도 무력하다.

- 월령의 생부를 받은 효라도 공망이 되면 무력하다.

- 공망이 된 효는 출공해야 유력해진다.

- 월령에게 생을 받고 왕한 효는 그 월이 지나면 다시 무력해진다.

- 월령에게 극을 받아 쇠한 효는 그 월이 지나 때를 만나면 다시 유력해진다.

- 월령에게 생부를 받은 효가 일진에게 충극을 당할 때는 동효의 생극을 살펴서 유력·무력을 판별한다.

일진(日辰)

- 일진은 점치는 날을 말한다.
- 일진은 여섯 개의 효를 통제하고 왕쇠를 주관한다.
- 일진의 생부를 받은 효라도 공망이 되면 무력해진다. 이때는 출공해야 유력하다.
- 월령이나 일진에 의해 무력해진 효가 다시 공망이 되면 출공해도 무력하다.
- 일진은 월령과 동등한 힘을 가지고 모든 효에 생극이나 충합의 작용을 한다.
- 일진이 정효를 충하면 효의 왕쇠에 따라 동하거나 파(破)가 된다.
- 일진과 월령이 모두 생조하지 않는 효를 휴수되어 무기하다고 한다.
- 일진에 의해 생부된 효가 다시 월령에 의해 충극을 당하면 동효의 생극으로 유력, 무력을 판가름한다.
- 일진과 같은 효는 괘 중에서 가장 유력한 효가 된다.

- 일진과 같은 효는 월파나 타효에게 충극을 당해도 쉽게 무력해지지 않는다.
- 월령에게 생부받아 왕한 효는 그 월령이 지나면 다시 무력해지지만
- 일진에게 생부받아 왕해진 효는 월령이 바뀌어도 계속 유력하다.

일파(日破)와 월파(月破)

- 일진이 충하는 것을 일파라고 하고, 월령이 충하는 것을 월파라고 한다.
- 월에 뿌리를 두어 유기한 것은 일파가 되지 않는다.
- 월파된 글자를 동효가 생하거나 일진이 생하면 월파로 보지 않는다.
- 일진에게 충을 당하는 정효는 암동한다.
- 월파되는 효는 무기하여 생왕의 글자가 있어도 쓸모가 없다.
- 월령은 그만큼 강한 것이니 월령에게 극해 받는 효는 매우 흉하다.
- 월파 당하는 효가 동효의 생부를 받으면 고목에 꽃이 핀 것처럼 소생한다.
- 월파 당했더라도 일진이나 동효의 도움으로 다시 힘을 얻을 수 있지만 한계는 있다.
- 월령에게 당하고 일진이 생하면 월파가 아니라고 하지만 대장에게 신임을 받지 못하는 상이니 좋지는 않다.

- 월파가 되어도 용신이 왕하게 되는 달에 생부를 받으면 좋아지게 된다.
- 그 달 중 합하는 날〔日〕에 원하는 일이 성사된다.
- 월파된 글자를 생부하는 글자가 없으면 진파(眞破)가 되어 대흉하다.

공망(空亡)

공망표

1순	甲子	乙丑	丙寅	丁卯	戊辰	己巳	庚午	辛未	壬申	癸酉	**공망**	戌亥
2순	甲戌	乙亥	丙子	丁丑	戊寅	己卯	庚辰	辛巳	壬午	癸未	**공망**	申酉
3순	甲申	乙酉	丙戌	丁亥	戊子	己丑	庚寅	辛卯	壬辰	癸巳	**공망**	午未
4순	甲午	乙未	丙申	丁酉	戊戌	己亥	庚子	辛丑	壬寅	癸卯	**공망**	辰巳
5순	甲辰	乙巳	丙午	丁未	戊申	己酉	庚戌	辛亥	壬子	癸丑	**공망**	寅卯
6순	甲寅	乙卯	丙辰	丁巳	戊午	己未	庚申	辛酉	壬戌	癸亥	**공망**	子丑

천간은 열 개이고 지지는 열두 개다 보니 천간과 지지가 짝을 짓지 못하는 두 개의 지지 글자가 생긴다. 이를 공망이라고 한다.

공망이란 주로 단시점에 많이 활용된다. 공망은 있는데도 없는 것처럼 무력하다는 뜻이다.

공망은 보통 일진을 기준으로 정한다.

⊙**자공(自空)** : 정효가 공망이 되는 경우를 말하는데, 자공이 된 글자는 쓸모없게 된다.

⊙**화공(化空)** : 화(化)하여 변한 효[변효]가 공망이 되는 경우이니 결과가 허망하다.

⊙**동공(動空)** : 동효가 공망에 해당하면 공망된 글자가 동한 것과 같아 출공된다.

⊙**진공(眞空)** : 공망된 글자가 휴수 무기하며 동하지도 않아 쓸모없는 경우를 말한다.

⊙**비공(非空)** : 공망된 효가 생부를 받거나 동하거나 충합이 되어 유용해진 경우.

⊙**출공(出空)** : 공망된 글자가 공망에서 벗어난 경우를 말한다.

▶ 공망의 활용

● 공망은 운의 글자가 비화(比和)되거나
  공망된 글자를 운의 글자가 충합할 때 출공한다.

● 공망된 글자가 월령이나 일진에게 충을 받으면
  비공(非空), 즉 실공(實空) 또는 출공이 되어 유용해진다.

● 공망이 된 글자가 유기하면 출공이 되어 유용하게 된다.
  즉, 寅이 공망이라면 寅월이나 寅일에 출공된다.

● 단시점에서 세효나 용신이 공망이 되면
  왕쇠, 희기(喜忌), 지세를 불문하고 곧 발(發)하게 된다.

● 공망이 되면 출산은 서둘러 준비해야 하고, 기다리는 자는 속히 올

것이며, 아픈 사람은 빨리 치료된다.

- 장기적인 일을 점칠 때 세효나 용신이 휴수되고 공망이 되면 어떤 일도 성취되지 않는다.
- 세효나 용신이 왕상할 때는 공망이 되더라도 출공하는 년이나 월에 발(發)하게 되니 기다릴 필요가 있다.
- 공망이 동하게 되면 비화되는 날 발(發)하고, 공망이 정(靜)할 때에는 합충이 되는 날 발(發)한다.
- 변효가 공망이 되면 공망이 아니었던 동효도 공망이 되어 쓸모가 없어진다.
- 결과가 허망하면 움직였던 동효도 의욕을 잃고 공망이 된다.
- 월령과 일진의 생부를 받아 왕상한 공망은 출공하는 시기에는 크게 활약을 한다.
- 공망의 글자가 극을 당하거나 생부가 없는 경우에는 출공이 된다고 해도 쓸모가 없다.
- 공망된 효는 일진에게 충을 받아도 타격을 입지 않고 암동한다.
- 공망된 효는 암동해도 출공하기 전까지는 쓸모가 없다.
- 생합되어 유용한 글자가 공망이 되면 좋지 않고, 형충극해된 글자가 공망이 되면 오히려 좋다.
- 동효와 화효가 같이 공망이 되면 흉하다. 둘 중 하나가 출공될지라도 그 결과는 신통치 못하다.
- 휴수묘절되어 쇠한 공망이 진짜 공망(眞空)이다.
- 신수점을 볼 때 세효나 용신이 진공이면서 휴수되면 흉하다.
- 공망은 깊이 잠들어 있는 것과 같으므로 출공 전에는 무해(無害)

하다.

- 출공하여 극해를 받을 때 재앙이 생긴다.
- 공망이 충이 되거나 합이 되면 출공되며 유기한 것은 비화 될 때 발(發)한다.
- 공망이 동하면 불공(不空)이 된다고 해도
  출공되기 이전에는 타효를 생극하지도 못하고, 극해(剋害)받지도 않는다. 실제 글자가 아닌 허(虛)한 글자이기 때문이다.
- 변효가 공망이 되면 동하였지만 결과는 공망이므로 출공할 때 발 (發)한다.

◐공망이 아닌 경우

공망된 효가 일진이나 월령 또는 동효의 생을 받아 왕해지면 불공 (不空)이다. ☞ (生旺不空)

공망된 효가 동하면 불공(不空)이 된다. ☞ (動空不空)

공망된 효가 일진이나 월령에게 충을 당해 월파되거나 또는 암동된 경우에는 불공(不空)이 된다. ☞ (沖空不空)

공망된 효가 일월이나 동효와 합이 되어 왕해지면 불공(不空)이 된다. ☞ (合空不空)

복신은 공망되어도 불공(不空)으로 본다. ☞ (伏空不空)

왕한 공망은 공망이 아니다. ☞ (旺者不空)

형충파해 용어 정리

육효의 형충파해는 명리처럼 천간 지지 중심으로 발전하지 못하고 오행에 머물고 있는 것을 볼 수 있다. 그러나 주역의 괘에 간지를 접목시켜 점술의 확률을 높이려 했다는 점에서 높이 평가할 만하다. 최근에는 육효에 간지뿐만 아니라 십신까지 적용하려는 시도도 보이는데 바람직한 현상이다.

◉**생조(生助)** : 생을 받으니 강해진다〔인성〕.

◉**부조(扶助)** : 같은 오행으로부터 협력을 받으니 강해진다〔비겁〕.

◉**극상(剋傷)** : 극해(剋害)를 받으니 손상된다〔관성〕.

◉**상합(相合)** : 합이 되어 서로 묶여 독자적인 활동을 못한다〔합〕.

◉**상충(相沖)** : 서로 충돌하는 것이니 불화, 투쟁, 이반(離反), 파괴를 나타낸다〔충〕.

⊙**상형(相刑)** : 형(刑)으로 상(傷)하니 소란, 소동이 동반되는데 좋은 결과를 가져올 수도 있다〔형〕.

⊙**상파(相破)** : 파괴, 손상을 나타낸다〔파〕.

⊙**생합(生合)** : 오행으로 생하면서 합이 된 것으로 시종 길하다.

　㉠ 寅亥합, 辰酉합, 午未합

⊙**극합(剋合)** : 오행으로 극도 되고 합도 되어 같이 있으면서 극한다.

　㉠ 子丑합, 卯戌합, 巳申합

⊙**형합(刑合)** : 합도 되고 형도 된다.

　㉠ 巳申형합

⊙**합봉파(合逢破)** : 합이 된 것이 일파를 당한 것으로 합의 효력이 상실된다.

⊙**반임(絆任)** : 동효가 일진에게 합이 된 것으로 행하는 일이 타의에 의해 중지된다. 합으로 중지된 일은 충을 만나는 날에 다시 발(發)하게 된다.

⊙**동이봉충(動而逢冲)** : 동효가 충을 만난다는 의미로 하던 일이 타의에 의해 파탄난다.

⊙**합기(合起)** : 정효가 일진에 의해 합이 되면 득세하여 타의에 의해 묶인다.

➤ 삼합(三合)

- ◉ 亥卯未 목국
- ◉ 寅午戌 화국
- ◉ 巳酉丑 금국
- ◉ 申子辰 수국

- 육효에서는 3개의 글자가 모두 갖추어져야 삼합으로 본다. 반합은 없다.
- 효의 삼합은 3자 모두 동해야 한다. 두 개의 글자만 동하면 나머지 한 개의 글자가 동할 때 삼합이 동한 것으로 본다.
- 두 개의 효가 동하고 한 개는 공상(空傷)이 되었을 때는 이 공상(空傷)된 효가 비화되는 때 삼합 작용이 나타난다.
- 두 개의 효가 동하고 나머지 한 개가 일진이나 월령 또는 변효에 있어도 삼합이 된다.
- 한 개는 동효, 또 하나는 변효에 있을 때 나머지 한 개의 효가 일진 이나 월령에 있으면 삼합이 된다.
- 두 개 효가 동하고 한 개의 효가 정하면 정(靜)한 효가 동할 때가 성사일이다. 또 삼합 중 한 개의 효에 문제가 있을 때는 그 문제를 제거한 일진에 성사된다.
- 삼합으로 국을 이루어 강왕하게 되면 합기(合起)와 합주(合住)현상 이 나타난다.

⊙ **합기(合起)** : 생왕해져서 용신이 크게 발(發)한다.

⊙ **합주(合住)** : 삼합이 되며 입묘되어 더 이상 동하지 않는다.

● 삼합에서 합기(合起)는 생왕의 글자와 관련이 있고,
  합주(合住)는 묘고의 글자와 관련이 있다.

● 좋은 결과를 기대하는 혼인, 경영, 구재, 구관은 합기(合起)가 되면
  좋다.

● 빨리 끝나기를 바라는 관재, 질병, 출행, 대인(待人) 등은 합주(合住)
  되면 좋다.

● 삼합국이 용신을 도우면 길하고, 기신을 도우면 흉하다.

● 용신이 삼합으로 합기(合起)되어도
  회두극이나 화묘(化墓)가 되면 선길후흉(先吉後凶)하다.

● 용신이 삼합국을 이루어 기신 국을 이루거나 기신을 생하면 흉하다.

○ 삼합국(三合局)이 되려면

❶ 3개의 효가 모두 동할 때

❷ 두 개 효가 동하고 1개는 변효일 때

❸ 두 개의 효는 동하고 한 개는 암동효일 때

❹ 초효와 3효가 동하여 내괘에서 국을 이룰 때

❺ 4효와 상효가 동하여 외괘에서 국을 이룰 때

❻ 한 개 효는 명동(明動)하고 또 한 개 효는 암동하여 국을 이룰 때

❼ 동효+동효+정효일 때는 정효가 동할 때 삼합이 된다.

❽ 동효+동효+공망일 때는 공망이 출공할 때 삼합이 성립한다.

⑨ 동효+동효+복신일 때는 복신이 힘을 얻어 출현할 때 삼합이 성립한다.

⑩ 태이진손간(兌離震巽艮)괘가 초효와 3효가 동하고 4효와 상효가 동하면 내괘와 외괘가 모두 삼합국을 이룬다.

		수천수 ⇐	건위천	건금(乾金)궁		
청룡	孫子	‖	父戌	✗	世	
현무		│	兄申	│	身	巳월
백호	兄申	‖	官午	✗		丁巳일
등사		│	父辰	│	應	공망 子丑
구진		│	財寅	│	命	
주작		│	孫子	│		

나의 취직

- 직업 등 취직은 관이 용신이니 4효에 있는 午火가 용신이다.
- 午火는 월일에서 비화되어 힘이 있다.
- 상효가 동하여 현재 午戌이 동하고 있다.
- 寅午戌 삼합이 되려면 2효에 있는 寅이 동해야 한다.
- 寅을 암동시키는 申월이나 申일에 취직이 될 것이다.

▶육합(六合)

- 子丑합은 토극수하니 극합(尅合)이고, 寅亥합은 수생목하니 생합(生合)이며, 卯戌합은 목극토하니 극합(尅合)이고, 辰酉합은 토생금하니 생합(生合)이며, 巳申합은 형합이고, 午未합은 화생토하니 생합(生合)이다.

- 생합은 시종(始終) 모두 길하게 본다.
- 극합과 형합은 먼저 합하고 후에 형극하니 선길후흉(先吉後凶)으로 나타난다.
- 육합괘는 짝하는 대효(對爻)끼리 합하는 괘로 서로 유정(有情)하다. 그러나 설합(洩合), 극합(剋合), 형합이 될 수 있으니 생극제화를 잘 따져보아야 한다.

  즉, 寅亥합에서 寅木은 수생목으로 기왕(氣旺)하게 되지만 亥水 입장에서만 보면 수생목으로 기(氣)가 설기된다. 子丑합인 경우 子水는 丑土의 극을 받아 힘이 빠지고, 丑土는 子水를 극하면서 설기된다. 巳申형합은 극합과 형합이 동시에 이루어지니 모두 힘들다. 합이라고 모두 좋게만 보면 안 된다. 그러나 극합, 형합이 되어 휴수된 경우에도 유기하다면 유정(有情)하여 화(禍)를 면한다. 유기란 월일에서 부조를 받는 것을 말한다.
- 생합은 스스로 합하는 것이고, 극합은 타의에 의해 강제로 합하는 것을 말한다.
- 극합은 합이 풀리면 극의 상태로 돌아가서 극의 작용을 한다.

  예를 들면 먼저 합했다가 나중에 극을 하는 동업이나 남녀불륜 등에 해당한다.
- 일진과 월령은 각 효를 충이나 합할 수 있다.
- 동효나 변효도 충합할 수 있다.
- 동효가 다른 동효나 일진, 월령 또는 변효와 합을 하면 기왕(氣旺)하게 된다. 그러나 동효가 일진과 합이 되면 묶여서 작용을 못한다.
- 일진이나 월령은 정효와도 합을 한다.

- 정효는 동효와 합을 하지 않는다.
- 사업이나 혼인점에서 용신의 기(氣)는 왕하면 좋다. 그러므로 기신, 원신, 동효 가릴 것 없이 합이 되어 기왕(氣旺)해지면 좋다.
- 질병, 관재, 출행, 대인점 등 단시점인 경우에는 용신이 동해야 한다. 만일 합주(合住)되어 묶여버리면 일의 진행이 어려워지게 된다. 그래서 근사점(近事占)의 경우에는 용신이 동하였을 때는 합주(合住)가 되지 않았는지 살펴야 한다.
- 질병점(疾病占)에서는 근병(近病)은 합이 되면 오래가고, 충이 되면 빨리 낫는다.
- 구병(久病)은 지금 병이 진행 중이므로 합이 되어야 낫는다.
- 육합이 되면 정효는 기왕(氣旺)하게 되고, 동효는 합주(合住)되어 멈추게 된다. 또 탐합(貪合)으로 극과 생의 작용이 이루어지지 않는다.
- 월령의 생부가 있어 유기할 때 일진에 의해서 합주(合住)된 경우에는 합이 된 글자를 충하는 일시에 충기(沖起)되어 합이 풀린다.
- 일진이나 월령에 의해 충파된 효는 합주(合住)가 되지 않는다.
  그래서 왕상할 경우에는 다음 비화(比和)되는 일시에 발(發)한다.
  만일 휴수되어 있다면 해당 효가 충극 당할 때 흉하다.
- 공망과 합이 같이 되면 공즉불합(空則不合)이고 합즉불공(合則不空)이 된다. 그래서 질병점(疾病占)이나 근사점(近事占) 등은 합주(合住)가 우선이므로 만일 왕상하다면 충하는 날이 길하고, 휴수하다면 충극하는 날이 흉하다.
- 정효가 일진이나 동효에 의해 합기(合起)되면 합하는 육친으로 인해 일이 발생하게 된다. 예를 들면 세효가 재에 합이 되어 합기(合起)되

면 처나 재 등의 문제로 일이 생기게 된다.

- 동효가 합주(合住)되면 합하는 육친에 의해 일이 중지된다.
- 출행점에서 관이 합주(合住)되면 관청이나 다른 흉한 일에 의해 출행이 중단되게 된다.

⊙ 육합(六合)이 되려면...

❶ 일진이나 월령이 효와 합할 때

❷ 괘 중에 있는 효와 효가 합할 때

❸ 동효와 변효가 합할 때

❹ 내괘와 외괘가 합할 때

❺ 육충괘가 육합괘로 변할 때

❻ 육합괘가 육합괘로 변할 때

		감위수 ⇐ 수풍정		진목(震木)궁		
청룡		‖ 父子	‖			
현무		｜ 財戌	｜	世 身		午월
백호		‖ 官申	‖		孫午	丁丑일
등사	孫午	‖ 官酉	✗			공망 申酉
구진		｜ 父亥	｜	應 命	兄寅	
주작		‖ 財丑	‖			

부친의 병점

- 상효에 있는 子水가 용신이다.
- 子水는 월에서 충을 당하고 일과 합이 되고 있다.
- 용신이 충과 합을 당하니 흉하다.

- 3효가 동하여 회두극을 당하면서 용신을 돕고자 하나 공망이다.
- 당분간 치유가 힘들다.

	천수송 ⇐ 천택이		간토(艮土)궁		
주작	I	兄戌	I	命		
청룡	I	孫申	I	世	財子	戌월
현무	I	父午	I			戊申일
백호	II	兄丑	II	身		공망 寅卯
등사	I	官卯	I	應		
구진	官寅 II	父巳	✗			

시험점

- 시험점은 초효의 부가 용신이다.
- 부가 동하여 회두생 되지만 변효는 현재 공망이다.
- 용신 巳火는 월에 입묘되고 일에서 巳申 형합이 되고 있다.
- 합격이 어렵다.
- 형이 동하면 관의 시험에는 불합격이다.

	택천쾌 ⇐ 뢰천대장		곤토(坤土)궁		
현무	II	兄戌	II			
백호	孫酉 I	孫申	✗			巳월
등사	I	父午	I	世命		乙亥일
구진	I	兄辰	I			공망 申酉
주작	I	官寅	I			
청룡	I	財子	I	身應		

승진점

●승진은 관이 용신이고 원신을 참고한다.

●2효에 있는 寅木이 용신이다.

●寅木은 월에서 휴수되고 일에서 생합이 되고 있다.

●5효가 동하여 진신(進神)이 되면서 용신을 충한다.

●동효는 월과 巳申 형합이 되어 묶인다.

●승진에 부정적이지만 현재 동효와 변효가 공망이다.

●용신 寅木은 합으로 묶여 있어 충하는 날인 申일에 승진할 것이다.

▶육충(六沖)

　육충은 충돌, 상해, 싸움을 의미한다. 월령에게 충을 당하는 것을 월
파라고 하고, 일진에게 충을 당하는 것을 일파라고 한다. 충이 되면 암
동하여 무산되고 흩어지게 된다. 충에는 寅申충, 卯酉충, 辰戌충, 巳亥
충, 子午충, 丑未충이 있다.

�‍� 육충(六沖)이 되려면

❶ 일진과 월령이 충할 때

❷ 괘에서 육충을 만날 때

❸ 육합이 변하여 육충이 될 때

❹ 육충이 변하여 육충이 될 때

❺ 동효와 변효가 상충할 때

❻ 효와 효끼리 육충이 될 때

※충이 되면 흩어진다.

지화명이 ⇐		지천태		곤토(坤土)궁		
백호		∥	孫酉	∥	應		
등사		∥	財亥	∥	身		戌월
구진		∥	兄丑	∥			壬寅일
주작		∣	兄辰	∣	世		공망 辰巳
청룡	兄丑	∥	官寅	✗	命	父巳	
현무		∣	財子	∣			

관재점

- 관재점은 나에 관한 점이니 세효를 용신으로 본다.
- 2효에서 관이 동하여 세효를 극하니 흉하다.
- 세효 辰土가 월에서 충을 맞아 월파되고, 일진에게 극을 당하고 있다.
- 3효 세효는 현재 공망이라서 큰 피해는 없다.
- 辰土가 출공하는 辰일에 관재가 있다.

천화동인 ⇐		택화혁		감수(坎水)궁		
백호	官戌	∣	官未	✗	身		
등사		∣	父酉	∣			巳월
구진		∣	兄亥	∣	世		癸酉일
주작		∣	兄亥	∣	命	財午	공망 戌亥
청룡		∥	官丑	∥			
현무		∣	孫卯	∣	應		

자식을 얻을 수 있을까?

- 자식은 손이 용신이니 초효의 卯木이 용신이다.
- 용신 卯木은 월에서 휴수되고 일에게 충을 맞고 있다.
- 상효에서 동한 관이 진신(進神)이 되어 용신을 입묘시킨다.

• 자식을 얻기 힘들 것이다.

▶육합괘와 육충괘
• 육합괘이거나 용신이 일진이나 동효에 합이 되면 질병이 오래간다.
• 육충괘라도 용신이 충이 되면 바로 치유될 수 있다.
• 육충괘가 나오면 이동 중이므로 찾을 수 있고,
  육합괘는 숨어 있어 찾기 어려우나 결국에는 찾는다.
• 육합괘는 육친과 화목하며 일생동안 평탄하다.
• 육충괘는 골육(骨肉)과 불화하며 기복과 풍파가 많다.
• 육합괘가 육충괘로 변하면 먼저 이루고 뒤에 망한다.
• 육충괘가 육합괘로 변하면 먼저 고생하고 뒤에 태평하다.

⦿ 육합괘(六合卦)
육합괘에는 대효(對爻)끼리 합하는 것으로 천지비, 택수곤, 화산려,
뢰지예, 수택절, 산화비, 지뢰복, 지천태 등 8가지가 있다.

육합괘가 다시 육합괘가 되거나, 용신이 일진이나 월령 또는 동효와
합이 되면 좋은 일은 더욱 좋아지고 나쁜 일은 더욱 나빠진다.

육합괘가 육충괘로 변하거나, 용신이 일진이나 월령 또는 동효와 충
이 되면 좋은 일도 나빠지게 된다. 그러나 관재나 병점 등 흉한 일은
반대로 좋은 결과를 얻는다.

	← 지천태	곤토(坤土)궁				
청룡	‖	孫酉	‖	應		
현무	‖	財亥	‖	身		未월
백호	‖	兄丑	‖			丙辰일
등사	│	兄辰	│	世		공망 子丑
구진	│	官寅	│	命	父巳	
주작	│	財子	│			

- 재수점으로 재가 용신이다.
- 육합괘이다.
- 초효와 4효, 2효와 5효, 3효와 상효가 합이다.
- 동효가 없이 안정적이지만 용신이 월에서 극을 당하고 일에 입묘되고 있다.
- 당분간 재수가 좋을 수가 없다.

⊙육충괘(六沖卦)

육충괘는 대효(對爻)끼리 충이 되는 것으로 다음 열 가지가 있다. 8괘의 수괘, 즉 건위천, 태위택, 이위화, 진위뢰, 손위풍, 감위수, 간위산, 곤위지와 뢰천대장, 천뢰무망 등이다.

육충괘가 되면 만사가 순탄하지 못하다. 그래서 혼인, 매매 등에 육충괘가 나오면 용신의 왕쇠와 관계없이 흉하다. 그러나 근심이나 걱정 등 흉한 일에 육충괘가 나오면 좋은 결과를 예측할 수 있다.

			천지비 ⇐ 건위천		건금(乾金)궁		
현무		I	父戌	I	世		
백호		I	兄申	I	身		午월
등사		I	官午	I			乙未일
구진	財卯	II	父辰	✗	應		공망 辰巳
주작	官巳	II	財寅	✗	命		
청룡	父未	II	孫子	✗			

- **자식 병점**으로 손이 용신이다.

- 초효와 4효, 2효와 5효, 3효와 상효가 충이다.

- 초효에 있는 용신은 회두극되며 월에서 충을 맞고 일에서 극을 당한다.

- 2효가 동하여 용신을 설기한다.

- 3효가 동하여 용신을 입묘시킨다.

- 당분간 치유가 힘들다.

⊙ 회두극(回頭剋)

효가 동하여 생긴 변효가 원래의 효를 극하는 것을 말한다.

만일 원래의 동효가 일월의 생부를 받아 유기할 때는 회두극이 되지 않는다.

용신이나 원신이 회두극이 되면 일의 성사가 힘들지만 기신이나 구신이 회두극이 되면 긍정적인 결과를 기대할 수 있다.

풍천소축 ⇐ 풍화가인			손목(巽木)궁		
구진		I	兄卯	I	
주작		I	孫巳	I	命 應	子월
청룡		II	財未	II		己亥일
현무		I	父亥	I	官酉	공망 辰巳
백호	兄寅	I	財丑	✗	身 世	
등사		I	兄卯	I		

풍천소축 ⇐ 풍화가인, 손목(巽木)궁 표의 열 배치: 구진/주작/청룡/현무/백호/등사 행, 命應·子월·己亥일·官酉·공망辰巳 등 포함

처의 병점

- 처는 재가 용신이다.
- 2효에서 동한 丑土가 회두극되었다.
- 용신은 월일에서 휴수되고 있다.
- 寅월이나 寅일이 되면 용신이 회두극으로 더욱 힘들어질 것이다.
- 당분간 낫기 힘들다.

천수송 ⇐ 천산둔			건금(乾金)궁		
청룡		I	父戌	I		
현무		I	兄申	I	應	丑월
백호		I	官午	I	命	丁亥일
등사	官午	II	兄申	✗		공망 午未
구진	父辰	I	官午	✗	世	財寅
주작		II	父辰	II	身	孫子

자기 병점

- 자신에 관한 것은 세효를 용신으로 한다.
- 2효에서 동한 관이 지세하고 있다.
- 관이 세효를 공격하고 있다는 의미이다.

- 용신 午火가 월에서 휴수되고 일에서 극을 당한다.
- 용신은 동한 3효에서도 휴수된다.
- 현재 午火는 공망이지만 출공할 때 힘들다.

⊙ 충중봉합(沖中逢合)

충중봉합이란 육충괘가 육합괘로 변하거나, 육충괘에서 용신이나 세효가 일진, 월령 또는 동효와 합이 되는 것을 말한다. 이때는 반드시 용신이 유기하여 왕상해야 한다.

충중봉합은 먼저 흩어졌다가 후에 다시 합쳐지는 것을 의미한다. 그래서 일이 반복되어 시간을 늦춰지더라도 육충괘가 육합괘로 변하면 용신이 무엇이든지 성사될 확률이 높아진다. 어렵고 복잡한 일도 끝내 성사되는 것이다. 충중봉합은 충하는 일에 응한다.

		천풍구 ⇐ 손위풍		손목(巽木)궁		
주작		I	兄卯	I	世	
청룡		I	孫巳	I		寅월
현무	孫午	I	財未	⚊⚊	身	戊戌일
백호		I	官酉	I	應	공망 辰巳
등사		I	父亥	I		
구진		II	財丑	II	命	

- 처가 가출했다.
- 상괘와 하괘의 효가 대효끼리 충하는 육충괘이다.
- 처에 관한 것은 재가 용신이다.
- 재가 초효와 4효에 있다.

- 동한 4효의 재를 용신으로 삼는다.

- 4효 未土가 동하여 午火가 되어 午未합이 되었다.

- 충중봉합이다.

- 합이 되면 충하는 날 이루어지니 丑월이나 丑일에 돌아올 것이다.

⊙ 합처봉충(合處逢沖)

합처봉충(合處逢沖)이란 육합괘가 육충괘로 변하거나, 육합괘가 일진에 충되거나, 또는 동효와 봉합된 것이 일진에 충이 될 때를 말한다.

합처봉충이 되면 합이 된 일이 파탄으로 끝난다. 용신이 동하여 합이 될 때 합된 곳이 충파되는 경우도 합처봉충이라고 한다. 합처봉충은 다 된 밥에 재 뿌리는 격으로 잘 되어 가던 일이 성취되지 못한다. 합처봉충은 합하는 일에 응한다.

			⇐ 화산려	이화(離火)궁			
현무			兄巳	I			
백호			孫未	II	身		卯월
등사			財酉	I	應		乙卯일
구진			財申	I		官亥	공망 子丑
주작			兄午	II	命		
청룡			孫辰	II	世	父卯	

- **금전차용**에 관한 점이다.

- 용신은 월과 충이 되는 4효의 酉가 용신이다.

- 화산려는 초효와 4효, 2효와 5효, 3효와 상효가 합인 육합괘이다.

- 차용점에서 육합괘는 긍정적으로 본다,

- 헤어지고 멀어져야 할 점일 때는 육합괘가 나오면 부정적이다.
- 4효의 용신 酉金은 월일에서 파를 당하니 합처봉충이 된다.
- 금전차용은 힘들다.

⊙ **합처봉합(合處封合)**

합처봉합이란 육합괘가 다시 육합괘로 변하거나, 육합괘의 용신이나 세효가 월령, 일진 그리고 동효나 변효에 의해 합이 되는 것을 말한다. 합처봉합이 되면 길사나 경사는 더욱 좋아지고, 흉사는 더욱 흉하게 된다.

⊙ **충중봉충(沖中逢沖)**

충중봉충이란 육충괘가 다시 육충괘로 변하거나 육충괘의 용신이나 세효가 월령, 일진 또는 동효나 변효에 충되는 것을 말한다. 충중봉충한 경우에는 회두극이나 회두충절(回頭沖絶)이 되면 매우 흉하다.

반음(反吟)과 복음(伏吟)

▶ 반음(反吟)

- 반음이란 변효가 원래의 동효를 충할 때를 말한다.
- 회두극과 다른 회두충이라고 할 수 있다.
- 반음이 되더라도 용신이 파손되지 않으면 결국에는 성사된다.
- 그러나 반음이 되어 용신이 변효의 충에 의해 깨지면 대흉하다.

- 괘의 반음은 이괘와 감괘, 진괘와 태괘, 건괘와 손괘, 간괘와 곤괘 등이다.
- 반음은 길흉의 반복과 반전으로 하는 일이 오래가지 못하고 변동으로 인한 고통이 따른다.

- 쌍방간의 일에서 내괘가 반음이 되면 본인이 고통스럽고, 외괘가 반음이 되면 상대방의 고통이 나에게까지 영향을 미치게 된다.

- 또 내괘가 반음이 되면 집안 일이 변동이 심하여 안정감이 없고, 외괘가 반음이면 밖에서 하는 일이 혼란스러워 해결이 잘 안 된다.

- 용신이 힘이 있어 길하면 반음이 될지라도 반복되는 과정을 거쳐 결국 이루지만, 용신이 충극되어 휴수 무기할 때 반음이 되면 흉하여 결국 이루지 못한다.

		산풍고 ⇐ 산지박		건금(乾金)궁		
구진		I 財寅	I			
주작		II 孫子	II	世	복신 兄申	戌월
청룡		II 父戌	II	命		己未일
현무	兄酉 I	財卯	⅄			공망 子丑
백호	孫亥 I	官巳	⅄	應		
등사		II 父未	II	身		

처의 병점

- 처는 재가 용신이니 3효에서 동한 卯木이 용신이다.
- 卯木은 동하여 酉金이 되어 충을 당하니 반음이다.
- 2효 巳火도 동하여 亥水로 변하니 역시 반음이다.
- 3효 용신은 월과는 합이 되고 일에서 입묘된다.
- 酉월이나 酉시에 용신이 변효에 충을 당하니 조심해야 한다.

➤ 복음(伏吟)

- 복음은 엎드려 괴로워한다는 의미인데, 어느 효가 동하여 생긴 변

효가 동효와 같은 글자가 될 때를 말한다. 예를 들면 子水가 동하여 변효도 다시 子水가 되는 경우이다.

- 복음이 되면 열심히 노력해도 제자리이니 매사 좋지 않다. 건궁과 진궁에서만 일어나는데, 그 이유는 건궁과 진궁의 비신이 子寅辰午申戌로 같기 때문이다.

- 복음이 되면 승진이나 시험점에서는 변함없이 그대로이니 흉하고, 구재와 모사점(謀事占)에서도 관재구설 등에 시달리게 된다.

- 복음이 되었을 때는 용신의 왕쇠나 형충 등을 보고 길흉을 판단한다. 복음이라도 용신이 왕하다면 충이 될 때 오히려 길하지만, 용신이 휴수되면서 월파나 일파를 만나면 흉하게 된다.

- 용신이 흉할 때 복음이 겹치면 크게 흉하고, 용신이 길할 때 복음이 되면 길한 가운데 걱정거리가 생긴다. 이때는 복음이 제거되는 시기에 우환이 사라진다.

			건위천 ⇐ 천뢰무망		손목(巽木)궁		
현무		l	財戌	l			
백호		l	官申	l			寅월
등사		l	孫午	l	命 世		乙卯일
구진	財辰	l	財辰	X			공망 子丑
주작	兄寅	l	兄寅	X			
청룡		l	父子	l	身 應		

가족 안부점

- 2효 兄寅이 동하여 다시 兄寅이 되니 복음이다.

- 동한 3효도 역시 복음이 되니 일의 진척이 없다.

- 월일의 木이 재를 극하니 재가 위험하다.

- 2효 寅木 형도 동하여 재를 극하니 처의 건강을 챙겨야 한다.

	뢰풍항 ⇐ 천풍구			건금(乾金)궁		
백호	父戌	‖	父戌	✗		
등사	兄申	‖	兄申	✗	命		酉월
구진		┃	官午	┃	應		癸巳일
주작		┃	兄酉	┃			공망 午未
청룡		┃	孫亥	┃	身	財寅	
현무		‖	父丑	‖	世		

가족 안부점

- 5효와 상효가 동하여 변효가 같은 글자가 되니 복음이다.

- 상효가 동하여 5효를 생하고, 5효는 2효 자손을 생한다.

- 부모와 형제가 복음으로 힘들지만 자식은 활발하다.

- 자식은 일진에게 충을 당하니 암동한다.

- 2효의 자식은 월의 생도 받고 있어 자식은 건강하고 좋은 일 있다.

유혼괘와 귀혼괘

▶유혼괘(幽魂卦)

유혼괘란 본괘의 각궁에서 7번째 괘를 말한다. 화지진, 뢰산소과, 천수송, 택풍대과, 산뢰이, 지화명이, 풍택중부, 수천수가 있다[화와 지, 천과 수, 뢰와 산, 풍과 택의 결합이다].

유혼괘는 몸은 안에 있고 마음은 밖에 있는 상(象)으로, 권태와 싫증으로 마음이 안정되지 못하고 마음이 밖으로 방황하게 된다. 이 괘가 나오면 생업에 변동이 많고, 이리저리 떠돌아 다니게 된다.

가택점에서는 유혼괘가 나오면 이사수가 있고, 분묘점에서는 망자의 혼령이 불안하다.

◎유혼괘(幽魂卦)가 되면...
- 대인점 : 되돌아올 마음이 없다.
- 병점 : 산송장과도 같다.

- 망인점 : 천도를 요한다.
- 신수점 : 적자를 보고 있다.
- 가택점 : 신(神)을 모시고 있다.

	산택손 ⇐	산뢰이		손목(巽木)궁		
현무		I	兄寅	I		
백호		II	父子	II	身	孫巳	亥월
등사		II	財戌	II	世		乙巳일
구진		II	財辰	II		官酉	공망 寅卯
주작	兄卯	I	兄寅	⚊⚋	命	
청룡		I	父子	I	應	

사업 전망은?

- 산뢰이는 유혼괘로 다른 괘에 비해 안정감이 없고 변화가 심하다.
- 사업은 재가 용신으로 지세하고 있는 戌土가 용신이다.
- 戌土는 월에서 휴수되고 일에서 생을 받고 있다.
- 2효가 동하여 진신(進神)으로 변하며 용신을 극하는데 현재 공망이다.
- 공망에서 출공하는 寅월쯤에 용신이 극을 당하니 손재가 있을 것이다.

➤ 귀혼괘(歸魂卦)

귀혼괘란 본괘의 각궁에서 8번째 괘를 말하는데, 몸은 밖에 있고 마음은 안에 있는 상(象)이다. 그래서 몸과 마음이 따로 놀아 갈피를 못잡고 노심초사한다. 귀혼괘는 움직이고 싶어도 움직이지 못하는 상(象)이니 망자의 경우 혼령이 제자리를 찾았다고 본다.

귀혼괘에는 화천대유, 뢰택귀매, 천화동인, 택뢰수, 산풍고, 지수사, 풍산점, 수지비가 있다〔천과 화, 택과 뢰, 산과 풍, 지와 수의 결합이다〕.

○ 귀혼괘(幽魂卦)가 되면...

- 가출인 : 돌아올 마음이 있다.
- 병점 : 차츰 낫는다.
- 망인점 : 혼이 구천에 갔다.
- 신수점 : 적자를 보고 있다.

		간위산 ⇐ 풍산점		간토(艮土)궁		
등사		I	官卯	I	命 應	
구진	財子	II	父巳	✗		財子	子월
주작		II	兄未	II			庚辰일
청룡		I	孫申	I	身 世		공망 申酉
현무		II	父午	II			
백호		II	兄辰	II			

대학 시험운

- 풍산점은 귀혼괘로 안정감이 없고 불안한 모습을 나타낸다.
- 공직에 구직을 할 때 시험은 관이 용신이고, 대학입시는 부가 용신이다.
- 5효에서 동한 巳火가 용신인데 회두극되고 있다.
- 용신 巳火는 월에서 극을 당하고 일에서 휴수된다.
- 시험과 인연이 약하다.

괘신(卦神)

괘신은 괘의 주인이다. 괘신이 왕상하면 계획하는 일이 크고 왕성하지만, 괘신이 휴수되면 하는 일이 작고 초라하다. 괘신을 찾을 때는 세효의 음양으로 정한다. 세효가 양효이면 초효부터 子丑寅卯辰巳로 올라가다가 세효에 해당하는 지지가 괘신이다. 세효가 음효이면 초효부터 午未申酉戌亥로 올라가다가 세효에 해당하는 지지가 괘신이다.

괘에 괘신이 있을 수도 있고 없을 수도 있다. 괘신 역시 원신의 도움을 받으면서 일월의 극을 받지 않으면 만사가 순조롭다. 괘신이 왕하면 작은 일도 커지고, 괘신이 휴수되면 큰일도 점차 작아진다.

괘신이 세효를 생하면 일을 내가 주관하게 되고, 괘신이 응효를 생하면 상대가 일을 주관하게 된다. 괘신이 손에 임하면 흉도 길로 변한다. 괘신이 가장 꺼리는 것은 공망과 형충극해이다. 괘신이 공망이나 묘절이 될 때는 일의 성취가 어렵다.

_괘신 표_

세효가 양일 때 괘신	세효가 음일 때 괘신	효위
巳	亥	상효
辰	戌	5
卯	酉	4
寅	申	3
丑	未	2
子	午	초효

_괘신 찾는 예_

			⇐ 수천수	곤토(坤土)궁			
백호		亥	財子	‖	命		
등사		戌	兄戌	∣			巳월
구진	괘신 孫酉	酉	孫申	‖	世		壬辰일
주작		申	兄辰	∣	身		공망 午未
청룡		未	官寅	∣		父巳	
현무		午	財子	∣	應		

세효가 음효이므로 午에서 초효를 시작한다.

위 표에서 보듯이 초효부터 午未申...으로 차례대로 세효가 있는 곳까지 세어가면 酉가 세효에 해당한다. 그래서 괘신은 酉가 되며, 곤토궁이니 육친으로는 자손에 해당한다. 따라서 괘신은 孫酉가 된다.

		⇐ 뢰풍항	진목(震木)궁				
청룡		巳	財戌	‖	應		
현무		辰	官申	‖			酉월
백호		卯	孫午		身		丙申일
등사	괘신 兄寅	寅	官酉		世		공망 辰巳
구진		丑	父亥			兄寅	
주작		子	財丑	‖	命		

세효가 양이므로 괘신은 초효에서부터 *子丑寅卯*로 세효가 있는 곳까지 세어 올라간다.

초효부터 세효까지 가다 보면 세효가 3효에 있으니 寅이 괘신이다.

寅은 형에 속하므로 괘신은 복신에 있는 兄寅이다.

		감위수 ⇐ 풍수환	이화(離火)궁				
현무	官子	‖	父卯	✗	身		
백호			兄巳		世		午월
등사		‖	孫未	‖		財酉	乙亥일
구진		‖	兄午	‖	命	官亥	공망 申酉
주작	괘신 孫辰		孫辰		應		
청룡		‖	父寅	‖			

세효가 양이니 초효부터 세효까지 *子丑寅卯*로 세어 올라간다.

그러면 辰이 괘신이 된다.

괘신 辰은 2효에 있는 孫辰이다.

괘신이 손에 해당하니 전체의 상황은 나쁘지 않다.

신명(身命)

신(身)과 명(命)은 주로 병점을 볼 경우에 활용하며 일반적인 점을 칠 때는 쓰지 않는다.

신(身)과 명(命)은 세효의 비신을 기준으로 한다.

신(身)과 명(命)은 세응처럼 3개 효만큼 떨어져 있다. 초효가 신(身)이면 3효가 명(命)이다.

세효	子午	丑未	寅申	卯酉	辰戌	巳亥
신(身)	초효	2효	3효	4효	5효	상효
명(命)	4효	5효	상효	초효	2효	3효

위의 표에서 보듯이 세효가 子午일 때는 초효가 신(身)이고, 4효가 명(命)이다.

세효가 丑未일 때는 2효가 신이고, 5효가 명이다.

세효가 寅申일 때는 3효가 신이고, 상효가 명이 된다.

세효가 卯酉일 때는 4효가 신이고, 초효가 명이 된다.

세효가 辰戌일 때는 5효가 신이 되고, 2효가 명이 된다.

세효가 巳亥일 때는 상효가 신이 되고, 3효가 명이 된다.

육친(六親)

육친이란 형제, 자손, 처재, 관귀, 부모를 말한다. 육친은 수괘와 소속된 7개의 각 궁의 오행과 비신과의 생극제화로 육친을 정한다. 보통 형제는 형(兄)으로, 처재는 재(財)로, 자손은 손(孫)으로, 부모는 부(父)로, 관귀는 관(官)으로 줄여서 표시하기도 한다.

- **비화자**(比和者)는 형제이다. 명리학의 **비겁**에 해당한다.
- **생아자**(生我者)는 부모이다. 명리학의 **인성**에 해당한다.
- **아생자**(我生者)는 자손이다. 명리학의 **식상**에 해당한다.
- **아극자**(我剋者)는 처재이다. 명리학의 **재성**에 해당한다.
- **극아자**(剋我者)는 관귀이다. 명리학의 **관성**에 해당한다.

※육효에서는 오행만으로 육친을 구분한다.

	木	火	土	金	水
寅卯	형제(형)	부모(부)	관귀(관)	처재(재)	자손(손)
巳午	자손(손)	형제(형)	부모(부)	관귀(관)	처재(재)
辰戌丑未	처재(재)	자손(손)	형제(형)	부모(부)	관귀(관)
申酉	관귀(관)	처재(재)	자손(손)	형제(형)	부모(부)
亥子	부모(부)	관귀(관)	처재(재)	자손(손)	형제(형)

▶육친(六親)의 의미

◉ **형제효** : 파재지신(破財之神)으로 형이 동하면 오만한 마음이 생기니 함부로 투자하여 손재(損財)한다. 형이 지세하면 파재(破財)와 극처한다. 형은 형제자매, 동료, 라이벌, 대리인, 친구를 의미한다. 천시점에서는 바람이나 폭우를 나타낸다.

◉ **자손효** : 복덕지신(福德之神)으로 유기하고 유정(有情)하면 사업이 번창하고 가내가 평안하다. 득남의 기쁨이 있다. 손이 지세하고 동하면 관직에는 불리하니 파직이 염려된다. 여자라면 남편점을 볼 때 생사별이 우려된다. 손이 휴수무기하면 자손에 근심이 생긴다. 손은 자녀, 손자, 종업원, 제자, 문하생, 경찰, 군인, 의사, 승도, 농축산물, 의약, 쾌활을 의미한다. 천시점에서는 해, 달, 별을 나타낸다.

◉ **처재효** : 복록지신(福祿之神)으로 처재(妻財)를 의미한다. 재가 지세하고 유기하면 재물이 불어나고 남자는 결혼할 수 있다. 그러나 문서나 부동산에는 좋지 않다. 재가 휴수하고 극을 당하면 손재나 극처한

다. 처재는 처첩, 노복, 식량, 돈, 재물, 보석, 창고, 형수, 제수, 기예를 의미한다. 천시점에서는 맑음을 나타낸다.

◉**관귀효** : 관작지신(官爵之神)으로 관직이나 남편을 나타낸다. 관이 지세 또는 유기하여 동하면 취직이나 승진 또는 혼인수가 있다. 관이 파극되면 파직이나 부부와 이별한다. 관이 동하여 세효를 극하면 관의 오행에 따라 수재(水災), 화재(火災) 등으로 흉액이 있을 수 있다. 관귀효는 남편, 남자친구, 관청, 상관(上官), 사기꾼, 귀신, 지위, 명예, 공명, 직장, 질병을 의미한다. 천시점에서는 안개, 우레, 천둥을 나타낸다.

◉**부모효** : 신고지신(辛苦之神)으로 문서를 의미한다. 부가 지세하여 유기하면 학계에서 이름을 날리거나 부동산이 매매된다. 부가 휴수무기하면 부모 또는 문서로 근심이나 걱정이 생긴다. 부는 부모, 장인, 장모, 사장, 차, 집, 자동차, 배, 성지, 학문, 시험, 문서, 계약서를 의미한다. 천시점에서는 비나 눈을 나타낸다.

○육친이 동하면...

형(兄)이 동하면 재를 극파(剋破)하니 재를 묻는 점은 흉하다. 따라서 재에 해당하는 처, 재, 노복(奴僕), 질병, 시험 등은 흉하다. 형이 왕하여 세효를 극하면 도둑이나 사기꾼에게 화(禍)를 당한다.

손(孫)이 동하면 관을 극제한다. 그래서 구관이나 구직에는 불리하고, 직장에서는 파직되고, 여자는 남편을 극하게 된다. 손이 지세, 생세, 합세(合世)하고 유정(有情)하여 왕상하면 관이 무력하게 되니 병점, 혼인점, 매매점, 소송점에서는 길하다.

재(財)가 동하면 문서나 학문을 의미하는 부를 극제하니 시험이나 병점 등은 좋지 않다. 그러나 사업이나 구재에는 길하다. 재가 관을 도와 세효를 극하면 재를 탐하다가 주색이나 뇌물로 재앙을 당한다. 재가 휴수되면 극처하거나 파재한다.

관(官)이 동하면 형을 극제하므로 내 힘을 필요로 하는 병점, 혼인점, 소송점 등에는 흉하다. 관이 동하여 유기 또는 유정(有情)하면 취직이나 승진 등에 유리하고, 여자는 혼인의 기쁨이 있다. 그러나 관이 휴수될 경우에는 파직이나 극부(剋父) 현상이 나타난다. 신수점이나 가택점에 관이 지세하면 신변에 우환이 따른다. 이때 손이 동하여 관이 극을 당하면 근심이나 걱정이 사라진다. 남편점에서는 관이 극을 당하면 흉하다.

부(父)가 동하면 손을 극하므로 자손에 재앙이 있게 된다. 부가 동하면 병점에는 약효가 없고, 매매점에서는 노력해도 성사되지 못한다. 부가 동하여 유기 또는 유정(有情)하면 인허가, 주식, 부동산에 기쁨이 있고 학문은 나날이 향상된다. 부가 동하여 세효를 극하면 조상, 문서, 교통사고, 가옥수리 등에 문제가 발생하게 되고, 병점이나 혼인점에도 좋지 않다.

▶육친(六親) 붙이는 법

	택산함	兌金궁	
주작	父未	‖	壬寅월
청룡	兄酉	∣	戊子일
현무	孫亥	∣	공망 : 午未
백호	兄申	∣	
등사	官午	‖	
구진	父辰	‖	

택산함은 태금(兌金)궁에 속하니 육친을 정할 때는 兌金의 金을 기준으로 한다. 초효의 辰土는 토생금으로 부모〔인성〕에 속하니 父辰을 붙였고, 2효의 午火는 화극금으로 관귀〔관성〕에 속하니 官午를 붙였다. 3효의 申金은 같은 金이니 형제〔비겁〕에 속하므로 兄申을 붙였고, 4효의 亥水는 금생수가 되니 자손〔식상〕에 속하여 孫亥라고 붙였다. 5효의 酉金은 태금의 金을 기준으로 볼 때 형제〔비겁〕에 속하여 兄酉라고 붙였고, 상효의 未土는 토생금으로 부모〔인성〕에 속하니 父未라고 붙였다.

▶육친(六親)의 작용
⊙ 형제(兄弟)
- ◐ 운기 : 세효와 상생되면 형제간에 화목하고 친구와도 친하다. 그러나 세효를 극하면 반대 의미가 된다.
- ◐ 혼인 : 돈 낭비, 허망하다. 성혼되어도 이별, 세응 중간의 간효가 형효이면 중매인 말을 믿을 수 없다.
- ◐ 출산 : 상해 있다. 형이 동하고 재가 공망이 되면 산모가 위험하다.

◎ 소송 : 형이 동하여 재를 극하면 손재가 있다.

◎ 여행 : 형이 왕하면 동행인이 많고, 형이 동하면 돈이 많이 나간다.

◎ 행인 : 친구와 놀면서 안들어 온다.

◎ 주택 : 형이 왕하면 가택이 흉하다. 형이 동하면 헛수고가 많다.

◉ 자손(子孫)

◎ 운기 : 복덕이 있고 지세하면 의식이 족하다.

◎ 혼인 : 길연이다.

◎ 출산 : 출산은 길하다, 손이 왕상하면 생남(生男)하고, 휴수되면 생녀(生女)한다. 손이 공망을 만나면 양육이 힘들다. 손이 동하여 깨지거나 괘 중에 손이 없으면 무자(無子)이다.

◎ 사관 : 관을 상하니 퇴직이다. 손이 동하면 취직이 불가하다.

◎ 소송 : 고소는 불리하고 소송하면 이기지 못한다. 손이 동하면 화합, 화해, 타협한다.

◎ 분실물 : 손이 동하면 분실물을 찾는다. 도둑을 잡는다.

◎ 구재 : 손이 왕하여 동하면 재원(財源)이 끊이지 않는다. 재가 왕하면 재를 구하는 일은 가능하지만 재를 구해도 득(得)하기가 어렵다.

◎ 여행 : 길하다. 내괘의 손이 동하면 도로에서 좋은 사람을 만난다.

◎ 행인 : 길하다. 손이 동하여 세효를 극하면 일찍 귀가한다.

◎ 질병 : 손이 동하면 치료된다. 손이 공망이거나 손이 없으면 백약(百藥)이 무효이다.

◎ 주택 : 손이 왕상하면 가족이나 따르는 사람이 많다.

⦿ 처재(妻財)

⊙ 운기 : 3효에 있는 재가 왕상하면 40세 이후 복을 받고 횡재한다.

⊙ 혼인 : 뜻대로 된다. 재가 동하면 시어머니와 불화한다.

⊙ 출산 : 재가 왕상하고 상(傷)하지 않으면 순산이다.

⊙ 사관 : 득관이나 승진은 어렵다. 재가 동하면 문서를 취득하기 어렵다.

⊙ 소송 : 재가 지세하며 동하면 내가 유리하고 송사에 성공한다.

⊙ 구재 : 재가 세효를 생하면 구재는 불리하고, 세효를 극하면 좋다. 공망도 좋지 않다.

⊙ 여행 : 재가 왕상하면 출행한다. 재가 많으면 유리하다. 재가 공망을 만나면 노상강도를 당하거나 물건을 분실할 수 있다.

⊙ 행인 : 나가면 길신을 만난다. 재가 왕상하면 복이 있다.

⊙ 분실물 : 집안에서 찾는다.

⊙ 주택 : 木이 재이면 목재나 과수, 火가 재이면 양잠, 전기, 전자, 土가 재이면 오곡, 전지(田地), 金이 재이면 금전 풍부, 水가 재이면 생선, 소금을 나타낸다.

⦿ 관살(官殺)

⊙ 운기 : 왕하면 관을 득하거나 승진한다. 병 치료는 힘들다.

⊙ 혼인 : 혼인은 이루어지지 않고, 성혼이면 시댁이 약해진다.

⊙ 출산 : 기신이다. 공망을 만나 동하면 유산(流産)한다.

⊙ 사관 : 왕상하면 오래된 질환이다. 직장에는 유리하다.

⊙ 소송 : 관이 동하여 세효를 극하면 내가 패한다. 응효를 극하면

타인이 벌 받는다.

⊙ 분실물 : 분실물은 못 찾고 도둑도 못 잡는다. 관이 초효에 있으면
　　　　　집안 도둑이고, 2효 3효에 있으면 이웃 도둑이고, 외괘에
　　　　　있으면 외부 도둑이다.

⊙ 구재 : 관이 괘 중에 없거나 공망이 되면 구재는 힘들다.

⊙ 여행 : 여행 중 재난이 발생한다. 관이 상괘에 있고 세효가 동하면
　　　　출행한다. 관이 왕상하면 출행을 못한다.

⊙ 행인 : 관이 용신을 극하면 도중에 변고가 생긴다.

⊙ 주택 : 관이 왕상하여 세효를 생하면 재를 취한다.

⊙ 이사 : 관이 동하면 재앙이 생기니 이사하면 안 된다.

⊙ 경쟁 : 관이 동하면 경쟁하는 일은 반드시 패배한다.

⊙ **부모(父母)**

⊙ 운기 : 부가 동하면 자식을 잃거나 또는 자식이 없다.

⊙ 혼인 : 혼인은 성사되지 못한다. 부가 공망이 되면 야합(野合)한다.

⊙ 출산 : 기신으로 불길하다. 부가 동하면 자녀를 낳아도 기르기 어
　　　　렵다. 손이 동하면 곧 출산한다.

⊙ 사관 : 부가 공망이 되면 벼슬은 불길하다.

⊙ 소송 : 부가 동하면 소송은 혼란스럽다. 원고는 부가 왕상하면 길
　　　　하고, 피고는 쇠약해야 길하다.

⊙ 질병 : 부가 동하면 백약(百藥)이 무효(無效)이다.

⊙ 구재 : 부가 동하면 한 번은 구재한다. 재차 동하면 득재하지 못
　　　　한다.

○ 주택 : 부가 왕상하면 가옥일은 길하다.

○ 행인 : 부가 동하여 세효를 극하면 소식이 오고, 진괘(震卦)가 火
金을 만나도 소식이 온다.

○ 여행 : 부가 왕상하면 여행 중 득재하고, 휴수되면 산재(散財)한다.

○ 분실물 : 부가 동하면 도둑이 이동 중이니 못 잡는다.

➤ 육친(六親)이 지세하면

◉ 형(兄)이 지세하면...

● 재물을 취하기가 힘들다.

● 처와의 관계가 나빠진다.

● 동료와 라이벌 경쟁이 생긴다.

● 직장에서 윗사람 말에 순응하지 못한다.

● 이유없이 돈이 나간다.

◉ 손(孫)이 지세하면...

● 자손과 구재, 구처(求妻)에는 길하지만 공명과 문서계약은 흉하다.

● 관이 극을 받으니 구관이나 구직 및 시험에는 흉하다.

● 손이 지세할 때 생왕하고 극을 당하지 않으면 매사 대길하고 근심
이나 걱정이 없다.

● 손이 지세할 때 극만 받고 생을 받지 못하면 근심과 노고가 많다.

● 손이 지세할 시기에 관재나 송사는 끝이 난다.

⊙ 재(財)가 지세하면...

- 구재나 매매에는 길하지만 시험과 계약에는 좋지 않다.

- 부가 극을 받으니 구관, 승진, 송사에는 돈을 써야 길하다.

- 재가 지세하고 동하면 재수는 대길하지만 문서가 손상된다.

- 재가 지세하고 동하여 형이나 관으로 변하면 만사가 흉하다.

- 재가 지세할 때 형제를 만나는 일은 이루어지지 않는다.

⊙ 관(官)이 지세하면...

- 남편과 공명점에는 길하지만 형제와 출산점에는 흉하다.

- 형이 극을 받으니 형제에게 근심이 있고 범사가 불안하다.

- 관이 지세하면 신병(身病)이 아니면 관재가 따른다.

- 관이 지세하면 재물은 수시로 나가니 손재가 빈번하다.

- 관이 지세하고 관이 입묘되면 근심과 걱정이 끊이지 않는다.

- 관이 지세할 때 관이 묘고되어 있을 때 충을 만나면 기쁨이 생긴다.

⊙ 부(父)가 지세하면...

- 문서, 계약, 시험에는 길하지만 자손점에는 흉하다.

- 손이 극을 받으니 자손에게 근심이 생기고 심신이 고달프며 노고가 많다.

- 구자(求子)나 구처(求妻)에는 대흉하다.

- 부가 지세할 때 재가 동하면 처로 인해 집안이 소란하고 수명도 길지 못하다.

- 부가 지세할 때 관이 동하고 재가 왕하면 구재, 시험에 크게 길하다.

➤ 육친(六親)이 동하면

⊙ 형(兄)이 동하면...

- 손은 길하고, 재는 흉하다.
- 병자(病者)는 낫지 않고, 재앙은 그치지 않는다.
- 사업과 재수점(財數占)에는 손재와 구설이 따른다.
- 결혼과 구녀(求女)에는 좋지 않다.
- 관사(官事) 또는 도난(盜難)으로 손재한다.
- 시험은 낙방하고, 구명(求名)에도 좋지 않다.

⊙ 손(孫)이 동하면...

- 재는 길하고, 관은 흉하다.
- 병자(病者)는 완쾌되고, 행인은 안강(安康)하다.
- 송사가 해결되어 관에 가지 않게 된다.
- 구직과 공명에는 흉하다.
- 매매에 이익이 있고, 혼인은 길하다.
- 임산부는 자식을 낳는데 어려움이 없다.

⊙ 재(財)가 동하면...

- 관은 길하고, 부는 흉하다.
- 구재와 사업에는 대길하고, 혼인도 길하다.
- 시험과 구명(求名)에는 대불리하다.
- 임산부 효는 평탄하게 출산한다.
- 병자(病者)는 대흉하고, 친척 간에 불화한다.

● 행인은 거처를 이동하고, 분실물은 다른 곳으로 이동되었다.

◉ 관(官)이 동하면...

● 부효는 길하고, 형은 흉하다.
● 구관과 승진 및 공명에는 길하나, 혼인은 구설이 따르고 이루어지지 않는다.
● 매매는 손해를 보고, 탐욕으로 실(失)하기 쉽다.
● 분실물은 없어졌으니 못 찾는다.
● 관송(官訟)에는 수옥이 염려되고, 외출이나 도주에는 재앙이 따른다.
● 병자(病者)는 위험이 닥치고, 농사는 좋지 않다.

◉ 부(父)가 동하면...

● 형은 길하고, 손은 흉하다.
● 분실물은 찾지 못하고, 행인에게 소식이 온다.
● 구혼(求婚)이나 구자(求子)는 이루어지기 힘들다.
● 병자(病者)는 약을 써도 낫지 않는다.
● 시험은 합격하고, 취직은 성취되며, 매매는 이익이 없다.

▶ 지세할 때 다른 육친(六親)이 동하면

◉ 형(兄)이 지세하고...

● 형이 동하면 시비, 구설, 손재, 분실물, 처첩에 근심.
● 손이 동하면 손이 강해지니 관이 약해진다. 직장 근심, 남편 근심.

- 재가 동하면 재탐하지만 결과는 빈손이다. 재 일진이면 재가 동하여 처가 가출.
- 관이 동하면 형제에게 근심 있고, 질병, 송사, 가내불화.
- 부가 동하면 자녀근심, 부부 멀어짐.

⊙ 손(孫)이 지세하고...

- 형이 동하면 돈 걱정, 처첩 근심, 여자는 유자(有子)지만 무재(無財).
- 손이 동하면 직장 근심, 남편 근심, 여자는 재혼해도 실패.
- 재가 동하면 부모 또는 친척 근심, 문서 사고.
- 관이 동하면 구관은 불리, 직장 동요, 하는 일 여의치 않음.
- 부가 동하면 자녀나 수하 근심, 여자는 무자(無子) 또는 무부(無夫).

⊙ 재(財)가 지세하고...

- 형이 동하면 손재구설, 처첩, 신액(身厄), 여자는 유자(有子) 또는 무재(無財).
- 손이 동하면 재수대통, 수하의 도움.
- 재가 동하면 재를 구함, 부모나 문서에 근심.
- 관이 동하면 형제 근심, 병자(病者)는 악화.
- 부가 동하면 가택 및 문서 사고, 재물에 문제.

⊙ 관(官)이 지세하고...

- 형이 동하면 구설, 질병, 관사(官事)에 손실.
- 손이 동하면 파면, 퇴직, 질병이 낫고 걱정 해소, 여자 출산, 남편

근심.

- 재가 동하면 재수대통, 여인의 도움.
- 관이 동하면 사관(仕官)의 일은 길, 질병, 관재 놀라는 일 발생.
- 부가 동하면 문서계약 또는 관송(官訟).

◉ 부(父)가 지세하고...

- 형이 동하면 파재(破財), 분실물, 남자는 손처, 여자는 자식양육 힘 들다.
- 손이 동하면 양자(養子), 이인작사(二人作事).
- 재가 동하면 구재점은 득재, 돈이나 여인으로 가정파탄, 부모 근심.
- 관이 동하면 직장, 승진, 영전, 공명, 여자는 남편 덕.
- 부가 동하면 노력, 노동은 무익(無益), 문서는 허실(虛失), 여명은 무자무부(無子無夫).

▶ 육친(六親)이 변할 경우

◉ 형(兄)이 변하면...

- 형이 변하여 진신(進神)이 되면 손재구설, 상처(喪妻), 가산탕진 등 이 있다.
- 형이 변하여 퇴신(退神)이 되면 동업이 실패한다.
- 형이 변하여 손이 되면 출산이 가능하고 일의 득실은 반반이다.
- 형이 변하여 재가 되면 선실후득(先失後得)하고, 축재(蓄財)해도 주색 등으로 산재(散財)할 수 있다.

- 형이 변하여 관이 되면 형제에 신액이 있거나, 가내불화가 있고, 관재나 질병에 시달린다.
- 형이 변하여 부가 되면 손재, 처액(妻厄)이나 여자 문제로 근심이 있고 문서 문제는 해결된다.

◉ 손(孫)이 변하면...

- 손이 변하여 진신(進神)이 되면 재는 길하고, 관은 흉하며, 질병은 낫는다. 또 퇴직하거나 남편에게는 신액이 있을 수 있다.
- 손이 변하여 퇴신(退神)이 되면 자녀 가출이 있을 수 있고, 휴직하거나 직장을 떠날 수 있다.
- 손이 변하여 형이 되면 직장이 불안하고, 남편에게 근심이 있으나 자녀에게는 경사가 있다.
- 손이 변하여 재가 되면 재수나 명예에 길하고, 혼사나 연애 등이 있을 수 있다. 그러나 부모나 문서 등에는 근심이 있다.
- 손이 변하여 관이 되면 자녀에게 신액이 있고, 낙태, 관재구설 등이 있을 수 있고, 직업을 잃을 수 있다. 병자(病者)는 불길하다.
- 손이 변하여 부가 되면 자녀에게 신액이 있고, 농사는 실패한다. 질병은 백약이 무효이고 문서에도 근심이 있다.

◉ 재(財)가 변하면...

- 재가 변하여 진신(進神)이 되면 사업을 확장하거나 재수대통하다. 여자가 생기지만 부모에게는 신액이 있고, 문서에 근심이 생긴다.
- 재가 변하여 퇴신(退神)이 되면 처첩이 가출하고 재수가 없다.

- 재가 변하여 형이 되면 파재하거나 처가 가출하거나 상처(喪妻)할 수 있다.
- 재가 변하여 손이 되면 재수가 대통하니 득재하거나 취관(取官)한다. 혼사가 있고 출산은 순조롭다.
- 재가 변하여 관이 되면 재화(財禍), 처화(妻禍)를 겪지만 승진에는 도움이 된다. 득재해도 관으로 나갈 수 있다.
- 재가 변하여 부가 되면 가옥을 구입하거나 이사할 수 있다. 그러나 부모에게 근심이 있을 수 있다.

⊙ 관(官)이 변하면...

- 관이 변하여 진신(進神)이 되면 구관, 구명(求名)에는 좋다. 그러나 형제에게 신액(身厄)이 있고, 병자(病者)는 악화된다.
- 관이 변하여 퇴신(退神)이 되면 직장에 불리하니 좌천이나 휴직되고 승진 같은 공명은 없다.
- 관이 변하여 형이 되면 형제간에 불화하고 도둑이나 사기를 당할 수 있다.
- 관이 변하여 손이 되면 구관은 어렵고 오히려 해직이나 관재가 있다. 자녀에게 근심이 있을 수 있지만, 병은 낫고 걱정은 사라진다.
- 관이 변하여 재가 되면 형제에게 신액이 있고 처첩에게 근심이 있다. 집안에 우환이 있고 병증(病症)이 있으나 도박으로 득재할 수 있다.
- 관이 변하여 부가 되면 송사에 시달리고 문서 계약할 일이 생긴다. 멀리서 소식이 오지만 부모에게는 근심이 생긴다.

◉부(父)가 변하면...

- 부가 변하여 진신(進神)이 되면 자녀에게 신액이 있고 문서를 계약하거나 취득할 수 있다. 또 멀리서 소식을 듣는다.
- 부가 변하여 퇴신(退神)이 되면 문서 문제는 좋지 않다. 계약은 해지되고 집이 축소되고 퇴교당할 수 있다.
- 부가 변하여 형이 되면 문서 협의에 불상사가 생기고 구재나 득재는 이루어지지 않는다.
- 부가 변하여 손이 되면 가정이나 자녀에게 근심이 있고 자식 부양이 힘들다.
- 부가 변하여 재가 되면 집을 팔거나 득재하지만 부모나 가장에게 근심이 있다. 집안에 우환이 있을 수 있고 질병에 조심해야 한다.
- 부가 변하여 관이 되면 승진이나 시험에 합격하고 계약은 성사된다. 그러나 자녀에게 신액이 있을 수 있다.

▶지세(持世)한 육친(六親)이 동할 경우

- ◉형(兄)이 동할 때...극처, 파재(破財), 격조(隔阻), 부채(負債), 동업, 분실물, 질병
- ◉손(孫)이 동할 때...극부(剋父), 희열, 복덕, 재원, 유흥, 주색, 실권, 파직, 연애, 정사(情事), 임신, 명예손상, 무공(無功)
- ◉재(財)가 동할 때...극부(剋父), 재록(財祿), 동산, 금전, 경영, 매매, 진급, 발재(發財), 혼인, 윗사람, 친척에게 근심
- ◉관(兄)이 동할 때...극형(剋兄), 재앙, 불안, 흉사, 관재, 우환, 도난,

직장, 공명, 도박에 길(吉), 농사에 흉

⊙ **부(父)가 동할 때...** 극자(剋子), 문서 계약, 부동산, 인장, 학업, 시험, 가옥, 개조, 수리, 상심, 피로

▶ 육친(六親)별 작용

⊙ 형효(兄爻)의 작용

- 형에 재가 은복되면 돈은 없고 갚을 빚이 있다.
- 형에 재가 은복되면 형이 숨겨놓은 여자가 있으며 여자가 고달프다.
- 형이 丑戌未 삼형이 되면 싸운다.
- 형이 등사에 해당하면 수심이 많고, 이(利)를 구하면 해(害)가 있다.
- 응효가 동하여 형이 재로 변하면 돈을 달라는 것이다.
- 형이 현무에 해당하면 재수가 없고 분실하거나 도난이 발생한다.
- 형이 현무에 해당하고 동하면 도난수가 있다.
- 형이 세효에 놓이면 재수가 없고 무일푼으로 고생하며 상처(喪妻)한다.
- 형이 많으면 빚이 많고, 친구도 많으며 동업하게 된다.
- 형이 많고 부가 두 개이면 이복형이 있다.
- 형이 왕하고 재가 겁살에 놓이면 송사는 패소한다.
- 내·외괘의 형이 세효와 합하면 리더가 된다.
- 형이 백호에 해당하면 질병이 있으며, 스스로 화(禍)를 통제하지 못한다.
- 형이 청룡에 해당하면 돈을 아끼지 아니하고 벼슬도 버린다.

- 형이 주작에 해당하면 구설이 분분하고 거짓말을 잘한다.
- 형이 복신이면 재수가 불길하고 빚쟁이가 많으며 군식구도 많다.
- 응효에 있는 형이 현무에 해당하며 왕하면 상대방에게 분실물이나 사기수가 있다.
- 형이 재와 합하면 재수가 없고 사기수가 있다.
- 형이 동하면 처가 상(傷)하고, 손재하며, 고용인은 나간다.
- 형이 재를 극하면 극처 또는 손재하고 음란하다.
- 형이 양효에 있거나 외괘에 있으면 형이고, 음효에 있거나 내괘에 있으면 여동생이다.
- 형이 상효에 있으면 중년에 재수가 없다.

◉ 손효(孫爻)의 작용
- 부효 밑에 손이 은복되면 부모덕으로 사는 자식이다.
- 손이 청룡을 만나면 가장 좋다.
- 손이 주작과 같이 있으면 말다툼이 있고 만사가 좋지 않다.
- 손이 일진과 같으면 임신을 한다. 왕하면 쌍태이다.
- 손에 겁살이 놓이면 자녀수가 적고 자녀 근심이 있다.
- 관효 밑에 손이 은복되면 자녀에게 우환이 있다.
- 손이 구진에 놓이면 근심이나 비밀이 있고 하는 일이 더디다.
- 손이 등사에 놓이면 알지 못하게 서서히 이름을 날린다.
- 손이 백호에 놓이면 자손에게 질병이 있다.
- 손이 현무에 놓이면 사기나 도난수가 있고, 데려온 자식이며, 가정부가 임신한다.

- 손이 지세하면 길하고 집안에 경사가 많다.

- 손이 동하여 관을 극하면 시험과 문서 등은 흉하다.

- 손이 중출(重出)하고 재성이 두 개이면 외방 득자한다.

- 손이 3효와 4효에 나타나면 자식이 없거나 불구이고 재수도 없다.

- 초효에 손이 은복되면 임신 중이다.

- 손이 백호에 임하면서 지세하면 자식이 싸운다.

- 손이 동하여 세효와 합하면 타생자를 양육한다.

- 손이 동하여 관을 극하면 구재, 분실물, 질병, 혼인에는 길하다.

⊙ 재효(財爻)의 작용

- 재가 동하면 처첩이 출타하거나 도망가고, 조실부모한다.

- 외괘에 재가 많으면 부선망(父先亡), 내괘에 재가 많으면 모선망 (母先亡)이다.

- 응효가 택효에 놓여 재와 합을 하면 외간 남자가 들어와 주인 노릇 을 한다.

- 두 개의 재가 관을 생하면 여자가 주권을 행사한다.

- 공망된 비신 밑에 있는 복신 재가 겁살에 있으면 여자가 도망갔다.

- 초효에 있는 재와 응효가 두 개의 관과 합하여 삼합이 되면 아내가 정부(情夫)를 둔다.

- 재관이 합이 되면 남녀가 만난다.

- 재가 동하여 부로 변하면 집을 산다.

- 내괘의 재는 처로 보고, 외괘의 재는 첩(妾)이나 다른 여자 또는 돈 으로 본다.

- 재가 많으면 돈도 많고 여자도 많다.

- 재가 왕하면 재에 해당하는 날짜에 재수가 대통하다.

- 재가 겁살에 있으면 돈을 쓰거나 손재한다.

- 응효의 재가 충이 되면 남의 돈이 들어온다.

- 세에 있는 재가 충을 만나면 남의 돈을 갚는다.

- 재가 일진과 같으면 돈 문제이고 일수놀이하는 직업이다.

- 재가 중첩되고 관이 두 개이면 여자가 생긴다.

- 재효 밑에 관이 은복되면 정부(情夫)가 있다.

- 응효에 있는 재는 본처이고 세효에 있는 재는 첩(妾)이다.

- 세효에 있는 재가 충이 되면 돈이 나간다.

- 일진에서 오는 재는 하루벌이 사람이다.

- 재가 많고 왕할 때 세효가 공망이 되면 벌어도 다 나간다.

- 재가 동하여 극부(剋父)하면 집이 팔리고 분묘에 일이 생긴다.

- 재가 동하여 극부(剋父)하면 재취나 출행에는 길하다.

- 응효에 있는 재가 충을 만나면 남의 돈을 빌린다.

- 세효, 응효, 재가 함께 충이 되면 부부 이별한다.

- 재가 세효와 합을 하면 처가 온순하다.

- 재가 청룡에 해당하고 부에 입묘되면 땅을 사고 크게 발재한다.

- 재가 일진의 형에 입묘되면 친구로 인해 손해를 본다.

- 재가 진신(進神)이 되면 재수가 있고 돈을 받는다.

- 응효에 있는 재가 외괘에서 동하면 타인에게 돈이 나간다.

- 응효에 있는 재가 내괘에서 동하면 돈을 받는다.

- 여자가 재효 밑에 관이 은복되면 관재나 물건을 분실할 수가 있고,

남자는 직장을 구한다.

- 세효가 응효에 입묘하면 내가 불리하고, 응효가 세효에 입묘하면 상대가 좋지 않다.

- 세효 밑의 복신 재는 받을 돈이고, 응효 밑의 복신 재는 줄 돈이다.

- 재가 은복되면 재수는 불길하지만 받을 돈이 있어 받게 된다.

- 세효 밑에 있는 복신 재가 재일(財日)에 겁살이 되면 지출이 많고 손재수가 있다.

- 재가 충을 만나 재가 동하면 동한 재를 충하는 날에 여자가 생긴다.

- 재가 입묘되면 처는 불길하지만 재수는 길하다.

- 세효의 재가 응효에 입묘되면 돈을 못 받는다.

- 응효의 재가 세효에 입묘하면 돈이 들어온다.

- 세에 재가 있고 응효에 재가 은복되면 남편이 바람난다.

- 재가 신(身)을 생하면 집안 형편이 좋아진다.

- 손효 밑에 재가 은복되면 자식이 여자하고 기술업을 한다.

- 형효 밑의 복신 재는 갚을 돈이다.

- 재가 동하여 세효를 극하면 돈이 들어온다.

- 세효가 재를 극하면 재수가 없고, 세효가 재를 생하면 돈을 탐하지만 취하기는 어렵다.

- 사고(四庫)의 재가 일진과 같으면 해당 辰戌丑未일에 돈이 들어온다.

- 亥水 재는 물장사 또는 선원이다.

- 子水 재는 식용수이다.

- 丑戌 재는 산(山)이고, 寅木 재는 분실이나 손재이다.

- 未土 재는 도로이다.

- 申酉 재는 여관이나 은행원으로 보고, 酉金 재는 분실한다.

- 寅酉 재가 강하면 차바퀴 사업이고

- 金 재는 현금으로 본다.

- 재가 동효와 합이 되면 돈이 생기고, 재가 부와 합하면 문서로 인해 돈을 벌거나 받는다.

- 청룡이 재에 있으면 처로 인해 부자가 된다.

- 주작이 재에 있으면 여인으로 인해 구설이 생긴다.

- 구진이 재에 있으면 처첩에게 질병이 있다.

- 등사가 재에 있으면 선길후흉(先吉後凶)하며 파란곡절(波瀾曲折)이 있다.

- 백호가 재에 있으면 단기간에 큰돈을 번다.

- 현무가 재에 있으면 도둑으로 보고 헛돈을 쓰게 된다.

- 현무에 있는 재를 일진 동효가 충파하면 도난수가 있다.

- 현무에 있는 재가 겁살에 있으면 도둑을 만난다.

- 오행으로 水 재가 백호에 있으면 요정에서 돈을 낭비한다.

- 오행으로 水 재가 현무에 있으면 간통한다.

◉관효(官爻)의 작용

- 관이 세효에 놓이면 싸우거나 근심이 있다.

- 관이 합이 되면 병점에서는 합병증으로 본다.

- 관효 밑에 용신이 은복되면 해당 육친이 투옥되거나 흉액이 있을 수 있다.

- 관효 밑에 은복한 용신이 백호에 있으면 옥(獄)중에 있다.

- 부가 관을 띠고 재의 극을 받으면 활동력이 약한 사람이다.
- 관효 밑에 손이 은복되면 자녀에게 질병이 있고, 직업은 교직자나 문방구업이다.
- 관효 밑에 재가 은복되면 숨겨놓은 여자나 첩(妾)이 있다.
- 관효 밑에 재가 은복되면 직장에서 여자를 만난다.
- 관이 부로 변하면 문서, 가옥, 대지, 부동산, 직장, 남편 문제이다.
- 관이 재로 변하면 재수가 없고, 부채 문제가 있으며, 다른 여자가 있다.
- 관이 손으로 변하면 직장을 그만두거나 상가에서 음식을 먹고 탈이 난다.
- 관이 회두생합(回頭生合)하면 미녀와 바람난다.
- 관이 입묘되면 입원, 옥살이, 상부(喪夫) 또는 직장을 잃는다.
- 관이 휴수되고 충이 되면 여자는 과부이거나 남편이 시들하다.
- 관이 일진에게 충을 받으면 관재는 무사히 해결된다.
- 관이 휴수되고 충이 되면 직장인은 퇴직하고, 병자(病者)는 낫는다.
- 관이 왕하고 재가 동하면 십중팔구 흉액이 있을 수 있다.
- 관이 태왕하면 사찰, 암자, 신당으로 본다.
- 외괘의 관은 직장으로 보고 내괘의 관은 질병으로 본다.
- 직업이 없는 사람은 외괘의 관도 관재나 질병으로 본다.
- 내괘와 외괘에 관이 이중으로 있으면 두 남편, 두 직장으로 본다.
- 세효와 응효가 모두 관이면 재가 있는 쪽이 직장이고 재가 없는 쪽 은 남편이다.
- 관이 많거나 두 개의 관을 재가 생하면 여자는 간부(姦夫)가 있다.

- 세효 밑에 관이 은복되면 관송(官訟)이 그칠 날이 없고 남편과 이별한다.
- 관효 밑에 재가 은복되면 관재가 있거나 물건을 분실할 수가 있다.
- 응효의 관이 동하여 세효를 극하면 타인에게 해(害)를 입는다.
- 응효에 있는 관이 절(絕)이 되고 세효가 겁살에 있으면 병점에서는 흉액이 있을 수 있다.
- 왕(旺)한 관이 동하면 돈을 잃고 재앙이 생긴다.
- 관이 있고 재가 동하면 재앙이 생긴다.
- 세효 밑에 은복된 관이 충을 받으면 남편이 다친다.
- 복신 관이 묘절이나 진공(眞空)이 되면 이미 남편은 죽었다고 본다.
- 관이 쇠약하고 공망이 되면 남편이 실업자이다.
- 관이 복음이 되면 여자는 과거에 애인이 있었다.
- 관이 백호 밑에 은복되면 남편이 투옥되거나 또는 입원한다.
- 관효 밑에 부가 은복되면 가옥이나 대지 문제 또는 직장이나 남편 문제가 있다.

- 청룡에 놓인 관은 고위직이고, 집안이 흥성하고, 여자는 미인이고 바람난다.
- 주작에 놓인 관은 송사가 잦고, 미인인데 바람나고, 말로 벌어먹는 직업을 가진다.
- 구진에 놓인 관은 전답 손실이 있고, 가옥과 문서 관계는 흉하며, 입옥하기 쉽다.
- 등사에 놓인 관은 괴이하고 놀랄 일이 있고 근심이나 걱정이 많다.

- 등사에 놓인 관이 세효에 있으면 꿈이 흉하다.

- 백호에 놓인 관은 몸을 상(傷)하거나 관재수 아니면 투옥되기 쉽다.

- 백호에 놓인 관이 동하면 질병이나 형제에게 상사(喪事)가 있다.

- 백호에 놓인 관이 세효를 극하면 우환이 있다.

- 백호에 놓인 관이 火이면 군인으로 본다.

- 현무가 관에 놓이면 분실물, 도둑, 간사, 기둥서방으로 본다.

- 현무가 관에 놓이면 시험 명예에는 길하다.

- 亥水 현무 관이 지세하면 여자는 간부(姦夫)가 있다.

◉ 부효(父爻)의 작용

- 부가 지세하고 충이 되면 집을 팔거나 문서를 잡는다.

- 부가 동하여 생신(生身)하면 장년에 부모와 사별 아니면 의부를 모신다.

- 부가 동효와 합이 되면 문서를 통해 재를 득한다.

- 부가 지세하고 부가 동하면 신(身)이 양가(兩家)에 있음이니 바쁘고 이익은 없다.

- 응효의 부가 충을 만나면 타인(他人)의 문서를 잡는다.

- 亥水 부가 세효에 놓여 등사에 있으면 위조, 도박, 음흉한 일이 있다.

- 내괘에서 부가 복신이 되면 가택 문제이다.

- 외괘에서 부가 복신이 되면 직장 문제이다.

- 응효에 있는 부가 동하여 재로 변하면 계약이 해지된다.

- 부가 동하여 재로 변하면 집을 판다.

- 부가 金이고 지세하면 정육점으로 본다.

- 부효를 많은 관이 생하면 담보와 부채로 문서를 빼앗긴다.
- 부가 겁살을 띠고 공망이 되면 집을 담보로 저당 잡힌다.
- 부가 원진이 되면 공부도 안 하고 학교도 안 간다.
- 부가 중출(重出)하여 겁살을 띠고 충파되면 관이 동할 때 응효에 있는 집이 먼저 팔린다.
- 부가 초효와 택효에 놓이면 집을 사고판다.
- 부가 입묘되면 부모의 근심이 있고 문서 문제는 이루어지지 않는다.
- 부효 밑에 형이 은복되면 형이 부모를 귀찮게 한다.
- 부효 밑에 손이 은복되면 부모덕에 사는 자식이다.
- 부효 밑에 재가 은복되면 채권 문제나 여자와 문서 관계를 맺는다.

- 부가 청룡에 있으면 문서에 길하다.
- 부가 주작에 있으면 소식을 받는다.
- 부가 구진을 띠고 지세하면 농부이다.
- 부가 등사에 있으면 악몽으로 불안하다.
- 부가 백호에 있으면 집안에 우환이나 근심이 있다.
- 부가 현무에 있으면 문서에 하자가 있다.
- 부가 주작을 대하고 겁살에 놓이면 신병(神病)이 있다.

육수(六獸)

육효에는 명리에서 볼 수 없는 육수(六獸)가 있는데, 청룡·주작·구진·등사·백호·현무가 그것이다. 청룡이 木, 주작이 火, 구진은 戊土, 등사는 己土에 해당하고 백호는 金, 현무는 水에 해당한다. 효가 6개이므로 戊土와 己土를 구진과 등사로 나누었음을 알 수 있다.

육효의 월령은 보통 지지만 쓰지만, 일진은 간지를 모두 쓰는 경향이 있다. 이는 일진의 천간을 보고 육수를 붙이기 때문이다. 초효에서부터 2효, 3효로 올라가며 일진의 천간이 甲乙木이면 청룡, 丙丁火는 주작, 戊土는 구진, 己土면 등사, 庚辛金은 백호, 壬癸水면 현무의 순서대로 쭉 써 가면 된다.

육수는 일진의 천간을 기준으로 동물 이름을 각 효에 붙여 동물의 성정에 따라 그 육친이 처해 있는 상황을 파악하기 위해 사용한다.

▶육수(六獸) 붙이는 법

점보는 날의 일진 천간이 甲乙이면 초효에서부터 청룡(靑龍), 주작 (朱雀), 구진(句陳), 등사(螣蛇), 백호(白虎), 현무(玄武) 순서로 붙여간 다. 丙丁이면 초효가 주작으로부터 시작하여 순서로 간다. 戊土는 구 진에서부터 초효를 시작하고, 己土는 등사에서부터 시작한다. 庚辛金 은 백호에서부터 초효를 시작하고, 壬癸水는 현무에서부터 순서대로 써 나가면 된다.

	甲乙木	丙丁火	戊土	己土	庚辛金	壬癸水
상효	현무	청룡	주작	구진	등사	백호
5효	백호	현무	청룡	주작	구진	등사
4효	등사	백호	현무	청룡	주작	구진
3효	구진	등사	백호	현무	청룡	주작
2효	주작	구진	등사	백호	현무	청룡
초효	청룡	주작	구진	등사	백호	현무

예 壬寅월 戊子일에 택산함 괘를 얻었다면 戊子일의 천간은 戊土이므로
구진을 초효에 붙여 등사, 백호, 현무, 청룡, 주작으로 상효까지 붙여간다.

	택산함		兌金궁	
주작	父未	‖	朱	壬寅月
청룡	兄酉	∣	靑	戊子일
현무	孫亥	∣	玄	공망 午未
백호	兄申	∣	白	
등사	官午	‖	蛇	
구진	父辰	‖	句	

▶육수(六獸)의 의미

◉**청룡(靑龍)** : 희(喜), 총명, 인자, 관리, 부자, 임업, 허약, 무력, 경사, 형통, 희열, 복덕, 재록(財祿), 혼사, 주식, 유흥, 주색

◉**주작(朱雀)** : 노(怒), 영리, 성급, 언론, 통신, 문화, 신열, 헛소리, 구설, 관재, 시비, 다변, 문서, 도박, 분노, 복잡

◉**구진(句陳)** : 우(憂), 우둔, 미련, 농업, 토건, 부동산, 비위, 불화, 가슴 답답, 부동산, 보수, 개조, 불통, 정체, 질병, 과묵, 우매, 느림, 구설

◉**등사(螣蛇)** : 우(憂), 변심, 기술, 역술, 대행, 하체불안, 심신부전, 놀람, 시끄러움, 괴이, 간사, 차용, 불신, 허약, 괴몽, 괴물

◉**백호(白虎)** : 비(悲), 용맹, 강폭, 군경, 광업, 정육, 월경, 산후병, 질병, 사고, 쟁송(爭訟), 재앙, 흉화, 혈광, 신고(辛苦), 풍파, 상사(喪事), 신속(迅速)

◉**현무(玄武)** : 경(驚), 사음(邪淫), 음천, 유흥, 분실물, 도둑, 기만, 하자, 부정(不貞), 음란, 간음, 비밀, 음흉, 접객, 수산, 정사 과다, 음허(陰虛), 우수(憂愁)

▶육수(六獸)의 성정

⊙**청룡(靑龍)** : 희신으로 재물이나 관록에 길하다. 용모가 수려하고 경사가 있다. 쇠약하면 사치나 주색, 음주가무에 빠질 수 있다. 보통 청(靑)이라고 쓴다.

⊙**주작(朱雀)** : 구설지신(口舌之神)으로 명랑하고 유쾌하지만 한편으로는 경박하고 시끄럽다. 기신이 함께 하면 시비로 인해 관재 구설이나 시비 등에 얽히고 만사가 헛수고가 된다. 보통 주(朱)라고 쓴다.

⊙**구진(句陳)** : 부동산이나 전답 등을 뜻한다. 무겁고 느리지만 안정감 있다. 희신이면 동할 때 부동산이나 전답을 취하지만 기신이면 감금수가 있다. 활발하지 못해 답답하고 되는 일이 없다. 토지 매매에는 이롭다. 보통 구(句)라고 쓴다.

⊙**등사(螣蛇)** : 영악하고 의심이 많다. 놀라거나 마음이 불안하다. 거짓과 허풍이 세며 경솔하다. 등사가 충을 만나면 풍파가 있고 놀랄 일이 생기니 흉하다. 보통 사(蛇)라고 쓴다.

⊙**백호(白虎)** : 혈광지신(血狂之神)으로 급하고 피를 부른다. 관재, 소송, 송사, 질병, 시비를 주관한다. 백호가 휴수되면 횡액, 전염병, 관재, 파괴 등의 일이 벌어지지만, 백호가 왕상할 때는 그러한 해가 없다. 보통 백(白)이라고 쓴다.

⦿**현무(玄武)** : 도적지신(盜賊之神)이다. 도적, 사기, 우환, 분실물, 손재, 음란, 교활, 모략의 성정을 나타낸다. 왕상할 때는 부드럽고 조용하고 침착하다. 그러나 쇠약하거나 휴수되면 도난 또는 주색과 관련된 일을 만나게 된다. 보통 현(玄)이라고 쓴다.

▶육수(六獸)가 동하면

⦿**청룡(靑龍)이 동하면...**

재물이나 관록에 길하고, 천을귀인이나 역마가 함께 있으면 크게 길하다. 관사(官事)나 혼인에도 길하다. 그러나 기신에 놓여 동하면 무익하고 주색으로 인한 화(禍)가 있다.

⦿**주작(朱雀)이 동하면...**

주작이 동하고 흉살이 같이 있으면 노력의 대가가 없고 시비나 구설이 있다. 그러나 생을 받으면 공적인 일은 이롭지만 관송(官訟)에는 좋지 않다.

⦿**구진(句陳)이 동하면...**

전답이나 토지에 근심이 생긴다. 용신을 생하면 길하지만 정하면 관재와 질병이 두렵다. 지세하여 동하면 전토나 산림과는 인연이 없다. 병점에서 구진이 동하면 흉하고 관송(官訟)일 경우에는 소환 당한다. 구진이 공망이 되면 전답 투자는 수확이 없다.

◉등사(螣蛇)가 동하면...

놀랄 일이 생기고 변심하여 모든 일이 헛수고로 끝난다. 등사가 관에 극을 당하면 괴상한 꿈에 시달린다. 木이 등사일 때 공망이 되면 충 되는 날에 대흉하다. 등사가 동하면 아프던 노인은 흉액이 있을 수 있다.

◉백호(白虎)가 동하면...

질병, 사고, 재앙, 송사 등 놀라는 일이 생긴다. 백호가 강하면 악사(惡事)에 시달린다. 부녀와 아이들이 혈광을 보고 집안이 불안하며 상사(喪事)가 생긴다. 백호가 金에 놓여 극을 당하면 가족에게 재앙이 있다. 火가 백호에 놓여 신(身)을 생하여도 흉하다. 병점에 흉하고, 관송(官訟)에서는 실형을 받으며, 노인의 병(病)은 치유가 안 된다.

◉현무(玄武)가 동하면...

암담한 일이 많이 생기고, 관에 놓이면 도둑을 만나지만 세효를 생하면 무방하다. 현무가 기신이나 구신에 놓이면 도둑에게 흉을 당한다. 현무가 동하면 재를 구하는 일은 성과가 없다. 재를 잃고, 관사(官事)에도 불리하고, 재화(災禍)가 들이닥친다.

- 주작 형이 지세하면 구설이나 논쟁사가 생긴다.
- 주작 형이 세효와 응효에 있으면 잘 싸운다.

- 구진 형이 지세하면 식구가 흩어지고
  백호 형이 지세하면 파산한다.

- 현무 형이 지세하면 사기나 배신을 당한다.

- 청룡 형이 동하여 세효를 생하면 형제나 친구의 도움이 있고,
- 구진 형이 동하여 세효를 극하면 시비, 구설이나 논쟁사가 있다.

- 등사 형이 지세하여 극을 받거나
  등사 형이 동하여 세효를 극하면 놀라고 시끄러운 일이 생긴다.

- 백호 형이 지세하여 극을 받거나
  백호 형이 동하여 세효를 극하면 우환이나 파재(破財)수가 있다.

- 현무 형이 지세하여 극을 받거나 현무 형이 동하여 세효를 극하면
  사기나 배신을 당하든가 물건을 분실할 수가 있다.

- 청룡 손이 지세하여 생왕하거나 청룡 손이 동하여 세효를 생하면
  자손의 경사와 수하의 도움이 있고 재수대통하며 기쁜 일이 생긴다.

- 백호 손이 관을 화출하거나
  백호 손이 공망이 되고 또 극을 받으면 자손에게 액(厄)이 있다.

- 청룡 재가 희신이면서 왕상하면 처첩이 잉태한다.
- 청룡 水 재가 왕상하면 식구가 늘고 외화(外貨)를 획득한다.

- 등사 재가 휴수되면 헛된 재가 되고
  백호 재가 형충이 되면 손재한다.

- 현무 재가 도화살에 있으면 처첩의 음행(淫行)이 있다.
- 현무 재가 은복되면 분실이나 도둑을 당한다.

- 주작이 관귀를 띠고 동하면 시비구설수가 있고 관재나 송사가 있다.
- 구진이 동하면 땅을 넓히는데 세효가 왕상하면 좋다.

- 등사가 동하면 놀랄 일이 생긴다.
- 등사가 관귀를 띠었을 때는 횡액(橫厄)을 조심한다.
  이때 관귀가 묘절이나 공망이 되면 해가 없다.

- 백호가 동하면 질병, 관재나 송사가 있는데 이때 관귀가 되면 더욱 흉
  하다.
- 현무가 동하면 손재가 있는데, 여기에 형이 있으면 사기를 당하고 관
  이 있으면 도둑이나 실물(失物)한다.

- 세효가 구진과 같은 효에 있으면 사람됨이 어리석다.
- 구진은 우둔과 느림, 과묵을 나타낸다.

- 세효가 등사와 같이 있으면 허욕이 많고 사치를 좋아하며 게으르고
  방탕하다.

● 등사는 놀람, 괴이(怪異), 간사, 괴몽(怪夢)을 나타낸다.

● 세효가 현무에 임하면 음험하고 간계(奸計)가 많으며 도벽이나 거짓이 있다.

● 현무는 도둑, 기만, 부정, 음란, 음흉, 비밀, 실물(失物)이다.

● 세효가 주작과 있으면 재주가 있고 말은 잘하지만 경솔해서 구설과 시비가 있다.

● 주작은 구설, 관재, 시비, 다변, 도박, 분노이다.

● 세효가 청룡과 있으면 총명하고 외유내강하며 낭만을 즐기고 주색을 좋아한다.

● 청룡은 길경(吉慶), 희열, 복덕, 재록, 혼사, 유흥, 주색이다.

● 세효가 백호와 있으면 완강하고 사납고 독하여 잘 싸우니 재앙을 당할 수 있다.

● 백호는 질병, 사고, 재앙, 흉화, 신속, 상사(喪事)를 나타낸다.

● 구진이 현무 재를 손상하면 여자가 흉화가 많다.

● 일월 효가 동하여 관으로 변하고
  현무 재에 관이 없으면 중혼(重婚)한다.

● 등사 관이 합세(合世)하거나 양관(兩官)이 세효와 합하면 여자가 부정

(不貞)하다.

- 등사 관이 지세하고 육효 관이 세효와 합하면 여자가 부정하다.

- 화관(火官)이 동하거나 水火현무가 동하면 처의 성질이 악하다.
- 현무 관이 재에 있으면 처에게 문제가 생긴다.

- 등사 재가 합세(合世)하거나 두 개의 재가 세효와 합하면 남자가 바람 난다.
- 현무 재가 동하여 응효와 합하면 처의 음행(淫行)이 있다.

- 청룡 일진과 월령이 관이나 부가 되어 귀인을 띠고 세효나 택효에 놓이면 벼슬을 한다.

- 현무가 도화살에 있으면 남녀 공히 주색에 빠져든다.
- 손이 동하여 관으로 변하여 세효를 극하면 주색으로 법정 다툼한다.

- 청룡에 있는 세효가 쇠약하면 주색으로 망신당한다.
- 손이 왕한 세효를 형충하면 주색으로 병(病)을 얻는다.

- 등사 형 밑에 은복한 재가 휴수되면 걸인이다.
- 청룡 손이 귀인을 띠고 관이나 부가 장생이 되면 벼슬을 한다.
- 청룡 관이 지세하여 천을귀인을 띠고 왕상하면 높은 벼슬을 한다.
- 관이 세효에 있고 휴수되면 벼슬이 소관 말직이다.

- 청룡 재가 지세하여 왕상하면 거부 실업가이다.
- 현무 형이 지세하면 소매치기이다.
- 현무 관이 지세하면 도둑이다.

- 현무가 목욕살에 있으면 여자가 부정(不貞)하고 장수도 못한다.
- 현무가 지세하면 비대하고, 음흉하고, 호색(好色)한다.
- 백호가 지세하면 건강한 체격에 용감하고 포악하다.
- 등사가 지세하면 키가 작고, 꾀가 많고, 간사하다.
- 구진이 지세하면 뚱뚱하고, 우매(愚昧)하며, 바보스럽다.
- 주작이 지세하면 보통 키에 야무지고, 말은 잘하지만 경박스럽다.
- 청룡이 지세하면 키가 크고, 주색을 탐한다.

- 주작 손이 지세하여 응효와 상합하면 배우 또는 총명한 사람이다.
- 재가 지세하고 동하거나 세효가 현무와 같이 있고 주작이 응효가 된
  경우에는 세효가 응효를 극하면 소식이 안 온다.

- 부가 주작을 띠고 동하면 곧 소식이 온다.
- 부가 공망을 만나고 주작이 동하면 간접적으로 소식이 온다.

직업 판별

▶오행으로 직업 판별

⊙ **木** : 임업, 목재, 과수, 화원, 포목, 가구, 문구, 교육, 행정, 철학, 문학, 토목

⊙ **火** : 전기, 전자, 통신, 연료, 언론, 방송, 문화, 운수, 체신, 잡화

⊙ **土** : 농업, 축산, 양곡, 토건, 부동산, 법률, 영농, 법관, 곡물상

⊙ **金** : 광업, 금융, 군인, 경찰, 철물, 고물, 돈놀이

⊙ **水** : 수산, 요식, 식품, 접객, 의약, 상업, 정치, 예술

▶육친(六親)으로 직업 판별

⊙ **형제** : 독립직, 자유직, 권위, 출입, 소개업, 무직, 도박, 도둑

⊙ **자손** : 종교, 축산, 의약, 연예, 유흥, 기능직

⊙ **처재** : 상업, 공업, 금융, 식료, 양곡, 실업가, 음식, 연예

⊙ **관직** : 관리, 군인, 경찰, 법관, 역술, 범죄자, 장의사, 술사, 사원, 도둑

⊙ **부모** : 교육, 문학, 서사, 통신, 교통, 노동, 수예, 봉재, 작가

▶ **육수(六獸)로 직업 판별**

⊙ **청룡** : 임업, 관리, 문관, 사무행정, 문학, 작가

⊙ **주작** : 공업, 통신, 언론, 방송, 비서, 배우, 전기, 전자

⊙ **구진** : 농업, 축산, 토건, 부동산, 영농, 건축, 대목

⊙ **등사** : 공예, 기능, 실업, 기업, 대행, 무직

⊙ **백호** : 광업, 군경, 법관, 부랑아, 정육점, 무관, 의약, 깡패

⊙ **현무** : 유흥, 접객, 도둑, 사기, 창기, 수산

▶ **팔괘(八卦)로 직업 판별**

⊙ **건(乾)** : 문관, 무관, 군주, 관청, 학교, 금은, 보석

⊙ **태(兌)** : 배우, 유흥, 접객, 선생, 방송, 극장, 창기, 무녀(舞女)

⊙ **이(離)** : 학자, 군인, 사교, 문서, 주물, 화물차

⊙ **진(震)** : 관리, 전기, 악기, 목재, 신발, 자동차

⊙ **손(巽)** : 임업, 축산, 세공, 이용(理容)

⊙ **감(坎)** : 수산, 노동, 법관, 외과의, 철학, 부랑아, 도둑

⊙ **간(艮)** : 은행, 신직(神職), 수위, 옥리, 장례업

⊙ **곤(坤)** : 농업, 양곡, 포목, 가구, 의상, 비서, 창고

- 응효에 있는 현무 재가 타효와 합을 하고 세효와 형해(刑害)가 되면 화류계이다.
- 구진 부가 지세하면 농부이다.
- 손이 세효에 있고 형(刑)이 되면 의사이고, 화개살에 있으면 승려이다.

- 金 손이 지세하여 백호에 있으면 군인이다.
- 金 부가 지세하여 백호에 있으면 정육점을 한다.

- 현무가 申金이나 세효에 있으면 도둑의 명이다.
- 구진이 부와 같이 지세하면 농업이나 노동자이다〔구진＝전토〕.

- 일진 관이 지세하고 귀인을 띠고 동하면 영전하고, 충파되면 좌천한다.

- 형이 세효에 있고 쇠약하면 가난하다.
- 세효와 응효가 같이 동하면 자수성가한다.

- 재가 세효에 있고 휴수되면 소상인이다.

- 水 재가 지세하고 역마가 놓여 왕상하면 해외 무역한다.
- 사고(四庫)의 재가 왕상하면 큰 부자이다.
- 재가 형과 목욕살에 공망이 되고 쇠약하면서 상충이 되면 술파는 여자이다.

응기(應氣)의 시기

점사의 응기는 용신의 동정(動靜), 충극괘의 육합과 육충과 일진의 충동(沖動), 출공의 시기 그리고 파묘(破墓)의 시기로 다양하게 판단한다.

- 용신이 동하면 속히 발하고 정하면 늦게 나타난다.
- 일진의 충으로 용신이 동하면 당일에 응하기도 한다.
- 단기적인 사안을 점칠 때에는 용신이 충기(沖起) 또는 합기(合起) 되는 날 응기한다.
- 용신이 일진에 있으면서 충기 또는 합기 되면 당일에 응하기도 한다.

- 용신이 태세에 있으면 연내에 성사되고,
  용신이 월령에 있으면 월내에 성사된다.
  용신이 일진과 같으면 당일에 성사된다.

- 용신이 합이 되면 충되는 날에 응하고,
  용신이 충이 되면 합되는 날에 성사된다.

- 용신이 공망이 되면 출공일이나 봉충(逢沖)일에 성사된다.
- 용신이 절(絕)이 되면 장생일에 응하고,
  용신이 입묘되면 충개(沖開)일에 성사된다.

- 용신이 월파 되었으면 왕한 달의 용신이 합되는 날에 성사된다.

- 용신이 은복되었으면 복신이 왕한 날이나
  또는 비신을 충거(沖去)하는 날 성사된다.

- 용신이 안정되면 용신일이나 충되는 날에 성사된다.
- 용신이 안정되고 왕하면 봉충(逢沖)일이나 또는 묘고일에 성사된다.

- 용신이 공망이 되고 충이 되면 출공 후 합되는 날에 성사된다.
- 용신이 지세하면 생왕하는 일에 성사된다.

- 용신이 동하였으면 용신일이나 합되는 날에 성사된다.
  예 子 용신이면 子일이나 또는 丑일
- 용신이 왕하고 동하면 합되는 날에 성사된다.
- 공망된 용신이 동하면 충되는 날에 성사된다.
- 공망된 용신이 동하고 일진에게 충을 받으면 당일 성사된다.

- 용신이 회두극이 되면 변효를 충하는 날에 성사된다.
- 쇠약한 용신이 동하면 생왕일에 성사된다.
- 용신이 동하여 입묘하고 합을 만나면 충 되는 날에 성사된다.
- 용신이 동하여 합을 만나면 역시 충 되는 날에 성사된다.
- 용신이 동하여 진신(進神)이 되면 동효와 같은 날이나

  동효와 합이 되는 날에 성사된다.

  예 寅이 동하여 卯가 되면 寅일이나 亥일에 성사된다.
- 용신이 동하여 퇴신(退神)이 되면 변효일이나 변효와 충되는 날에 성

  사된다.

  예 酉가 동하여 申으로 변했으면 申일이나 寅일에 성사된다.

- 변효가 용신이면 용신일에 성사된다.
- 2동(動) 1정(靜)하여 삼합국을 이루면 정효(靜爻) 일에 성사된다.

- 삼합에서 3개의 효가 모두 동하여 용신국을 이루면

  삼합의 왕지를 충할 때 성사된다.

- 용신이 년월일에 없어도 원신이 동하면

  용신이 되는 일진이나 월령의 시기에 성사된다.

- 용신이 괘 중에 없어도 월령에 있으면 용신에 해당하는 일에 성사된다.
- 용신이 월령에 있어도 일진이 극하면 생왕하는 일에 성사된다.
- 용신에 문제가 있으면 문제가 사라지는 날에 성사된다.

- 용신이 휴수되어도 탈이 없으면 용신이 왕상하는 날에 성사된다.
- 용신이 은복되거나 공망 또는 상(傷)해도
  원신이 왕동(旺動)하면 용신의 날에 성사된다.
- 용신이 일진이나 월령의 극을 받아도 동효가 생하면 용신이 왕상하는
  날에 성사된다.

- 용신을 동효와 일진이 극할지라도
  월령이 생하거나 왕한 원신이 생하면 다음 생부되는 날 성사된다.

- 기신국이 용신을 극하면 기신국을 파(破)하는 날에 성사된다.
- 기신이 동하여 용신을 극하면 기신을 충거(沖去)하는 날 성사된다.
- 용신이 태왕하면 성사되지 못한다.
  이때는 용신을 극설하는 날이나 묘고가 되는 날 성사된다.
- 용신이 극약하면 이루어지지 않는다.
  이때는 용신이 왕한 일진이나 월령의 시기에 성사된다.

- 원신이 동하고 용신이 정하면
  사건이 원신에 위임되니 원신을 용신으로 본다.
- 용신이 유기한데 월파가 되면 그 달에는 응하지 않는다.
  월령이 막고 있으면 안 되니 그 달은 벗어나야 한다.
- 용신이 유기하여 왕하면 그 달 내에 응하는 경우가 많다.
  그러나 출산 등 화급한 일에는 비화(比和)되는 일시를 응기로 본다.
- 장기적인 사안은 일이 아닌 년월로 응기를 본다.

- 소원점은 세효와 용신과의 관계를 중시하고,

   소원점 외에는 용신을 위주로 원신, 기신, 구신의 생극제화도 함께 살
   펴 판단한다.

- 일진의 글자와 용신, 원신, 기신, 구신의 글자가 같으면서 동하면
   일진의 글자 일에 성사여부가 결정된다.
- 월령의 글자와 같은 용신의 글자가 동하여 세효를 생하거나 극하면
   월령을 기준으로 성사여부를 따진다.

- 소원점에서 용신이나 세효가 순공이면 출공하는 일이나 월에 응기한
   다. 그러나 진공(眞空)이면 고생만 하고 성사되지 않는다.
- 진공은 휴수하고 무기하며 동하지도 않아 무용지물이 된 진짜 공망을
   말한다.
- 세효가 진공이면 내가 허망하니 결과를 내지 못하고 고생만 한다.

- 용신이 지세하고 독정(獨靜)이나 독발(獨發)하면
   용신에 해당하는 일진에 결과가 나온다.
   그렇지 않으면 독정은 충하는 날에, 독발은 합하는 날에 결과가 있다.

- 용신이나 세효가 월파나 일파를 만나면 목적하는 일이나 내가 충을
   당한 것이니 일의 결과가 없다.
- 용신이 쇠하거나 무기하면 용신이 생부를 얻을 때 응기한다.
   그러나 다시 파절(破絶)을 만나면 힘들게 된다.

- 용신이 동하여 변효와 합이 되면 변효를 충하는 날에 성사된다.
- 용신이 동하여 변효에 회두극이 되면 변효를 충하거나 합하는 일에 성사된다.

- 삼합국은 한 효가 동하면 동한 일진의 날이 길흉일이 되고, 두 개의 효가 동하면 정(靜)한 하나의 글자일이 길흉일이 된다.

- 육친의 길흉을 묻는 점은 세효와 응효가 필요없다. 용신, 월령, 기신, 구신만으로 살피면 된다.

- 용신이 쇠절(衰絶)되면 생부되는 시기에 성사된다. 그러나 쇠절된 용신이 공망이 되면 진공(眞空)이니 출공일에 흉사가 있다.
- 기신이 쇠절되고 유기하면 생부를 얻을 때 재앙이 있다.

제3부

심화편

통변법(通辯法)

기본 이론을 익힌 후에 통변에 임해야 한다.

통변에 관한 내용은 수없이 반복해서 읽어 숙달하면 좋다.

점을 칠 때 아는 만큼 설명할 수 있기 때문이다.

- 육친의 상생상극은 사주팔자를 통변할 때 아주 요긴하게 쓰인다.

- 명리에서 적용되는 육친의 상생상극이 육효에서도 그대로 적용된다.

- 앞에서 말한 것처럼 육효는 오행 중심으로 되어 있어 오히려 명리에서 보다 단순하다.

- 점은 단시간에 정확한 판단을 해야 하기 때문이다.

➤ 용신(用神)의 구분

◉ **부모(父母)** : 부모, 가장, 친척, 조상, 존장, 스승, 대통령, 주인, 사장, 계약, 시험, 학업, 문서, 인장, 부동산, 계약서, 증서, 시험합격증, 득명, 문장, 성적, 합격, 서류, 명예, 통지서, 임명장, 헌집, 지붕, 벽, 가옥, 상심, 피로, 차, 배, 옷, 가구, 문구, 학교, 지물, 통신, 투표지, 고소, 고소장, 수리, 개조, 약 효과 없음, 자동차, 감춤, 우산, 전화, 서신, 비, 눈, 구름, 깃발, 구재에는 구신, 시험에는 용신, 출산에는 기신, 소식에는 용신

◉ **관귀(官鬼)** : 남편, 시숙, 남자, 관리, 정부, 관청, 사당, 신전, 시체, 공명, 관송(官訟), 사고, 질병, 관, 구직 좋고, 직급 직장 성사, 시험의 원신, 시험관, 고득점, 직위영전, 승진, 공명 좋고, 관원, 관청, 당선, 법관, 죄와 벌, 수형, 상상, 불안, 재앙, 질병 흉하다, 신랑감, 남자, 산고, 위험, 관사(官事), 흉사, 흉소식, 불안, 초조, 소비, 고생, 불리, 파손품, 말조심, 손실, 구병(久病), 합병, 병증(病症) 위험, 도둑 못찾음, 패가, 대청, 귀신, 흉가, 천둥, 번개, 흐림, 적장, 출산에는 구신, 공명에는 용신, 사관에도 용신

◉ **처재(妻財)** : 처첩, 처남, 처형, 여자, 고용인, 돈, 금은, 보석, 음식, 은행, 금고, 동산, 매매, 물가, 금전, 재산, 비용, 발재 길하다, 신부감, 임산부, 경영, 구재 좋고, 득재, 양품(洋品), 대금, 가격, 시험에는 기신, 무실력, 불합격, 봉급, 영전, 진급, 자금, 비용, 질병, 도난물, 집기, 좋

은 집, 주방, 공명에는 안 좋다, 맑음, 심리, 종교, 양곡, 소식에도 기신

◉**자손(子孫)** : 자손, 사위, 며느리, 아동, 수하, 자녀 길연, 즐겁게 모임, 의사, 손님, 부하, 희열, 구직에 기신, 명예 손상, 좌천, 공명에 기신, 낙선, 가축, 짐승, 병원, 약국, 절, 승려, 암자, 유흥, 연애, 정사, 재물의 원신, 이익, 새것, 고객, 약재, 화해, 소(訴) 취하, 석방, 방사(房事), 치유, 안전, 도둑 체포, 새집, 방 ,가족, 이사 좋고, 가문 흥하고, 태아, 순산, 양육 좋다, 주색, 사찰, 무소식, 무지개, 구재에는 원신, 사관에도 기신, 출산에는 용신

◉**형제(兄弟)** : 형제, 동서, 붕우(朋友), 동업자, 동창생, 동료, 비용, 흉연(凶緣), 도박, 탕재, 재소비, 공명에 경쟁자, 불쾌, 웅덩이, 우방국, 시비, 분실물, 싸움, 쓰던 것, 손재, 경쟁자, 시험에 경쟁자, 감점, 낙방, 비방, 감봉, 감표, 사건, 감기, 좀도둑, 구설, 못 찾음, 살던 집, 문, 담, 화장실, 파재(破財), 중매인, 대인(待人) 안 온다, 무소식, 바람, 구름, 복병, 구재에는 기신, 출산에는 원신

▶**용신(用神)의 적용**

• 초효, 2효는 집터나 택지를 의미한다.

• 2효는 부엌이고, 3효는 방이나 실내이다.

• 4효, 5효는 대문 밖을 나타낸다.

- 월령이 교장이라면, 일진은 담임 그리고 동효는 반장으로 이해하면 좋다.

- **일진, 월령, 동효 중에서 세 가지가 모두 용신을 생하면 크게 길하다.**
- 두 가지는 생하고 한 가지는 극하면 길하다.
- 두 가지가 극하고 한 가지가 생하면 흉하다.
- 세 가지가 모두 용신을 극하면 대흉하다.
- 하나는 생하고 하나는 극하는 반반 정도이면 무방하다.

- 일진과 월령이 동시에 용신을 생하면 용신은 그 힘이 막강해진다. 그래서 타효를 생하거나 극할 수 있고 동효의 충극을 받아도 해(害) 가 적다.

- **일진이나 월령이 용신을 극하면 매우 불길하다.**
  그러나 이때 동효가 용신을 생하면 그나마 다행이다.

- 일진과 월령 그리고 동효가 모두 용신을 극하면 추구하는 일은 이룰 수 없다. 이때는 용신을 생부하는 일진이 오기를 기다려야 한다.
- 반대로 일진과 월령 그리고 동효가 모두 용신을 생하면 크게 길하 다. 그러나 너무 태왕해져서 다시 용신을 생부하는 날에는 오히려 불길하다.

- 기신이나 구신이 공망이 되면 길하고
  원신이나 용신이 공망이 되면 좋지 않다.

●용신이 생합되면 대단히 좋고

　용신이 공망이 되거나 월파를 만나면 흉하다.

●용신이 극해되거나 형충이 되면 흉하다.

●세응 중간에 있는 간효가 기신이 되어 동하면 좋지 않다.

●왕(旺)한 용신이 동하여 세효를 생부하면 모든 일이 순조롭다.

●용신은 왕상하고 생부되면 좋고

　휴수, 묘절, 공망 또는 극을 당하면 좋지 않다.

●원신은 용신을 생하니 길신이며 성패의 관건이 용신보다 크게 작

　용한다. 그래서 원신이 일진이나 월령에서 생왕되면 좋지만 휴수,

　묘절, 파극되면 흉하다.

●기신은 용신을 극하는 신이니 휴수, 공파(空破) 또는 묘절이 되어야

　길하다.

●기신이 생왕하거나 동하여 용신을 극하면 만사가 뜻대로 잘 안 되니

　대흉하다.

●구신은 기신을 생하고 길신인 원신을 극하니 흉신이다.

　그래서 구신은 기신처럼 손상되어야 길하고 생을 받아 왕해지면

　흉하다.

- 진신은 타효를 생극할 수 있다.

  그래서 진신이 용신이나 원신이 되면 길하고,

  진신이 기신이나 구신이 되면 흉하다.

- 기신이나 구신이 퇴신이 되면 길하고

  용신이나 원신이 퇴신이 되면 흉하다.

- 동효를 생하여 설기되면 흉하다. 예를 들어 형이 동하면 부는 설기

  되니 흉하여 시험 낙방이다.
- 동효의 생을 받는 효는 길하다. 즉, 형이 동하면 손이 길하다.
- 동효에게 극을 받는 효는 흉하다. 즉, 형이 동하면 재가 흉하다.

- 질병에는 손이 좋다.
- 실물점에서는 관이나 부가 동하면 못 찾는다.

- 용신과 원신 중 하나가 휴수하거나, 사절 또는 공망이 되거나

  형충파해 등으로 상(傷)하면 흉하다.
- 용신은 생왕하더라도 원신이 휴수, 사절, 공망 또는 퇴신이 되거나

  일진과 충이 되어 용신을 생하지 못하면 흉하다.

- 용신이 파손되어도 원신이 왕동(旺動)하면

  용신이 힘을 받아 일이 성사될 가능성이 커진다.

- 용신이 동하여 변효와 합이 되면 하는 일이 변효와 관계가 있는 일이다.
- 용신이 동하고 일진의 충을 받으면 하려던 일이 타의에 의해 파탄난다.
- 용신이 동하여 변효에 입묘되면 하는 일이 곤경에 빠진다.
  그리고 해당 육친이 감금되거나 흉액이 있을 수 있다.

- **용신이 일진에 입묘되면 일이 성사되지 못한다.**
- 용신이 일진에서 진신이 되면 미래사이고, 퇴신이 되면 과거사이다.

- 복신은 본괘에 용신이 없을 때
  부득이 수괘에서 찾아 빌려 쓰는 숨어 있는 글자이다.

- **용신이 회두생이 되면 길하니 성사되고**
  회두극이 되면 흉하니 이루어지지 않는다.

- 용신이 공망이 되고 무기하면 무력하고 무능하여 실업자이다.
- 용신이 휴수되고 사절되면 모든 일이 이루어지지 않는다.

- 찾는 사람이 공망이 되면 현지에 없다.

- 용신이 중복해서 나타나면 이랬다저랬다 갈팡질팡한다.
- 내괘와 외괘가 다투면 모든 일이 뒤얽혀 복잡해진다.

- 용신이 정(靜)할 때나 용신이 동하지만 극상(剋傷)을 받으면 원신이 용신을 대신한다.

- 용신이 휴수되더라도 동하여 생부를 받아 왕상하면 길하다.
- 원신이 동하여 용신을 생부하여 왕상해도 길하다.

- 기신이 동하여 용신을 극하면 성취하지 못한다.
- 구신이 동하여 원신을 극해도 성사되지 못한다.
- 용신과 원신이 모두 나타나지 않아도 성사되지 못한다.

- 세효가 왕상하면 하는 일마다 대체로 길하다.
- 용신과 원신이 지세하거나 동하거나 생을 받아 왕해지면 일이 성취된다.

- 용신과 원신 두 개 중 하나가 상(傷)하면 일이 성취되지 못한다.
- 용신과 원신을 일진과 월령이 같이 극하면 대흉하다.

- 용신은 다른 효의 생을 받아도 일진이 극하는 것을 꺼린다.
- 용신은 타효의 극을 받아도 일진의 생부를 기뻐한다.

- 용신이 세효나 응효에 있으면 마땅히 길하다.
- 기신과 구신은 지세하거나 동하거나 왕상하면 흉하다.

- 기신이 태왕할 때는 원신이 안정되어 있다고 해도 용신이 극을 당하게 되니 흉하다.
- 기신이 태왕할 때 원신이 동하면 통관작용을 하여 길하게 된다.

- 기신이 동해도 용신이 나타나지 않고 원신이 있으면 유망하다.
- 기신이 동했는데 원신은 없고 용신만 있으면 용신이 극을 당해 대흉하다.

- 일진이 용신을 극할 때 월령이 생하거나
  월령이 용신을 극할 때 일진이 생하면 대체로 이루어진다.

- 기신과 원신이 같이 동했을 때 용신이 탈이 없으면 성사된다.
- 용신의 글자가 없어도 용신 글자가 월령에 있거나 원신이 왕동(旺動)하면 성사된다.

- 원신이 파극되고 용신이 은복되면 원하던 일이 성사되지 못한다.
- 육충이 변해 다시 육충이 되거나, 합된 것이 충을 만나면 성사되지 못한다.

- 기신이 지세하거나 구신이 동하면 성사되지 못한다.
- 기신이나 구신이 왕동(旺動)하거나 용신과 원신이 묘절되면 성사되지 못한다.

- 세효가 용신을 극하거나 용신이 세효와 무관하면 성사되지 못한다.

- **용신이 너무 많이 나타나면 쓸모없게 된다.**

- 용신에게 기신의 극만 많고 용신을 돕는 원신이 없으면 대흉하다.
  그러나 생왕하는 날에는 기사회생하여 유용하다.

- **용신이 정하고 원신이 동하면 일의 주도권을 원신이 갖게 된다.**

- 용신이 상처를 받아도 원신이 왕동(旺動)하여 용신을 생하면 일이
  성사된다.
- 용신이 상처받지 않아 온전해도 원신이 파손되면 일이 이루어지지
  않는다.

- 육충괘는 하는 일에 어려움이 많고, 육합괘는 일이 순조롭게 풀린다.
- 괘상은 환경을 나타내니 괘상으로 전체적인 상황을 살피고,
  용신의 생극이나 다소로 길흉과 성패를 판단한다.

- 육수와 신살은 일의 상태만 알아볼 뿐 일의 성패와는 관계없다.

- 태세와 대조하여 일년의 길흉을 살피고, 월령과 대조하여 그 달의
  길흉을 살핀다. 그리고 일진과 대조하여 그 날의 길흉을 판단한다.

- 유혼괘는 심란하여 이동이 많고, 귀혼괘는 매사에 두서가 없다.
- 반음괘와 퇴신 및 충중봉합은 일이 반복된다.

- 일진이 동효와 같은 글자이면 그 글자가 나타내는 의미는 그 날 목적하는 일이다.
- 동효, 암동, 일공(日拱) 그리고 일합(日合)은 모두 용건이다.
- 일공(日拱)이란 비신 오행과 일진 오행이 같은 글자를 말한다.

- 동효는 변효와 관계가 있고, 복신은 비신과 관계가 있다.
- 태세는 가정의 작은 일과는 관계가 없다.

- 정효가 합이 되면 동하고, 동효가 합이 되면 묶인다.
- 효와 효끼리 합이 되면 서로 힘을 얻는다.
- 동효와 변효가 합하면 서로 도우니 좋다.

- 정효가 일진이나 월령 또는 동효와 합하면 휴수되어도 왕해져서 동한다.
- 효가 동하여 일진, 월령 또는 동효와 합하면 기반(羈絆)되어 동하지 않게 된다.

- 동효가 변효에 회두생되어 합이 되면 서로 도우니 좋다.
- 동효가 일월이나 다른 동효와 합이 되면 동하지 않는 것과 같다.

- 육합괘가 육합괘로 변하면 시종합(始終合)이니 매사에 길하지만
  송사(訟事)를 보는 점에서는 질질 끌어 흉하다.
  출산점에서는 출산하기 어렵다.
- 육충괘가 육합괘로 변하면 용신을 따질 것 없이 길하다.
- 육충괘가 육충괘로 변하면 모든 일이 이루어지지 않는다.
  이때는 용신이 왕하여 일이 성사되더라도 오래가지 못한다.
- 육충괘가 나오면 근병(近病)은 즉시 낫고, 구병(久病)은 흉액이 있을
  수 있다.

- 형합이나 극합은 생이 있으면 합으로 보고,
  극(剋)이 있으면 형극으로 본다.

- 용신이 회두극이 되면 병점이나 수명점에서는 불길하다.
- 부가 합국이 되면 조상점이나 묘지점에는 길하다.

- 용신이 왕상하면 육충이나 육합을 막론하고 모두 길하다.
- 충중봉합 및 반음괘는 일이 반복된 후에 이루어진다.

- 복음괘는 모든 일이 여의치 못하다.
  특히 용신이 복음이 되면 신음하거나 탄식할 일이 생긴다.

- **용신과 원신이 월령에 있으면 길하고,**
  기신과 구신이 월령에 있으면 흉하다.

- 용신이 동하여 같은 궁에 있으면 휴수되어도 흉하지 않다.

- 원신이 동하면 용신이 복장되어 있어도 무방하다.
- 원신은 생부를 요하고 왕상하면 크게 길하다.
- 원신은 동하여 변효에 극을 당하는 것을 꺼린다.

- 용신이나 원신이 세효와 응효에 놓이면 좋다.
- 용신이 원신의 조력을 얻고 청룡을 만나면 기쁜 일이 생긴다.

- 기신은 정하면 좋지만 흥(興)하면 좋지 않다.
- 기신은 극을 당하면 좋고, 생부를 받으면 대흉하다.

- 용신이 생부되고 상(傷)함이 없으면 원하는 바를 모두 성취한다.
- 용신이 상(傷)하면 매사 이루지 못한다.

- 점보는 날의 태세는 정하면 좋고 동하면 좋지 않다.
- 태세가 동하여 세효를 극하면 흉하다.

- 일진과 월령은 용신과 원신을 생부하면 좋고,
  기신과 구신은 멸(滅)하면 좋다.

- 유혼괘는 마음이 산란하여 오래 머물지 못하니 가택점에서는 이사
  수가 많다.

●귀혼괘는 매사에 두서가 없는 것이니 집에 있는 것이 좋다.

●용신이 일진의 글자와 같으면 현재의 진행사로 본다.

●용신이 일이나 월에 있고 상(傷)하지 않으면 일이 성사된다.

●세효가 동하면 내 마음이 동하니 뭔가 하고자 하는 마음이 생긴다.

●응효가 동하면 상대방이 동하여 상대방이 뭔가를 하려고 한다.

  그래서 세효와 응효가 동시에 동하면 마음이 흔들려 차분하지 못

  하다.

●**용신이 동하면 해당 글자의 육친도 동하는 것이다.**

●용신이 동하면 하는 일에 변화가 있고 해당 육친에도 변동이 있다.

●기신이 동하여 용신을 극하면 불길하고 성사되지 못한다.

●원신이 동하여 용신을 생하면 후원자의 도움으로 성사된다.

●괘신이 내괘에 있으면 주도권이 나에게 있고,

  외괘에 있으면 주도권이 상대에게 있다.

●육충괘가 나오면 하는 일이 유시무종하고 노인 병점에서는 흉액이

  있을 수 있다.

●육합괘가 육충괘로 변하면 하는 일이 이루어지지 않는다.

●퇴신이나 반음 그리고 복음괘는 바람직스럽지 않은 괘이다.

●유혼괘가 나오면 매사에 두서가 없고, 병점에서는 죽은 것이나 다름없으며, 대인점에서는 기다리는 사람이 돌아올 마음이 없다.

●귀혼괘는 한 곳에 머무르고자 하지만 머물지 못하고 이리저리 방황한다.

　가택점에서는 이사수가 많고, 출행점에서는 출발을 못한다.

●삼전은 연월일을 말한다.

●삼전극은 연월일이 하나의 효를 극하는 것을 말한다.

●용신이나 원신을 극하면 흉하고, 기신이나 구신을 극하면 길하다.

●동효는 왕하여 다른 효를 생극, 충합 또는 입묘시킬 수 있다.

●동효가 합이나 충을 당했을 때는 합하는 시기에 발(發)한다.

●동효가 공망이나 파(破) 또는 묘(墓)가 될 때는 잠시 활동을 멈춘다.

●동효가 합이 되면 왕기를 띠게 되지만 충극을 당하면 약해진다.

●동효가 유기하고 공망이나 파(破) 또는 묘(墓)가 되었을 때는

　비화되는 일진이나 월령에 발(發)한다.

●한 효가 동하고 또 한 효가 암동되면

　두 효가 모두 동한 양동(兩動)으로 본다.

- 동효는 모든 일의 시작 출발점이 된다.
- 변효는 모든 일의 마무리가 된다.

  즉, 동효가 부모라면 변효는 자식이라고 할 수 있다.

- **동효는 결과의 길흉에 관계없이 동하고 변효에 대해서는 영향을 미치지 않는다. 그러나 변효는 동효를 생극이나 충합할 수 있다.**

- 변효가 동효를 생하면 회두생이라고 하고,

  변효가 동효를 극하면 회두극이라 한다.

  이렇게 변효는 동효를 생하기도 하고 극하기도 한다.

  그러나 변효는 본괘에 있는 동효 이외의 다른 효는 생극이나 충합할 수 없다.

- **괘상에서 동한 것은 반드시 길흉을 야기한다.**
- 기신이 동하면 흉이 된다.

  이때 용신이 유기하여 기신을 제압하면 일이 풀리고,

  반대로 기신이 왕하고 용신이 무기하면 만사가 흉하다.

- **정효는 타효를 생하거나 극하지 못한다.**
- **동효는 타효를 생하거나 극할 수 있다.**
- 일진과 충이 되는 암동효가 왕하면 타효를 생극할 수 있다.
- **진신은 타효를 생극하지만, 퇴신은 타효를 생극하지 못한다.**

- 회두생이 된 동효는 타효를 강하게 생극한다.
- 회두극이 된 동효는 타효를 생극하지 못한다.

- 변효와 합이 된 동효는 타효를 생극하지 못한다.
  그러나 동효가 변효와 충이 될 때는 생극한다.

- 회두절(回頭絶)이 된 동효는 타효를 생극할 수 없다.
- 동효가 유고(有故)하면 타효를 생극하지 못한다.

- 변효는 동효만을 생극할 수 있다.
  그러나 변효가 진신이 되면 타효도 생극할 수 있다.
  변효가 형충파 등을 맞아 유고(有故)하면 동효를 생극하지 못한다.

- 입묘가 된 효는 생극을 받지 않으나
  충이 되면 개고되어 일반 글자처럼 유용하게 되어 생극받게 된다.

- 공망이 된 효는 생극을 받지 못한다.
  그러나 일진에게 충이 되거나 공망된 글자와 같은 일진이 오면
  공망이 풀려 생극을 받게 된다.

- 세효는 자신이고 응효는 상대자이니 서로 생이나 합이 되면 좋다.
- 응효가 상(傷)하면 상대방이 불리하고, 세효가 극을 받으면 자신이
  좋지 않다.

- 세효에 해당하는 글자가 두 개 이상 나타나면 갈팡질팡한다.
- **합이 충파되면 합의 효력이 사라진다.**

- 형합이나 극합은 합을 할 때는 좋지만 끝에 가서는 흉하다.

- 동효가 일진과 합이 되면 묶이니 움직이려다가 멈춘다.
- **일진에게 충을 받은 비신은 암동하게 된다.**

- 일진이나 동효 또는 변효에 입묘된 글자는 극을 받지 않는다.

- 휴수되어 쇠약해진 글자라도 생부가 있으면 힘이 생긴다.
- 용신이 생을 받고 합이 되어 좋아져도 형충극해되면 다 소용없다.

- **삼형과 삼합이 한자씩 빠지면 형이나 합으로 취급하지 않는다.**
- 용신이 월령에 있으면 왕한 것이니 웬만해서 해(害)를 받지 않는다.

- 손은 덕을 나타내니 지세하거나 합이 되면 매사가 잘 이루어지지만 기신이 지세하면 장애가 많다.

- 용신이 기신을 만나 상하면 원하는 바를 이루기 어렵다.

- 용신은 형충파해로 휴수되거나 동하여 사묘절공(死墓絕空)되는 것을 꺼린다.

- 용신이 동하여 다시 용신으로 되면 유용하다.
- 용신이 동하여 퇴신이나 복음이 되면 원하는 것을 성취하기 어렵다.
- 용신이 동하여 변효에게 회두극을 받으면 상하게 된다.
- 용신이 동하여 응효를 생하면 타인을 도와주게 된다.
- 용신이 여러 개일 경우는 동효나 변효나 세효의 묘고에 수장되면 좋다.
- 용신이 여러 개 나타났을 때 묘고일이 오면 좋다.

- 약했던 기신이 일진의 글자와 같으면 강해지니 두렵다.
- 간효가 동하여 용신이나 세효 또는 응효를 가까이서 극하면 일에 장애가 많다.

- 합이 좋다지만 생합이 아니고 극상(剋傷)하는 합은 근심이 있다.
- 동효가 일진에게 충을 받으면 일이 깨진다.

- 합이 된 동효는 충을 받을 때 다시 제 역할을 한다.
- 휴수된 동효는 생왕해질 때 다시 강력해진다.
- 절(絶)이 된 동효는 생왕할 때 제 역할을 한다.
- 동효가 세효를 극하면 성패가 빠르다.
- 효가 안정되어 있거나 생세 또는 세효와 합하면 일이 더디다.

- 손이 은복되면 일이 뜻대로 이루어지지 못한다.
- 형이 많으면 재와 관이 약해지니 일에 막힘이 많다.

- 관살은 비록 재앙으로 보지만 은복되었을 경우는 피해가 없다.
- 재앙은 관효로, 복덕은 손효로 본다.

- 형(刑)은 질병과 구설을 나타내지만 좋을 때도 있다.
- 삼형이 충파되면 시비 직전에 화해한다.
- 寅申巳 삼형은 형사사건이고, 丑戌未 삼형은 민사사건이다.

- **복신은 일진이 비신을 충(沖)할 때 유용하다.**
  또는 복신이 왕하게 되는 날 유용하다.

- 삼합국에서 하나의 글자가 유병(有病)하면,
  병(病)이 없어져야 국(局)이 성립한다.

- 세효나 용신이나 길신이 삼합국이 되면 길하지만 기신이 삼합국이
  되면 흉하다.
- **월파보다는 차라리 일진의 충이 낫다.**

- 5효[도로]에서 등사를 만나면 괴이한 일이 생긴다.
- 5효에서 백호를 만나면 풍파가 있다.
- 5효에서 현무를 만나면 노상에서 실물(失物)한다.

- 2효 택효에 관이 있으면 집안에 문제가 생긴다.
  이때 손이 지세하고 동하면 집안이 무사하다.

● 육효에서 재와 손이 왕상되면 길하고,

  형과 관이 왕상하면 빈천하거나 재앙이나 질병이 있다.

● 관과 부가 같이 왕하면 문장으로 출세한다.

● **손이 동하면 벼슬과는 거리가 멀다.**

● 왕한 관이 세효를 극하면 단명한다.

● 세효와 명(命)이 같이 쇠약할 때 부조하는 길신이 미약하면 단명이

  다.

● **세효는 공망이나 파를 만나지 않아야 한다.**

  공망이나 파를 만나면 일생 빈한하다.

● 손효가 청룡을 띠고 지세하면 부귀공명이다.

● 손효가 청룡을 띠고 무기하면 명예만 있고 실속없는 가난한 선비

  이다.

● 부가 지세하고 동하면 자손을 형극한다.

● 왕(旺)한 백호 재가 동하여 부를 극하면 부모에게 우환이 있다.

● 5효[도로]에 놓인 부가 백호를 띠고 형충이 되면 부모가 교통사고

  를 당한다.

● 부가 공망, 입묘되고 백호 재가 동하여 부를 극하면 부모에게 흉액

  이 있을 수 있다.

- 형이 극을 많이 받으면 형제에게 근심이 있다.
- 관이 극을 많이 받으면 남편에게 근심이 있다.

- 백호 관이 동하여 세효를 극하면 남편의 학대가 심하다.
- 현무 관이 동하여 두개의 재와 합할 때는 남편이 바람난다.

- 세효에 재가 있고 응효에 재가 복(伏)할 때 남편이 바람난다.
- 세효에 재가 있고 응관(應官) 밑에 재가 복(伏)할 때도 남편이 바람난다.

- 세효와 응효가 같이 동하여 상충이 되면 부부 싸움이다.
- 세효와 응효에 재나 관이 같이 동하여 충극이 되면 부부 싸움이다.
- 세효와 응효가 같이 공망이 되면 부부 별거이다.

- 내괘에 두 개의 재가 세효와 합을 하면 첩(妾)이 있다.
- 세효가 외괘에 있고 두 개의 재가 왕상하면 첩(妾)이 있다.
- 현무 재가 동하여 응효와 합할 때 처첩이 부정(不貞)하다.

- 내괘와 외괘의 두 개의 관이 세효와 합을 하면 정부(情夫)가 있다.
- 외괘에 관이 지세하고 내외 양관(兩官)이 왕상하면 정부(情夫)가 있다.

- 현무 재가 동하여 세효를 극하면 처가 나를 속인다.

- 백호 재가 동하여 세효를 극하면 처로 인해 망한다.

- 내괘와 외괘에 있는 재가 동하여 서로 상충이 되면 처첩이 싸운다.
- 백호 형이 동하여 재를 형충파극(刑沖破剋)하면 처에게 신액(身厄) 이 있다.

- 세효와 응효와 재가 육충이 되면 부부가 이별이다.
- **괘 중에 재가 없으면 홀아비이고, 괘 중에 관이 없으면 과부이다.**

- 부가 변하여 부가 되어 세효와 상합하면 부모님을 중배(重拜)한다.
- 외괘 손이 동하여 세효와 합을 하면 멀리 있는 자식이 돌아온다.

- 왕(旺)한 효가 동하여 손을 극하면 자손에게 재앙이 있다.
- 손이 동하여 변효가 공망이거나 은복된 손이 공망이 되면 자녀가 가출한다.

- 백호 관이 동하여 세효를 극하거나 세효가 휴수, 사절(死絕), 공파 (空破), 또는 극을 많이 받으면 자신에게 재앙이 있다.

- 주작 형이 세효에 놓여 극을 받거나 동하여 세효를 극하면 시비, 구설수가 있다.
- 주작 형이 세효와 응효에 있으면 잘 싸운다.

- **형과 관이 같이 동하면 손재나 구설이 있다.**
- 형과 부가 같이 동하면 손재가 있고 고생한다.

- 백호 형이 동하여 재를 파극하면 파산이다.
- 청룡 재가 진신(進神)이 되거나 생부받아 왕상하면 사업이 잘 된다.
- 청룡 부가 왕상하면 가옥을 신축한다.
- 부와 동효가 합을 하면 문서로 인하여 돈을 번다.

- **재가 동효와 합을 하면 돈이 생긴다.**
- 내괘에서 백호 水 관이 동하면 침수소동이다.

- 주작 화궁(火宮)이 동하여 세효를 극하면 화재를 당한다.
- 주작 오궁(午宮)이 택효에서 동하여 세효를 극하면 화재이다.

- 택효에 있는 관이 동하면 직장을 변동하려고 한다.
- 택효에 있는 부가 공망이나 입묘되면 자기 집이 없다.
- **부가 동하여 재를 화출하면 집을 팔려고 한다.**
- **재가 동해서 부가 되면 집을 사려고 한다.**

- 택효가 명동(明動) 또는 암동하거나 내괘에 부가 동하면 이사하려고 한다.
- 구진 재가 동해서 부가 되면 부동산 구입이다.
- 부가 진신(進神)이 되어 세효와 생합하면 문서계약이다.

- 내괘가 동하면 이사 또는 이동하려고 한다.

- 세효 밑에 관이 은복되면 관송(官訟)이 그칠 날이 없다.
- 육효가 난동하면 집안에 우환이 있다.

- 현무 형이 지세하여 극을 받거나
  현무 형이 동하여 세효를 극하면 사기나 배신을 당하거나 물건을
  분실한다.

- **백호 관이 지세하여 극을 받거나**
  백호 관이 동하여 세효를 극하면 관재나 우환이 있다.

- 내괘에 현무 관이 동하면 집안에 도둑이 든다.
- 현무 형이 동하면 물건을 분실한다.

- 세효가 휴수되고 진공(眞空)이 되면 실업자이다.
- 5효에 현무 재가 공망이 되면 거리에서 물건을 분실한다.
- 재가 휴수되고 무기하거나 형이 세효에 있다면 가난하다.
- 辰戌丑未가 재가 되어 일진이나 월령의 생부를 받아 왕상하면 부자
  이다.

- **세효에 청룡이 놓이고 재가 동하여 세효와 생합하면 장가를 가고자**
  한다.

- 세효에 청룡이 놓이고 관이 동하여 세효와 생합하면 시집을 가고자 한다.

- 주작 관이 동하여 세효를 극하면 관재(官災)이다.
- 세효가 복음이나 공망이 될 때 응효가 동하면 마음이 산란하다.

- **세효가 형충극해를 많이 받으면 몸을 다친다.**
- 세효가 반음이 되거나 회두극이 되면 좌불안석이다.

- 형이 등사나 백호를 띠고 세효를 극하면 믿는 도끼에 발등 찍힌다.
- 형이 많이 나타나 있고 부가 두 개 있으면 이복형이 있다.

- 재효 밑에 관이 은복되면 처가 정부(情夫)를 둔다.
- 현무 재가 동하여 응효와 합하면 처의 음행(淫行)이 있다.

- 세효에 역마가 놓여 동하면 원행(遠行)을 하려고 한다.
- 등사 형이 동하여 세효를 극하면 놀라거나 시끄러운 일이 있다.

- 관효 밑에 용신이 은복되면 입옥하거나 사망한 자가 있다.
- 형과 관이 같이 동하여 상극되면 손재나 구설이 있다.

- 청룡 손이 뚜렷하면 자식이 생긴다.

- 6개의 효 중에 손이 하나도 없으면 자식이 없는 경우가 많다.

- 부가 동하여 손을 극하면 자식에게 질병이 있을 수 있다.
- 손이 공망일 때 백호가 있으면 자식에게 재앙이 있다.
- 형이 공망이 되고 백호가 있으면 형제에게 재앙이 있다.
- 백호에 형이 임하여 동하면 재가 상하니 처에게 재앙이 있다.

- 내괘에도 재가 있고 외괘에도 재가 있으면 처첩이 있다.
- 재가 공망이 되고 백호 등 흉살이 있으면 처가 가출 또는 처에게 흉액이 있다.
- 관이 공망 또는 휴수가 되면 송사나 관재구설이 멈춘다.
- 휴수, 공파(空破), 백호에 임한 부에 형극이 있으면 부모에게 질병이 있다.

- 주작은 구설, 백호는 폭력과 관련이 있다.
- 주작 또는 백호에 관이 있으면 송사가 많다.
- 청룡 등 길신이 공망이나 휴수되지 않으면 가정이 번창한다.
- 일진이나 변효에 놓인 재가 왕상하고 입고되면 부자가 된다.

- 청룡에 재가 임하여 왕상하면 장사가 잘 된다.
- 외괘에 청룡이 있고 그곳에 재나 손이 있으면 타향에서 재를 득한다.
- 청룡에 손이나 재가 임하고 2효, 3효에 있으면 집안에 기쁨이 있다.

- 재가 왕한 손이 청룡에 있으면 집안이 부귀하다.
- 재가 생년과 충이 되거나 또는 휴수, 공망, 월파되면 빈천하다.

- 손이 공망이 되면 부가 의지할 곳이 없다.
- 손은 자식이니 자식이 없다는 의미다.

- **현무는 도둑, 비밀이고, 관은 재앙이다.**
- 백호 문서가 휴수되면 가옥이 파괴된다.

- 부가 청룡에 임해 왕상하면 새로운 집을 짓는다.
- **왕상의 기준은 월령, 일진이나 동효이다.**

- 백호 공망에 亥子가 있으면 집안이나 묘에 물이 고인다.
- 상효 분묘가 공망에 백호이고 亥子에 있으면 묘에 물이 고인다.

- 등사는 허(虛)하거나 실(實)하지 못하므로 주체의식이 없다.
- 등사에 관이 있고 지세하면 꿈자리가 사납다.

- 주작이 지세하고 관에 해당하면 소송이나 관재구설수가 있다.
- 주작은 구설수이고, 관은 재앙이고, 지세(持世)는 내 몸과 같다.

- 주작에 형이 있고 세효나 응효에 있을 때 언쟁이 있다.
- 현무에 재가 있고 관이 왕하면 도둑 무리를 만난다.

● 현무에 형이 있어도 어둠과 탈재를 의미하니 도둑이 침범한다.
● 관이 응효에 임하여 세효를 극하면 뜻하지 않은 재앙이 있다.

● 세효가 공망되면 내가 못가고, 응효가 공망이 되면 상대가 못온다.
● 세효와 응효가 모두 공망되면 집에 손님이 없다.

● **괘 중 6개의 효가 모두 동하면 집안이 산란하고 편하지 못한다.**
   동한다는 것은 이사, 이동, 이전의 의미다.

● 상효는 분묘를 나타내므로 상효가 동하면 이장이나 사초(莎草)한다.
● 상효는 무덤이나 조상을 의미하니 상효에 있는 부가 동하면 족보나
   비석 일을 한다.

● 흉성은 관이나 형을 의미하고, 길신은 손이나 재나 부를 말한다.

● 인공유산은 세효에 손이 있고 동하여 관으로 화(化)할 때이다.
● 동한 손의 음양으로 자식이 아들인지 딸인지 구별한다.

● 구진 관이 지세하면 관재나 구금이 있다.
● 주작이나 백호에 관이 있으면 송사나 관재구설이 있다.

● **내괘의 재는 처이고, 외괘의 재는 소실이나 애인이다.**
● 2효 관이 변하여 손이 되면 처가 임신되거나 아프다.

2효는 처이고, 관은 질병이다.

●5효[도로]에 있는 재가 공망이 되면 길거리에서 돈을 잃는다.
●5효는 식구효이니, 5효가 동하여 변하면 객식구가 많이 드나든다.
●5효의 오행으로 식구 수를 판단한다.

●**문서효가 공망이 되면 문서를 분실한다.**
●부에 현무가 임하면 문서를 분실하거나 또는 문서 해약이다.

●등사는 허실(虛失)을 의미한다.
●손이 관으로 변하여 백호나 등사에 임하면 유산한다.
●백호나 등사에 임한 손이 부로 화(化)해도 유산한다.

●세효, 재효, 손이 무기하고 공망, 파묘절(破墓絶) 되거나
 동하여 흉으로 변하면 의식(衣食)이 부족하다.
●관이 왕하고 세효가 쇠하면 몸이 상하고 집안은 기울고 재복이 없다.
●관과 재가 발하면 돈쓰고 벼슬을 한다.

●세효에 관이 있고 재가 동하여 상생하면 돈을 써서 직장에 들어 간
 다.
●세효에 관이 있고 동하여 재로 화(化)하면 돈을 써서 직장에 간다.
●**세효에 재가 있고 동하여 생합하면 돈을 써서 직장에 간다.**

- 수명점은 세효가 근본이 된다.
- 세효가 왕상하거나 명(命)에 임하면 오래 산다.

- 세효가 일진이나 월령의 생부와 동효의 생부를 얻거나 회두생이 되면 오래 산다.
- **세효가 왕상하면 오래 살고, 신(身)이 휴수되면 요절한다.**

- 세효가 휴수되면 세효가 충극될 때 주의해야 한다.
- **기신이 동하지 않으면 편안하지만, 동하면 합을 만날 때 흉하다.**

- 손이 세효에 놓이면 좋은 징조이다.
- 손이 지세하고 손이 동하면 일체의 근심, 의심, 놀람, 두려움이 사라진다.

- 학문하는 자는 부와 세효가 같이 왕하면 성공하고, 일진이나 월령 동효가 상생하면 좋은 공직으로 간다.
- 재가 동하면 공부를 오래 못하고, 손이 세효에 있으면 기술자가 적합하다.
- **기술자는 재가 용신이고 손이 원신이다.**

- 형이 세효와 함께 있으면 종신토록 고생이다.
- 부가 왕하고 관이 흥하면 동량(棟樑)이 된다.

- 관직에는 관이 용신이고 원신인 재를 참고한다.

- 재와 손이 왕하면 재물을 뜻대로 구한다.
- 재가 공망이거나 손이 절(絶)되면 재물과 인연이 없다.

- 형이 흉하면 재물이 다치지만 관이 동하면 타격이 적다.
- 재와 손이 없으면 재물과 인연이 없다.

- **괘에 재성이 많으면 오히려 재가 입묘할 때 얻는다.**
- 재가 관으로 변하거나 또는 재가 형으로 변하면 재물과 거리가 멀고 손재하거나 파산한다.

- 동업하는 자는 세효와 응효가 상합하면 좋다.
- 재성은 재의 근본이고 손은 재물의 근원이니 같이 동하면 좋다.

- 육효 중에 형이 득세할 때 재는 있고 관이 없으면 재물 실패가 많다.
- 관살만 있고 재가 없는 것도 좋지 않다.

- 관이 동하면 재앙이 따르는데, 이때 손도 동하여 관을 제(制)하면 좋다.
- 내괘에서 손이 동하여 재를 생하면 돈을 많이 번다.
- 관이 동할 때 재도 동하여 관을 도와주면 수명이 위태롭다.
- 관이 동할 때 다른 효에 또 관이 있고 백호가 있으면 가족에게 재앙

이 있다.

- 관이 지세하고 귀인, 역마 등 길신이 있으면 벼슬길이 순조롭다.
- 형이 교중(交重, 형화형 또는 형이 두 개 이상일 때)하면 처를 극하면서 산다.
- 손이 동하여 재를 생하면 처덕이 있고 재물을 얻는다.
- **현무가 목욕에 있으면 남녀가 일반적으로 주색에 빠진다.**

- 신(身)이 관과 같이 있으면 관재(官災)로 형벌을 받기 쉽다.
- 신(身)이 현무와 같이 있으면 도둑 무리가 된다.

- 신(身)이 관을 띠고 재가 동하여 일진과 더불어
  응효를 극하면 내가 남을 상하게 하지만
  세를 극하면 타인이 나를 상하게 한다.
  이때 손이 동하면 흉화가 길(吉)이 된다.
- 백호가 관을 띠어 교중(交重)하면 집안에 흉한 일이 있다.
  이때 손이 동하면 흉이 감소한다.

- 연월일이 세효를 극하고 동효도 세효를 극하면 재앙이 속출한다.
- 삼전이 세효를 극하면 한 달의 액이고, 일진이 세효를 극하면 수일
  간의 액이다.
- **일진이 세효를 극하는 것이 가장 무겁고, 다음으로 월, 그리고 태세의
  순서이다.**

- 세효나 신(身)이 절지에 놓여 공망이 되고,
  여기에 관이 있으면 사망할 수도 있다.

- 구진이나 현무에 있는 재가 상하면 여자에게 흉액이 있다.
- 백호가 관에 있는 청룡을 극하면 남편이 흉액이 있을 수 있다.

- **관이 없고 형과 재가 있으면 형이 재를 극하므로 처가 상(傷)하거나 손재한다.**

- 손이 관을 극제하면 길하지만,
  재가 관을 생하면 재화(災禍)가 생긴다.

- 백호 관이 동하여 육친을 극하면 해당 가족이 재앙을 입는다.

- 용신 또는 세효가 사절(死絕)을 만나고 일진이나 동효의 극을 받으면 본인이나 해당 육친에 흉액이 있을 수 있다.

- 일진 관이 귀인을 띠고 세효에 놓여 동하면 영전한다.
  그러나 형충파(刑沖破)가 되면 좌천한다.

- 재가 세효의 관을 생하면 길하다.
- 신(身)이 현무에 놓이면 도둑이다.

●재가 동하여 일진과 같이 응효를 극하면 내가 타인을 해치고,
  세를 극하면 남이 나를 해친다.
  그러나 손이 동하면 흉이 길로 변한다.

●세효가 백호 관에 놓여 있을 때 손이 동하면 길흉이 반반이다.
●년월일 삼전(三傳)이 세효를 극하면 재액(災厄)이 생긴다.
●세효와 신(身)이 절(絕)이 되고 공망되었을 때 관을 만나면 흉액이
  있을 수 있다.

●구진이 현무 재를 상(傷)하게 하면 여자에게 흉화(凶禍)가 있다.
●백호가 청룡 관을 극하면 남편에게 흉액이 있을 수 있다.

●세효가 왕상하고 일진이나 월령의 생부를 받으면서 동효의 생부를
  받으면 장수한다.
●세효가 회두생이 되면서 상하지 않으면 오래 산다.
●일월이 세효를 생하거나,
  귀인이 세효를 생하면 관록(官祿)을 얻는다.

●관이 지세하여 생을 받아 왕해지면 고관(高官)이 된다.
●관이 지세하면서 휴수되고 무기하면 질병이 끊이지 않고,
  유기하면 기술로 생업을 이으며 살아간다.

●재가 지세하여 왕하면 가업을 이어받지만,

형이나 관이나 부가 지세하면 기술로 살아간다.

- 형이 지세하면 처를 극하고, 재가 동하여 형이 되면 해로를 못한다.
- 재가 극을 받거나 퇴신이 되면 생이별을 한다.
- 형이 지세하고 재가 왕하면 부부간에 원수 보듯이 한다.

- 관이 부로 화(化)하고 세효를 극하면 소송에 휘말린다.
- 손이 왕하면 자식이 실(實)하고, 손이 쇠하면 자식이 어리석다.

- 손이 형으로 화(化)하면 자식이 불초(不肖)하다.
- 손이 쇠약하여 극을 받거나 휴수묘절(休囚墓絶) 또는 공파(空破)되
  면 자식이 없다.

- **부가 동하여 진신이 되면 공부를 잘한다.**
- 부가 동하여 관으로 변하면 귀(貴)하다.
- 부가 형으로 화(化)하면 재리(財利)를 탐하고
  부가 재로 화(化)하면 다병(多病)하다.
  부가 왕하면 부지런하고, 부가 쇠하면 게으르다.

- 육친이 木이면 인자하고, 火면 영리하고, 土면 비대하다.
  육친이 金이면 결백하고, 水면 총명하다.

- 세효와 응효가 상극이나 상충이 되면 두 사람 마음이 다르다.
- 응효가 세효를 극하면 타인의 꼬임에 빠진다.

- 응효가 공망 또는 월파되면 상대가 무능하다.
- 괘나 효가 반음이 되면 매사가 처음과 끝이 다르고 사업은 중간에 중단된다.

- **형이 세효에 놓이면 빚을 받지 못한다.**
- **응효에 형이 놓이면 상대가 돈이 없어 받으려 해도 못 받는다.**

- 응효가 관이어서 세효를 극하면 상대가 의를 져버린다.
- 응효가 세효를 생하면 상대방이 충성을 다한다.

- 부가 변해 재가 되면 재산을 매각한다.
- **동효의 재는 돈이 나가는 것이고, 변효의 재는 돈이 들어오는 것이다.**

- 상효가 동하거나 관이 동하면 조상의 귀신이 동하는 것이다.

- **근병은 육충괘가 되면 낫고, 육합괘가 되면 안 낫는다.**
- **구병은 육충괘가 되면 죽고, 육합괘가 되면 낫는다.**

- 용신이 관으로 변하거나 관이 용신으로 변하면 치료가 불가능하다.
- 용신이 기신으로 변하거나 기신이 용신으로 변하면 치료가 불가하다.

- 관효에 백호가 놓이면 병세가 급하다.
- 응효는 의사이고, 환자가 세효이다.

- 손효 방향은 의사와 인연이 있다.
- 재는 음식이고, 손은 약이다.
- 관효는 귀신이고, 질병이다.

- 木은 가루약, 火는 뜸, 土는 알약, 金은 침이나 주사, 수술,
  水는 물약으로 본다.

- **송사에서는 형은 사건, 손은 화해, 재는 돈, 관은 벌, 부는 고소로 본다.**

- 형은 화장실이나 웅덩이, 손은 창문이나 도둑 포획,
  재는 대청, 부엌, 창고, 관은 도둑, 사당, 정자, 부는 차, 배, 장롱,
  상자를 나타낸다.
- 질병에서 형은 감기, 손은 약, 재는 먹는 것으로 탈, 관은 구병(久
  病), 시체, 부는 상심이다.
- 천기에서 형은 바람과 구름, 손은 해와 달과 별, 재는 맑음, 관은 비
  와 눈, 부는 우설이나 서리로 본다.

- 관이 세효와 같이 있고 흉신을 만나면 질병과 관송시비에 시달린다.
- 관이 지세하고 천을귀인과 같은 길신을 만나면 귀하게 된다.

- 재가 사절되고 무기하면 재가 좋지 않다.
- 세효가 흉신의 충극을 받거나 동효의 극을 받으면 하천한 명이다.

- 손은 복덕이니, 손이 사절묘가 되거나 공망이 되면 자식복이 없다.
- 세효가 무력하고 타효에 파극되면 남에게 억눌려 산다.
- 손과 재가 같이 사절묘공(死絶墓空)되면 속세를 떠나 절로 간다.

- 손이 주작을 띠고 신(身)이나 세효에 임하여 응효와 상합하면 연예인이나 예술분야에서 출세한다.

- **외괘의 재가 동하면 나에게 도움이 없고, 내괘의 재가 동하면 타인이 돈을 보내준다.**

- 재가 휴수되어 있으면 재물의 소모가 많다.
- 관이 현무에 있고 외괘에 있으면 도둑이나 관재로 재물이 나간다.
- 신(身)에 겁살이 있으면 사기로 손재를 당하니 조심해야 한다.
- 형이 일진과 비화하면 재물을 모으기 어렵다.

- 亥子가 청룡을 띠고 재에 있으면 해외 또는 수산물로 큰 이익을 얻는다.
- 재가 동하여 절(絶)에 들어가면 재가 생왕하는 날 재를 득한다.

- 관이 현무를 띠고 동하면 세효를 극해도 도난당한다.
- **중년운은 재와 손을 본다.**

- 재와 손, 두 효가 왕상하고 동하여 신(身)을 생하거나 지세하고

일진이나 월령의 생부를 얻으면 중년에 공명을 얻는다.

● 손이 공망이나 묘절되거나 극을 받으면 좋지 않다.
● 손이 일진이나 월령, 동효의 생부를 받는 해에 자식을 얻는다.

● 말년의 운은 세효가 휴수되고 일진이나 월령 및 동효의 충극을 꺼린다.
● 손이 동하여 세효를 생하면 말년에 행복을 누린다.

● 재가 세효와 생합되고 충극이 없으면 부부간 화합이다.
● 손이 세효를 극해도 세효가 왕상하면 수명은 누리지만 불효자식이 있다.
● 손이 공망 또는 절(絶)이고 재가 무기하면 노년에 고독하다.
● 육효가 모두 충극파해 없이 서로 유정하여 상생상합하면 평생 가정이 화목하다.

● 세효를 생하는 원신이 충극이나 형해(刑害)되고,
  세효가 묘절이 되는 해에 흉액이 있을 수 있다.

● **세효와 응효가 상생상합하면 부부간에 화목하고,**
  세효와 응효가 충극이 되면 부부간에 불화한다.
● 세효가 백호나 등사와 같이 있고 왕한 형이 발동해서
  무기한 응효를 충하면 반드시 상처(喪妻)한다.

●손이 동하여 된 변효가 월파를 만나면 자식이 불초하다.

●형은 파재지신이고, 관은 재앙지신이고,
  현무는 도둑지신이고, 월파는 파괴지신이다.

●재가 동하면 부모를 상한다.
●부가 동하여 다시 부가 되어 세효와 생합하면 부모를 섬기게 된다.

●현무가 재에 있으면 아내가 부정(不貞)하다.
●현무와 재가 같이 동하여 응효와 상합을 이루면 아내가 다른 남자와
  정을 통한다.
●**청룡이 손에 있으면 자식이 선량하다.**
●**청룡에 있는 손이 재를 생해 주면 아내가 인자하고 덕이 있다.**

●관이 왕하면 남편덕이 있고, 관이 공망이 되면 해로하기 어렵다.
●관이 쇠약하면 남편이 선량하지 못하다.
●관이 신약하고 생부합 없이 구진, 등사에 있으면 남편이 어리석다.
●관이 청룡을 띠고 녹마나 귀인의 길신을 만나면 남편이 귀히 된다.

●손이 왕상하고 충극을 받지 않으면 자녀가 건강하게 자란다.
●손이 휴수되고 충극을 당하면 자녀가 질병, 쇠약, 단명하다.
●손이 지세하면 자식이 효도하고 자식 덕이 많다.

● 삼합국이 입묘되면 삼합의 작용을 못한다.

● 삼합 재국(財局)을 이루면 처첩이 붙어 안 떨어진다.

● **세효가 용신을 극하면 일이 이루어지지 않고,**
  용신이 세효를 극하면 일이 속히 이루어진다.

● 용신이 생왕할 때 합이 되면 성사되지 못한다.

● 용신이 휴수되었을 때 합이 되면 발전하고 성사된다.

● 일진과 합이 된 효는 충이 있어도 충으로 보지 않는다.

● 충된 효를 삼합국이 생하면 역시 충으로 보지 않는다.

● 내괘와 외괘가 삼합국을 이루면 내괘의 글자는 내편이고,
  외괘의 글자는 상대편이다.

● **삼합국이 되면 대체로 길하지만 관재나 옥살이 하는 자는 풀려나기 힘**
  들다.

● 부가 세효를 극하거나 손을 극하면,
  문서나 부모로 인해 본인이나 자손에게 해가 있다.

● 부가 손으로 변하거나 손이 부로 변하면,
  자손에게 근심이나 걱정이 있다.

● 형이 재로 변하거나 재가 형으로 변하면,

처첩이나 금전문제로 인한 근심이나 걱정이 있다.

- 재가 부로 변하거나 부가 재로 변하면,
  부모나 문서로 인한 근심이나 걱정이 있다.
- 관이 손으로 되거나 손이 관이 되면,
  직장이나 자손 또는 남편에게 근심이나 걱정이 있다.

- 청룡이 일진이나 월령에 있으면 좋은 일이 생긴다.
- 주작은 구설에 주의해야 한다.
- 구진은 하는 일이 미루어지고, 등사는 괴이한 일이 많다.
- 백호는 파재(破財)하고, 현무는 어두운 근심이 있다.

- **괘에 동효가 없어서 육효가 모두 안정되면,**
  일진과 용신을 기준으로 점친다.

- 일진이 용신을 극하면 추진하는 일이 뜻대로 잘 안 되니 근신하는
  것이 좋다.
  그리고 이때 세효와 응효가 기신에 놓이면 최악이다.

- 육효가 난동하면 일이 어지럽게 된다.
- 용신이 휴수되고 극을 받으면 고생만 하고 일의 성취가 없다.

- 괘신에 손이 놓이면 근심이나 흉사가 점차 길하게 된다.
- 부가 동하여 형을 생하면 재를 극하니 나쁘다.

- 관이 동하여 유용하게 쓰일 때 손이 강하면 나쁘다.
- 형이 동하여 손을 생할 때 관이 형을 극하면 좋지 않다.

- 손이 흥하면 관을 극하지만 부가 동하면 해소된다.
- 손이 흥할 때 형이 동하면 관이 손상된다.

- 부가 동하면 손이 손상되지만 형이 동하면 통관이 되어 해소된다.
- 부가 동할 때 또 관이 흥하면 손은 반드시 약해진다.

- 관이 흥하면 형을 극하지만, 이때 손이 동하면 형이 무사하다.
- 관이 흥할 때 재가 강하면 관이 더 강해져 형이 손상된다.
- 재가 동하면 관을 생하니 형을 극하게 된다.
- 손이 동하면 관이 극을 당하는데 다시 재가 동하면 통관이 되어 괜찮다.

- 재가 흥하면 부를 극하지만 형이 동하면 무방하다.
- 재가 흥할 때 손이 동하면 재가 왕해져서 부가 약해지게 된다.

- 손이 동하면 재를 생하지만 이때 부가 동하면 재를 생하기는 힘들다.
- 형이 동하면 재를 극하지만 만일 손이 동하면 통관이 되어 좋아진다. 이때 다시 손이 흥하면 관을 지키는 것이 힘들다.

- 신(身)이 공망되거나 형충이나 파절되면 나쁘니 움직이지 않는 것

이 좋다.

- 비신과 복신이 불화할 때는 용신인 복신을 도와주어야 한다.
- 복신이 비신을 극하면 하극상처럼 좋지 않고,
  비신이 복신을 극하면 복신이 손상된다.
- 복신이 비신을 생하면 복신이 설기되어 불리하고,
  비신이 복신을 생하면 득세하여 성사된다.

- **응효가 세효를 생하면 상대가 나를 돕고,**
- **응효가 세효를 극하면 상대가 나를 극한다.**

- 세효가 동하면 내 쪽에서 움직이고,
  응효가 동하면 상대가 먼저 움직인다.

- 응효가 일진을 충극하면 상대방에서 원하고,
  응효가 일진에게 충파를 당하면 상대가 해(害)를 입어 일의 진행이
  더디다.

- 세효가 일진, 월령 또는 동효와 합이 되면 귀인의 도움이 있다.
- 여자의 세효가 양효에 해당하면 남자 구실을 한다.

- 응효가 동하여 일진과 합되면 상대방의 일이 순조롭게 진행된다.
- 세효가 상효에 놓이면 현재 머리가 복잡한 일이 있다.

- 세효가 일진을 충하면 내 뜻으로 움직이는 것이다.
- 일진이 세효를 충하면 암동하여 내 뜻과 관계없이 움직이는 일이 있게 된다.

- **세효가 응효를 생하면 내가 상대방을 도와주고 있다.**
- **세효가 응효를 형극하면 내가 상대방을 극하는 것이다.**

- 세효가 공망이 되면 내가 무력하고 무심하다.
- 응효가 공망이 되면 상대가 무력하여 기대하는 일은 어렵다.

- 수괘에 있는 세효는 가장이나 가장 역할을 하며 자수성가한다.
- 응효가 입묘되면 상대가 추구하는 일은 기대하기 어렵다.

- 세효와 응효가 중복해서 나타나면 서로가 두 가지 마음을 가지고 있다.
- 세효와 응효가 모두 공망이 되면 상호간에 결정권이 없어 일의 진전이 없다.
- 세효와 응효가 공망이 되고 합하면 실속이 없는 헛된 약속이다.

- 세효와 응효가 생합되거나 비화되면 서로 화합하고 협조한다.
- 세효와 응효가 서로 상극하거나 상충하면 서로 불화한다.

- 세효와 응효가 상생하면 길하고 상극되면 흉하다.

- 세효와 응효가 비화되면 하는 일이 뜻대로 이루어진다.

- 응효가 동하면 타인이 움직인다는 뜻이니 상대방이 변심하고,
  응효가 공망이 되면 타인의 마음을 알기 어렵다.

- 세효가 공망이 되면 나의 마음이 사라지니 의욕이 없어진다.

- 공망된 효가 동하면 공망이 아니다.
- 정효가 공망이 되면 공망이 된다.

천금부(千金賦)

저자는 미상이지만 유백온으로 알려져 있기도 하다. 천금부(千金賦)라는 이름은 글의 짜임새가 부(賦)의 형태로 되어 있고, 육효점을 쳐서 길흉을 판단하는 것이 금 천냥의 가치만 하다는 데서 붙여졌다. 서설(序說)을 시작으로 인사(人事), 천시(天時), 연시(年時), 국조(國朝), 정전(征戰), 구재, 질병(疾病), 병체(病體), 의약(醫藥) 등의 순서로 되어 있다.

動靜陰陽　反覆遷變　雖萬象之粉紜　須一理而融貫
동정음양　반복천변　수만상지분운　수일이이융관

동정이나 음양은 반복적으로 변천하고 있어서 비록 수많은 것들이 시끄럽고 복잡한 것 같지만 결국은 하나의 이치를 따르고 있다.

夫人有賢愚不肖之殊　卦有過不及之異
부인유현우불초지수　괘유과불급지이

사람에게 현명하고 어리석음이 있듯이, 괘에도 모자라는 것과 넘치는 것이 있다.

太過者損之斯成 不及資益之卽利
태 과 자 손 지 사 성　불 급 자 익 지 즉 리

태과하면 덜어내야 이루어지고, 불급하면 보태주어야 이롭다.

生扶拱合 時雨滋苗
생 부 공 합　시 우 자 묘

생부와 공합은 때맞춰 내리는 비가 새싹을 자양하는 것과 같고,

剋害刑沖 秋霜殺草
극 해 형 충　추 상 살 초

극해와 형충은 가을의 찬 서리가 초목을 죽이는 것과 같다.

長生帝王 爭如金谷之園
장 생 제 왕　쟁 여 금 곡 지 원

장생, 제왕은 금곡지원에서 꽃이 다투어 피는 것과 같고,

死墓絶空 乃是泥犂之地
사 묘 절 공　내 시 이 리 지 지

사묘절과 공망은 지옥의 땅과 같다.

日辰爲六爻之主宰 喜其滅項以興劉
일 진 위 육 효 지 주 재　희 기 멸 항 이 안 유

일진은 육효의 주재자이니 일진으로 망하고 흥함을 판단할 수 있다〔항
우와 유방의 흥망〕.

月建乃萬卦之提綱 豈可助桀而爲虐
월 건 내 만 괘 지 제 강　기 가 조 걸 이 위 학

월령은 만괘의 제강이니 어찌 흉한 자를 도우면 되겠는가〔폭군 걸왕〕?

最惡者歲君 宜靜而不宜動
최 악 자 세 군　의 정 이 불 의 동

가장 불길한 것은 세군이니, 정(靜)한 것이 좋고 동(動)하면 좋지 않다.

最要者身位 喜扶而不喜傷
최요자신위　희부이불희상

가장 중요한 것은 신위(身位)이니, 도우면 기쁘고 해치면 나쁘다.

世位己 應爲人 大宜契合,
세위기　응위인　대의계합

세효는 자신이요 응효는 타인이니 세응이 합을 맺으면 좋고,

動爲始 變爲終 最怕交爭
동위시　변위종　최파교쟁

동(動)은 시작이고 변(變)은 결과이니, 서로 다투면 가장 나쁘다.

應爲遭傷 不利他人之事,
응위조상　불리타인지사

응효가 해를 입으면 타인의 일이 불리해지고,

世爻受制 豈宜自己之謀
세효수제　기의자기지모

세효가 억제를 받으면 어찌 하는 일을 도모할 수 있겠는가?

世應俱空 人無准實
세응구공　인무준실

세응이 함께 공망이 되면 실속이 없고 서로 진실함이 없다.

內外競發 事必翻騰
내외경발　사필번등

내외괘가 경쟁하듯이 동하면 뜻하는 일이 번거롭고,

世或交重　兩目顧瞻於馬首
세 혹 교 중　양 목 고 첨 어 마 수

세효가 교중되면 두리번거리는 말머리처럼 생각이 흔들린다.

應如發動　一心似托於猿攀
응 여 발 동　일 심 사 탁 어 원 반

또 응효가 발동하면 나뭇가지 위의 원숭이처럼 항상 마음이 흔들린다.

用神有氣無他故　所作皆成
용 신 유 기 무 타 고　소 작 개 성

용신이 유기하고 다른 형충파해 등이 없으면 도모하는 일이 모두 성사
된다.

主象徒存更被傷　凡謀不遂
주 상 도 존 갱 피 상　범 모 불 수

용신이 있어도 상해(傷害)를 당하면 도모하는 일을 이루지 못한다.

有傷須救
유 상 수 구

상함이 있으면 반드시 구제를 해야 한다.

無故勿空　空逢沖而有用
무 고 물 공　공 봉 충 이 유 용

형충파해나 공망 등이 없어야 하지만, 공망은 충을 만나면 유용해진다.

合遭破以無功
합 조 파 이 무 공

합된 글자가 파(破)를 만나면 그 공(功)이 없어진다.

自空化空　必成凶咎
자 공 화 공　필 성 흉 구

공망이 동하여 또 공망이 되면 반드시 흉하게 된다.

刑合克合　終見乖淫
형합극합　종견괴음

형합이나 극합은 결국 어그러지게 된다.

動値合而絆住
동치합이반주

동효가 합이 되면 묶여 주저앉는다.

靜得衝而暗興
정득충이암흥

정효가 충이 되면 암동한다.

入墓難剋　帶旺匪空
입묘난극　대왕비공

입묘된 글자는 극하기가 어렵고, 왕하면 공망이 아니다.

有助有扶　衰弱休囚亦吉
유조유부　쇠약휴수역길

부조를 받으면 쇠약하거나 휴수되어도 길하다.

貪生貪合　刑沖克害皆忘
탐생탐합　형충극해개망

탐생이나 탐합이 되면 형충극해는 모두 잊게 된다.

別衰旺以明剋合　辨動靜以定刑沖
별쇠왕이명극합　변동정이정형충

쇠왕으로 극합이 분명해지고,

동정으로 형충이 정해진다.

併不併 沖不沖 因多字眼
병불병 충불충 인다자안

합이 합이 안 되고 충이 충이 안 되는 것은 같은 글자가 많기 때문이다.

刑非刑 合非合 爲少支神
형비형 합비합 위소지신

형이 형이 아니고 합이 합이 아닌 것은 역할이 작아지기 때문이다.

爻遇令星 勿難我害
효우영성 물난아해

효가 월령을 만나면 동효라도 그 효를 극해하기 어렵다.

伏居空地 事與心違
복거공지 사여심위

복신이 공망이 되면 일이 뜻대로 되지 않는다.

伏無提拔終徒爾 飛不推開亦枉然
복무제발종도이 비불추개역왕연

복신은 꺼내지 못하면 헛될 뿐이니, 비신이 열어주지 못하면 쓸모가 없다.

空下伏神 易於引發
공하복신 이어인발

공망된 비신 아래에 숨어 있는 복신은 쉽게 빼내어 쓸 수 있다.

制中弱主 難以維持
제중약주 난이유지

극제되고 약하다면 유지되기 어렵다.

日傷爻眞罹其禍 爻傷日徒受其名
일상효진이기화 효상일도수기명

일진이 효를 상하게 하면 진실로 그 화가 두렵고, 효가 일진을 상해할 수는 없다.

墓中人不沖不發
묘 중 인 불 충 불 발

묘(墓)에 들어 있는 용신은 충개(沖開)되지 않으면 쓸 수 없다.

身上鬼不去不安
신 상 귀 불 거 불 안

세효에 관이 임하였을 때는 제거하지 않으면 마음이 불안하다.

德入卦而無謀不遂
덕 입 괘 이 무 모 불 수

덕(손효)이 괘에 있으면 이루어지지 않는 일이 없고,

忌臨身而多阻無成
기 임 신 이 다 조 무 성

기신이 세효에 있으면 일에 막힘이 많고 이루어지는 것이 없다.

卦遇凶成 避之則吉
괘 우 흉 성 피 지 즉 길

괘가 흉성을 만나도 피할 수 있으면 길하다.

爻逢忌殺 敵之無傷
효 봉 기 살 적 지 무 상

효가 기신이나 살을 만나도 대적할 수 있다면 상해를 입지 않는다.

主象休囚 怕見刑沖克害 用爻變動 忌遭死墓絶空
주 상 휴 수 파 견 형 충 극 해 용 효 변 동 기 조 사 묘 절 공

용신이 휴수되었을 때 형충극해되면 두렵고,

용신이 동하여 변효에서 사묘절공 되는 것도 꺼린다.

用化用有用無用
용 화 용 유 용 무 용

용신이 변해 용신으로 화하면 유용한 경우도 있고 무용한 경우도 있다.

空化空雖空不空
공 화 공 수 공 불 공

공망이 변해 공망으로 화하면 비록 공망이지만 공망이 아닌 경우도 있다.

養主狐疑　墓多暗昧
양 주 호 의　묘 다 암 매

12운성 양(養)에 해당하면 여우처럼 의심이 많고, 입묘가 되면 앞이 캄

캄하고,

化病兮傷損　化胎兮勾軟
화 병 혜 상 손　화 태 혜 구 연

변해서 병(病)이 되면 손상을 입고, 변해서 태(胎)가 되면 일이 지연된다.

凶化長生　熾而未散
흉 화 장 생　치 이 미 산

흉신이 장생(長生)으로 변하면 나쁜 일이 흩어지지 않고,

吉連沐浴　敗而不成
길 연 목 욕　패 이 불 성

길신이 목욕(沐浴)에 해당하면 패하여 성사되기 어렵다.

戒回頭之剋我
계 회 두 지 극 아

회두극이 되어 나를 극하는 것을 경계해야 하고,

勿反德而扶人
물 반 덕 이 부 인

나를 도와주는 덕은 배반하면 안 된다.

惡曜孤寒　怕日辰之幷起
악 요 고 한　파 일 진 지 병 기

기신이 휴수하거나 무기하여도 일진의 힘을 받아 힘이 생기면 두렵다.

用爻重疊　喜墓庫之收藏
용 효 중 첩　희 묘 고 지 수 장

용신이 중첩될 때는 묘고에 수장되는 것을 기뻐한다.

事阻隔兮間發　心退悔兮世空
사 조 격 혜 간 발　심 퇴 회 혜 세 공

일에 막힘이 있는 것은 간효(間爻)가 동하기 때문이고,

마음이 후회하고 흔들리는 것은 세효가 공망되기 때문이다.

卦爻發動　須看交重
괘 효 발 동　수 간 교 중

괘에서 효가 발동하면 반드시 교중을 살펴야 하고,

動變比和　當明進退
동 변 비 화　당 명 진 퇴

동효가 비화로 변할 때는 진신과 퇴신을 밝혀야 한다.

殺生身莫將吉斷　用尅世勿作凶看
살 생 신 막 장 길 단　용 극 세 물 작 흉 간

살이 나를 생한다고 길로 판단하면 안 되고, 용신이 세효를 극한다고 흉

으로 보아서도 안 된다.

蓋生中有刑害之兩防　而合處有剋傷之一廬
개 생 중 유 형 해 지 양 방　이 합 처 유 극 상 지 일 려

대개 생하는 것 중에도 형해(刑害)가 되어 나빠질 수 있고,

합하는 것 중에도 극상(剋傷)이 되어 나빠질 수 있다.

刑害不宜臨用　死絶豈何扶身
형 해 불 의 임 용　사 절 기 가 부 신

형해(刑害)가 용신에 있으면 마땅치 않고,

사절(死絶)이 세효에 놓이면 어찌 옳다 하겠는가?

動逢沖而事散
동 봉 충 이 사 산

동하고 충을 만나면 일을 이룰 수 없다.

絶逢生而事成
절 봉 생 이 사 성

절(絶)에 처한 글자라도 생을 만나면 뜻하는 일을 이룰 수 있다.

如逢合住　須沖破以成功
여 봉 합 주　수 충 파 이 성 공

용신이 합이 되어 있을 때는 충파를 만나야 일이 성공하고,

若遇休囚　必生旺而成事
약 우 휴 수　필 생 왕 이 성 사

용신이 휴수되면 반드시 생왕한 시기에 성사된다.

速則動而剋世　緩則靜而生身
속 즉 동 이 극 세　완 즉 정 이 생 신

일이 속히 이루어지려면 용신이 동하여 세효를 극해야 하고,

일이 늦게 이루어지는 이유는 용신이 정(靜)하여 신(身)을 생하기 때문
이다.

父亡而事無頭緒 福隱而事不稱情
부 망 이 사 무 두 서 복 은 이 사 불 칭 정

부효가 공망이 되면 일에 두서가 없고,

손이 은복되면 일이 뜻대로 풀리지 않는다.

鬼雖災禍 伏猶無氣
귀 수 재 화 복 유 무 기

관살은 비록 재화(災禍)를 부르지만 은복되면 두렵지 않고,

子雖福德 多反無功
자 수 복 덕 다 반 무 공

자손이 복덕이라지만 너무 많으면 반대로 공(功)이 없다.

究父母推爲體統 論官鬼斷作禍殃
구 부 모 추 위 체 통 논 관 귀 단 작 화 앙

부모효로 체통을 추리하고, 관귀로 재앙의 유무를 판단한다.

財爲祿神 子爲福德 兄弟交重 必至謀爲多阻滯
재 위 록 신 자 위 복 덕 형 제 교 중 필 지 모 위 다 조 체

재(財)는 록신이고, 자손은 복덕이며,

형제가 교중하면 필히 도모하는 일에 막힘이 많다.

卦身重疊 須知事體兩交關
괘 신 중 첩 수 지 사 체 양 교 관

괘신이 중첩되면 일이 두 갈래로 엇갈려 종잡을 수 없고,

虎興而遇吉神 不害其爲吉
호흥이우길신 불해기위길

백호가 흉하지만 동하여 길신을 만나면 해(害)가 없어져서 길하다.

龍動而逢凶 曜難掩其爲凶
용동이봉흉 요난엄기위흉

청룡이 길하지만 동하여 흉신을 만나면 어려움을 막지 못하니 흉하고,

玄武主盜賊之事 亦必官爻
현무주도적지사 역필관효

현무는 도적의 일을 주재하는데 관효를 만났을 때는 틀림없다.

朱雀本是口舌之神 然須兄弟
주작본시구설지신 연수형제

주작은 본래 구설의 신인데 모름지기 형효에 임했을 때 더욱 그렇다.

疾病大宜天喜 若臨凶殺必生非
질병대의천희 약임흉살필생비

질병에는 천희(天喜)를 기뻐하지만

만일 흉살이 겹치면 반드시 슬픈 일이 생긴다.

出行最怕往亡 如係吉神終獲利
출행최파왕망 여계길신종획리

출행에 가장 두려운 것은 왕망살(往亡殺)이지만, 길신과 함께 하면 결국
이롭다.

월	寅	卯	辰	巳	午	未	申	酉	戌	亥	子	丑
왕망살	巳	申	亥	卯	午	酉	子	辰	辰	未	戌	丑
천희	未	午	巳	辰	卯	寅	丑	子	戌	亥	酉	申

是故吉凶神煞之多端 何如生剋制化之一理也
시 고 길 흉 신 살 지 다 단　하 여 생 극 제 화 지 일 리 야

이렇게 길흉과 신살의 작용이 많은데 어찌 생극제화 한 이치만 적용할

수 있겠는가?

嗚呼卜易者知前則易
오 호 복 역 자 지 전 즉 이

오호! 점을 치는 자는 미래를 아는 것이 쉬울 것이고,

求占者監後則靈
구 점 자 감 후 즉 령

점을 구하는 자는 뒤를 살피면 영험(靈驗)할 것이니,

筮必誠心　何妨子日
서 필 성 심　하 방 자 일

점치는 자가 반드시 성심을 다한다면 子日〔흉한 날〕이라고 해서 무엇이

문제가 되겠는가?

하지장(何知章) : 60문답(六十問答)

1. 何知人家父母疾　白虎臨爻兼刑剋
하 지 인 가 부 모 질　백 호 임 효 겸 형 극

부모가 질병이 있는 것을 어찌 알 수 있는가?

백호가 부에 임하고, 월령, 일진 또는 동효에게 형극을 당할 때이다.

			풍택중부 ⇐ 산택손		간토(艮土)궁		
등사		I	官寅	I	應		
구진	父巳	I	財子	✗	命		酉월
주작		II	兄戌	II			辛亥일
청룡		II	兄丑	II	世	孫申	공망 寅卯
현무		I	官卯	I	身		
백호		I	父巳	I			

- 부모는 부가 용신이니 초효에 있는 巳火이다.

- 5효에 있는 재가 동하였다.

- 5효의 재는 월에서 생을 받고 일과 비화되어 힘이 있다.

- 재는 부를 극하니 초효에 있는 부가 극을 당한다.

- 초효의 부는 일에게 충을 당하고 월에 휴수되고 있다.

- 부모에게 질병이 있다.

2. 何知人家父母殃 財爻發動煞神傷
하 지 인 가 부 모 앙 재 효 발 동 살 신 상

부모에게 재앙이 있는 것을 어찌 아는가?

재가 동하여 부를 극하고, 살신(煞神)들이 부를 상해하기 때문이다.

3. 何知人家有子孫 青龍德福爻中輪
하 지 인 가 유 자 손 청 용 덕 복 효 중 수

자손이 있는 것을 어찌 아는가?

청룡이 복덕효(손효)에 있는 것을 보고 알 수 있다.

			⇐ 감위수	감수(坎水)궁			
현무			兄子	‖	世		
백호			官戌	︱			寅월
등사			父申	‖	命		甲子일
구진			財午	‖	應		공망 戌亥
주작			官辰	︱			
청룡			孫寅	‖	身		

- 동효는 없다.

- 자식은 손이 용신이니 초효에 있는 寅木이다.

- 寅木은 월에서 비화되고 일의 생을 받고 있다.

- 초효 손에 청룡이 임하여 자식이 건왕하다.

4. 何知人家無子孫 六爻不見福神臨
하 지 인 가 무 자 손 육 효 불 견 복 신 임

자손이 없는 것을 어찌 아는가?

육효 내에 福神(손효)이 없는 것을 보고 알 수 있다.

			← 수풍정	진목(震木)궁			
백호			父子	‖			
등사			財戌	∣	身世		丑월
구진			官申	‖		孫午	癸酉일
주작			官酉	∣			공망 戌亥
청룡			父亥	∣	命應	兄寅	
현무			財丑	‖			

● 자손은 손이 용신이다.

● 동효는 없다.

● 용신 손은 4효에 복신으로 있는 午火이다.

● 복신은 월일에서 휴수되고 있다.

● 복신은 4효의 비신 申金에게도 휴수된다.

● 자식인 손이 복신으로 힘이 없어 자식이 없었다.

5. 何知人家子孫疾　父母爻動來相剋
하 지 인 가 자 손 질　부 모 효 동 래 상 극

아이가 아픈 것을 어찌 아는가?

부효가 동하여 자손을 극하는 것을 보고 알 수 있다.

		지수사 ←	곤위지	곤토(坤土)궁		
현무		‖	孫酉	‖	世	
백호		‖	財亥	‖		未월
등사		‖	兄丑	‖	身	乙卯일
구진		‖	官卯	‖	應	공망 子丑
주작	兄辰	Ⅰ	父巳	✕		
청룡		‖	兄未	‖	命	

● 자식에 관한 것은 손이 용신이니 상효에 있는 酉金이 용신이다.

● 酉金은 월에서 생을 받으나 일에서 충을 당하고 있다.

● 2효가 동하여 용신 손효를 극하니 자식에게 질병이 있다.

● 부효가 동하면 손효를 극한다.

6. 何知人家子孫災　白虎當臨福德來
하 지 인 가 자 손 재　백 호 당 임 복 덕 래

아이에게 재앙이 있는 것을 어찌 아는가?

백호가 자손(손효)에 있는 것을 보고 알 수 있다.

7. 何知人家小兒死 子孫空亡加白虎

하 지 인 가 소 아 사   자 손 공 망 가 백 호

아이가 죽은 것을 어찌 아는가?

손효가 공망이고 여기에 백호가 겹쳐 있기 때문이다.

		뢰산소과 ⇐ 지산겸		태금(台金)궁		
현무		‖ 兄酉	‖	身		
백호		‖ 孫亥	‖	世		寅월
등사	官午 丨	父丑	✗			乙丑일
구진	丨	兄申	丨	命		공망 戊亥
주작	‖	官午	‖	應	財卯	
청룡	‖	父辰	‖			

- 아이는 손이 용신이다.

- 용신은 5효에 있는 亥水인데 현재 공망이면서 백호에 임하고 있다.

- 용신은 월에서 합이 되고 일에게 극을 당한다.

- 4효도 동하여 회두생되며 용신을 극한다.

- 죽은 자식이 있다.

8. 何知人家兄弟亡 用神空亡白虎傷

하 지 인 가 형 제 망   용 신 공 망 백 호 상

집에 형제가 죽은 것을 어찌 아는가?

형효가 공망 되고 백호에게 상하고 있기 때문이다.

9. 何知人家妻有災 虎臨兄弟動傷財

하 지 인 가 처 유 재   호 임 형 제 동 상 재

집 부인에게 재앙이 있는 것을 어찌 아는가?

형제에 백호가 임하고 동하여 재를 상하기 때문이다.

10. 何知人家妻有孕 靑龍財臨天喜神
하 지 인 가 처 유 잉   청 용 재 임 천 희 신

그의 아내가 잉태하였는지 어찌 아는가?

재에 청룡과 천희신이 붙어 있는 것을 보고 알 수 있다.

월	1월	2월	3월	4월	5월	6월	7월	8월	9월	10월	11월	12월
천희신	未	午	巳	辰	卯	寅	丑	子	戌	亥	酉	申

		수지비 ⇐ 택지췌		태금(兌金)궁		
등사		‖ 父未	‖	身		
구진		╎ 兄酉	╎	應		午월
주작	兄申	‖ 孫亥	✗			庚子일
청룡		‖ 財卯	‖	命		공망 辰巳
현무		‖ 官巳	‖	世		
백호		‖ 父未	‖			

- 처에 관한 일은 재가 용신이니 3효에 있는 卯木이 용신이다.

- 용신은 월에서 휴수되지만 일에서 생을 받고 있다.

- 4효가 동하여 회두생되며 용신을 생하니 용신은 건왕하다.

- 용신에 청룡과 천희신이 임하니 임신하였다.

11. 何知人家有妻妾　內外兩財旺相決
하 지 인 가 유 처 첩　내 외 양 재 왕 상 결

그에게 처첩이 있는 것을 어찌 아는가?

재가 내괘에도 있고 외괘에도 있으면서 월일의 생부를 받아 왕상해질 경우
이다.

			← 풍지관	건금(乾金)궁			
현무			財卯	I			
백호			官巳	I	命	兄申	卯월
등사			父未	II	世		甲子일
구진			財卯	II			공망 戌亥
주작			官巳	II	身		
청룡			父未	II	應	孫子	

● 처첩에 관한 것은 재가 용신이다.

● 재는 내괘와 외괘에 있는 卯木이다.

● 용신 월과 비화되고 일에서 생을 받아 건왕하다.

● 동효는 없다.

● 내괘의 재를 처로 보고, 외괘의 재는 첩으로 본다.

12. 何知人家損妻房 財爻帶鬼落空亡
하 지 인 가 손 처 방   재 효 대 위 낙 공 망

그의 처가 사망한 것을 어찌 아는가?

재가 관귀를 띠고 공망이 되었을 경우이다.

			⇐ 태위택	태금(兌金)궁			
구진			父未	‖	世		
주작			兄酉	I	命		午월
청룡			孫亥	I			己酉일
현무			父丑	‖	應		공망 寅卯
백호			財卯	I	身		
등사			官巳	I			

- 처에 관한 것은 재가 용신이다.

- 2효에 있는 卯木이 용신인데 공망이다.

- 용신은 월에서 휴수되고 일에서 충을 맞고 있다.

- 용신에 백호가 걸려 돕는 것은 없고 모두 흉하다.

- 처가 위급하다.

13. 何知人家訟事休 空亡官鬼又休囚
하 지 인 가 송 사 휴 공 망 관 귀 우 휴 수

집에 송사가 끝났음을 어찌 아는가?

관귀가 공망되고, 또 월일에서 휴수되었을 경우이다.

			화풍정 ⇐ 화천대유		건금(乾金)궁		
주작		I	官巳	I	應		
청룡		II	父未	II	身		未월
현무		I	兄酉	I			戊戌일
백호		I	父辰	I	世		공망 辰巳
등사		I	財寅	I	命		
구진	父丑	II	孫子	✗			

● 송사는 관효가 용신이니 상효의 巳火이다.

● 巳火는 월일에서 휴수되고 있다.

● 초효가 동하여 용신을 극하니 관은 힘이 없다.

● 송사는 끝이 날 것이다.

14. 何知人家訟事多 雀虎持世鬼來扶
하 지 인 가 송 사 다　작 호 지 세 귀 래 부

집에 송사가 많은 것을 어찌 아는가?

세효에 주작이나 백호가 있는 상태에서 관귀가 있을 경우이다.

			⇐ 천산둔	건금(乾金)궁			
구진			父戌	I			
주작			兄申	I	應		丑월
청룡			官午	I	命		己巳일
현무			兄申	I			공망 戌亥
백호			官午	II	世	財寅	
등사			父辰	II	身	孫子	

- 송사는 관효가 용신이다.

- 동효는 없다.

- 2효 관효가 백호에 있고 지세하고 있다.

- 용신 관은 일에서 비화되고 월에서 휴수된다.

- 관이 지세하고 관귀가 백호와 함께 하면 외부의 공격이 많다.

- 송사에 시달렸다.

15. 何知人家旺六丁 六親有氣吉神臨
하 지 인 가 왕 육 정　육 친 유 기 길 신 임

집에 머슴(종업원)이 많은 것을 어찌 아는가?

육친이 유기하고 길신이 함께 있을 경우이다.

16. 何知人家辰人口　青龍得位臨財守
　　　하 지 인 가 진 인 구　청 용 득 위 임 재 수

집에 식구가 늘어난 것을 어찌 아는가?

청룡이 득위하고 재가 있는 것을 보고 알 수 있다.

17. 何知人家大豪富　財爻旺相又居庫
　　　하 지 인 가 대 호 부　재 효 왕 상 우 거 고

그가 대부호인지 어찌 알 수 있는가?

재가 왕상하면서 재고(財庫)에 있을 경우이다.

18. 何知人家田地增　勾陳入土子孫臨
　　　하 지 인 가 전 지 증　구 진 입 토 자 손 임

집에 논밭이 늘어난 것을 어찌 아는가?

구진이 土에 붙어 손에 임했을 경우이다.

			⇐ 화산려	이화(離火)궁			
주작			兄巳	I			
청룡			孫未	II	身		丑월
현무			財酉	I	應		戊辰일
백호			財申	I		官亥	공망 戊亥
등사			兄午	II	命		
구진			孫辰	II	世	父卯	

● 토지가 늘어날까?

● 구진, 등사가 토지와 관련이 있다.

● 구진, 등사가 辰戌丑未에 속하고 손에 임하면 토지가 늘어난다.

● 초효에 있는 손이 구진에 임하고 辰土이니 긍정적이다.

● 초효의 辰土는 월일에서 비화되니 토지가 늘어날 것이다.

19. 何知人家進産業 青龍臨財旺相說
하 지 인 가 진 산 업   청 용 임 재 왕 상 열

집에 산업(사업)이 흥하는 것을 어찌 아는가?

왕한 재에 청룡이 임한 것을 보고 알 수 있다.

				⟸ 수풍정	진목(震木)궁			
현무				父子	‖			
백호				財戌	l	身世		巳월
등사				官申	‖		孫午	甲午일
구진				官酉	l			공망 辰巳
주작				父亥	l	命應	兄寅	
청룡				財丑	‖			

- 사업이 잘 될까?

- 사업은 돈에 관련된 것이니 재가 용신이다.

- 재는 초효에 있는 丑土와 5효에 있는 戌土이다.

- 용신은 월일에서 생을 받고 있으나 巳火는 공망이다.

- 용신이 일에서 생을 받아 왕하니 출공이 되는 申월 또는 늦어도 亥월부터
  는 번창할 것이다.

20. 何知人家得外財　外卦龍臨財福來
하 지 인 가 득 외 재　외 괘 용 임 재 복 래

그에게 집 밖에 재물이 들어오는 것을 어찌 아는가?

외괘의 왕한 청룡이 재에 임하고 천희신이 있음을 보고 알 수 있다.

			⇐ 풍화가인		손목(巽木)궁		
구진			兄卯	I			
주작			孫巳	I	命 應		未월
청룡			財未	II			己巳일
현무			父亥	I		官酉	공망 戌亥
백호			財丑	II	身 世		
등사			兄卯	I			

● 집에 재물이 들어올까?

● 재물은 재가 용신이니 두 개의 재가 있다.

● 동효는 없다.

● 재가 월일에서 비화되고 생을 받으니 왕하다.

● 4효에서 청룡이 재에 임하고 원신인 巳火도 일에서 힘을 받는다.

● 재물이 들어올 것이다.

21. 何知人家喜事臨　青龍福德財門庭
하 지 인 가 희 사 임　청 용 복 덕 재 문 정

집에 기쁜 일이 있음을 어찌 아는가?

청룡이 손(복덕)에 있으면서 재로 이어지기 때문이다.

			⇐ 수뢰둔	감수(坎水)궁			
백호			兄子	‖	命		
등사			官戌	┃	應		子월
구진			父申	‖			壬寅일
주작			官辰	‖	身	財午	공망 辰巳
청룡			孫寅	‖	世		
현무			財子	┃			

- 집안에 경사가 있을까?

- 집안은 내괘를 보고 경사는 손이 청룡에 임했을 경우에 일어난다.

- 2효에 있는 손이 청룡에 임했다.

- 손은 월에서 생을 받고 일에서 비화되고 있다.

- 좋은 일이 있을 것이다.

22. 何知人家富貴昌　强財旺福靑龍上
하 지 인 가 부 귀 창　강 재 왕 복 청 용 상

부귀 번창함을 어찌 아는가?

강한 재와 왕한 손에 청룡이 있을 경우이다.

		⇐ 지뢰복	곤토(坤土)궁			
현무		孫酉	‖			
백호		財亥	‖			卯월
등사		兄丑	‖	命應		甲子일
구진		兄辰	‖			공망 戊亥
주작		官寅	‖		父巳	
청룡		財子	∣	身世		

- 집안이 부귀할까?

- 재는 초효와 5효에 있는 亥子水이다.

- 亥水는 현재 공망이다.

- 재는 월에서 휴수되지만 일에서 비화되고 있다.

- 초효의 재가 청룡에 임하니 재를 취함에 있어 긍정적이다.

23. 何知人家多貧賤 財爻帶耗休囚見
하 지 인 가 다 빈 천　재 효 대 모 휴 수 견

집이 빈천함을 어찌 아는가?

재가 년에게 충극을 받고 월일에서 휴수되었을 경우이다.

			⇐ 건위천	건금(乾金)궁			
구진			父戌	∣	世		
주작			兄申	∣	身		申월
청룡			官午	∣			己酉일
현무			父辰	∣	應		공망 寅卯
백호			財寅	∣	命		
등사			孫子	∣			

● 빈천은 돈이 없다는 것이니 재를 용신으로 본다.

● 재가 생부를 받지 못하고 휴수나 공파묘절되면 빈천하다.

● 2효에 있는 寅木은 월일에서 충극을 당하고 있다.

● 더구나 재는 현재 공망이다.

● 재가 백호에 임해 재하고 거리가 멀어 빈천했다.

24. 何知人家無依寄 卦中福德落空死
하 지 인 가 무 의 기　괘 중 복 덕 낙 공 사

집에 의지 할 자손 없는 것을 어찌 아는가?

괘 중에 손이 공망이거나 사(死)에 처할 경우이다.

			← 택산함	태금(兌金)궁			
주작			父未	‖	命 應		
청룡			兄酉	I			卯월
현무			孫亥	I			戌辰일
백호			兄申	I	身 世		공망 戌亥
등사			官午	‖		財卯	
구진			父辰	‖			

- 의탁할 자식이 없다.
- 자식은 손이 용신이니 4효에 있는 亥水이다.
- 亥水는 현재 공망이고 월일에서 휴수되고 입묘되고 있다.
- 손이 현무에 임해 자식이 캄캄하다.

25. 何知人家竈破損 玄武帶鬼二爻悃
하 지 인 가 조 파 손　현 무 대 귀 이 효 곤

집에 부엌이 파손됨을 어찌 아는가?

현무가 2효(부엌효)에서 관귀를 대하고 있기 때문이다.

26. 何知人家鍋破漏 玄武入水鬼來就
하 지 인 가 과 파 루　현 무 입 수 귀 래 취

집의 냄비가 새는 것을 어찌 아는가?

현무가 亥子水 관귀에 붙어 있음을 보고 알 수 있다.

27. 何知人家屋宇新　父入青龍旺相眞
하 지 인 가 옥 우 신　부 입 청 용 왕 상 진

집을 신축하는 것을 어찌 아는가?

왕상한 부가 청룡에 임했을 경우이다.

28. 何知人家屋宇敗　父入白虎休囚壞
하 지 인 가 옥 우 패　부 입 백 호 휴 수 괴

집이 파괴됨을 어찌 아는가?

휴수된 부에 백호가 붙어 있는 경우이다.

29. 何知人家墓有風　白虎空亡變巳攻
하 지 인 가 묘 유 풍　백 호 공 망 변 사 공

조상의 묘에 바람이 들었음을 어찌 아는가?

공망된 백호가 巳를 공격하는 것을 보고 알 수 있다.

30. 何知人家墓有水　白虎空亡臨亥子
하 지 인 가 묘 유 수　백 호 공 망 임 해 자

조상 묘에 물이 든 것을 어찌 아는가?

백호가 공망이면서 亥子水에 임하고 있을 경우이다.

31. 何知人家無香火　卦中六爻不見火
하 지 인 가 무 향 화　괘 중 육 효 불 견 화

집안에서 제사 지내지 않음을 어찌 아는가?

괘 중에 火가 없는 것을 보고 알 수 있다.

32. 何知人家無風水　卦中六爻不見水
하 지 인 가 무 풍 수　괘 중 육 효 불 견 수

조상 묘에 바람과 물이 없는 것을 어찌 아는가?

괘 중에 水가 없을 경우이다.

33. 何知人家兩竈戶 卦中必主兩重火
하 지 인 가 양 조 호　괘 중 필 주 양 중 화

집에 부엌이 두 개 있는 것을 어찌 아는가?

괘 중에 火가 중첩되어 있는 것을 보고 알 수 있다.

34. 何知人家不供佛 金鬼爻落空亡決
하 지 인 가 불 공 불　금 귀 효 낙 공 망 결

집안에서 불공을 올리지 않는 것을 어찌 아는가?

金 관귀가 휴수되고 공망된 것을 보고 알 수 있다.

35. 何知二姓共屋居 兩鬼旺相卦中推
하 지 이 성 공 옥 거　양 귀 왕 상 괘 중 추

집에 성이 다른 두 성씨가 같이 살고 있는 것을 어찌 아는가?

왕상한 관귀가 둘 이상 있는 것을 보고 알 수 있다.

36. 何知一家有兩姓 兩重父母卦中臨
하 지 일 가 유 양 성　양 중 부 모 괘 중 임

집에 두 세대가 사는 것을 어찌 아는가?

두 개의 중한 부가 겹쳐 있는 것을 보고 알 수 있다.

37. 何知人家鷄亂啼 螣蛇入酉不須疑
하 지 인 가 계 란 제　등 사 입 유 불 수 의

기르던 닭이 시끄럽게 우는 것을 어찌 아는가?

등사에 酉가 있을 경우이다.

38. 何知人家犬亂吠 螣蛇入戌又逢鬼
하 지 인 가 견 란 폐　등 사 입 술 우 봉 귀

기르던 개가 시끄럽게 짖는 것을 어찌 아는가?

등사가 戌土 관귀에 있을 경우이다.

39. 何知人家聞口舌 朱雀持世鬼未撥
하 지 인 가 문 구 설　주 작 지 세 귀 미 철

집에 구설이 있는 것을 어찌 아는가?

주작이 세효에 있으면서 관귀에 임하고 있음을 보고 알 수 있다.

			⬅ 산천대축		간토(艮土)궁		
현무			官寅	Ⅰ	命		
백호			財子	Ⅱ	應		酉월
등사			兄戌	Ⅱ			甲子일
구진			兄辰	Ⅰ	身	孫申	공망 戌亥
주작			官寅	Ⅰ	世	父午	
청룡			財子	Ⅰ			

- 시비구설은 주작과 관련이 있다.

- 관귀가 주작에 임하고 지세하면 구설시비가 있다.

- 2효의 관귀가 지세하고 주작에 임했다.

- 구설에 휘말릴 것이다.

40. 何知人家口舌到 卦中朱雀帶木笑
하 지 인 가 구 설 도　괘 중 주 작 대 목 소

집에 구설이 닥침을 어찌 아는가?

주작이 木에 붙어 있는 것을 보고 알 수 있다.

41. 何知人家多爭競 朱雀兄弟推世應
하 지 인 가 다 쟁 경   주 작 형 제 추 세 응

집안에 경쟁이 많음을 어찌 아는가?

주작에 붙은 형이 세응에 있을 경우이다.

			← 택산함		태금(兌金)궁		
백호			父未	‖	命應		
등사			兄酉	│			戌월
구진			孫亥	│			癸亥일
주작			兄申	│	身世		공망 子丑
청룡			官午	‖		財卯	
현무			父辰	‖			

- 다툼이 많을까?

- 싸움은 주작과 관련이 있다.

- 친구 형제와 다툼은 형과 관련이 있으니 3효의 申金이다.

- 형효가 주작을 띠고 지세하고 있으니 집안에 다툼이 많다.

42. 何知人家小人生 玄武官鬼動臨身
하 지 인 가 소 인 생   현 무 관 귀 동 임 신

집에 소인배가 사는 것을 어찌 아는가?

현무 관귀효가 동하고 신(身)에 있을 경우이다.

43. 何知人家遭賊徒 玄武臨財鬼旺扶
하 지 인 가 조 적 도   현 무 임 재 귀 왕 부

집에 도적이 든 것을 어찌 아는가?

재에 현무가 붙고, 관귀까지 왕한 것을 보고 알 수 있다.

			⇐ 택지췌	태금(兌金)궁		
구진			父未	‖	身	
주작			兄酉	∣	應	巳월
청룡			孫亥	∣		己丑일
현무			財卯	‖	命	공망 午未
백호			官巳	‖	世	
등사			父未	‖		

- 집안에 도둑이?

- 남몰래 재물을 훔쳐간 것이 도둑이니 재에 현무가 임할 때이다.

- 그리고 관귀가 왕하면 도둑이 침범한다.

- 3효의 재에 현무가 임하였다.

- 재물이 월일에서 휴수되니 힘이 없다.

- 관귀가 세효에 지세하고 월에서 생을 받아 힘이 있다.

- 세효 본인이 도둑을 맞고 시달리는 모습이다.

44. 何知人家災禍至 鬼臨應爻來剋世
하 지 인 가 재 화 지   귀 임 응 효 래 극 세

집안에 재난이 닥침을 어찌 아는가?

응효에 관귀가 임하여 세효를 공격할 경우이다.

45. 何知人家痘疹病　螣蛇爻被火燒定
하 지 인 가 두 진 병　등 사 효 피 화 소 정

집에 마마, 홍역, 역질 등이 있는 것을 어찌 아는가?

등사가 火에 있는 것을 보고 알 수 있다.

46. 何知人家病要死　用神無救又入墓
하 지 인 가 병 요 사　용 신 무 구 우 입 묘

집안에서 죽은 사람이 있는 것을 어찌 아는가?

용신을 구제할 수 없는데 또 입묘까지 되었을 경우이다.

47. 何知人家多夢寐　螣蛇帶鬼來持世
하 지 인 가 다 몽 매　등 사 대 귀 래 지 세

꿈자리가 사나운 것을 어찌 아는가?

등사가 관귀에 붙어 지세한 경우이다.

48. 何知人家出鬼怪　螣蛇白虎臨門在
하 지 인 가 출 귀 괴　등 사 백 호 임 문 재

집에 괴귀한 현상이 나타는 것을 어찌 아는가?

등사나 백호가 2효나 3효에 있는 경우이다.

		← 수산건		태금(兌金)궁		
주작		孫子	‖	命		
청룡		父戌	❙			申월
현무		兄申	‖	世		戊午일
백호		兄申	❙	身		공망 子丑
등사		官午	‖		財卯	
구진		父辰	‖	應		

● 집에 괴이한 일들이 연속 일어난다?

- 택효는 2효이다.

- 2효에 관귀가 있고 등사가 있을 때 이상한 일이 일어난다.

- 2효 택효에 관귀가 있고 등사가 함께 있다.

- 전염병이나 귀신 등이 집에 출몰할 수 있다.

49. 何知人家人投水　玄武入水煞臨鬼
하 지 인 가 인 투 수　현 무 입 수 살 임 귀

물에 뛰어들어 자살한 자가 있는 것을 어찌 아는가?

현무가 水에 있고 관귀까지 있는 경우이다.

		⇐ 이위화		이화(離火)궁		
구진		兄巳	I	身 世		
주작		孫未	II			巳월
청룡		財酉	I			己亥일
현무		官亥	I	命 應		공망 辰巳
백호		孫丑	II			
등사		父卯	I			

- 물에 빠진 사람 있을까?

- 현무와 水가 합작하는 경우이다.

- 3효에 있는 관귀 亥水가 현무와 함께 있다.

- 수액(水厄)이 있을 것이다.

50. 何知人家有弔頸　螣蛇木鬼世爻臨
하 지 인 가 유 조 경　등 사 목 귀 세 효 임

목을 매어 자살한 자가 있는 것을 어찌 아는가?

등사가 木 관귀에 있으면서 세효에 임하였을 경우이다.

51. 何知人家孝服來 交重白虎臨鬼排
　　　하 지 인 가 효 복 래　교 중 백 호 임 귀 배

집에서 초상이 났음을 어찌 아는가?

백호가 교중하고 관귀에 임했을 경우이다.

52. 何知人家見失脫 玄武帶鬼應爻發
　　　하 지 인 가 견 실 탈　현 무 대 귀 응 효 발

도난당했음을 어찌 아는가?

관귀 현무가 응효에서 동하는 것을 보고 알 수 있다.

53. 何知人家失衣裳 勾陳玄武入財鄕
　　　하 지 인 가 실 의 상　구 진 현 무 입 재 향

옷을 도난당한 것을 어찌 아는가?

구진이나 현무가 재에 있는 것을 보고 알 수 있다.

54. 何知人家損六畜 白虎帶鬼臨所屬
　　　하 지 인 가 손 육 축　백 호 대 귀 임 소 속

가축의 죽음을 어찌 아는가?

백호 관귀가 해당 가축에 붙어 있을 경우이다.

(酉에 붙으면 닭이 죽고, 丑에 붙으면 소가 죽는다.)

55. 何知人家失了牛 五爻丑鬼落空愁
　　　하 지 인 가 실 료 우　오 효 축 귀 낙 공 수

소의 실종을 어찌 아는가?

5효(도로)에서 丑 관귀가 공망된 경우이다.

56. 何知人家失了鷄　初爻帶鬼玄武欺
　　　하 지 인 가 실 료 계　초 효 대 귀 현 무 기

집에서 닭이 실종된 것을 어찌 아는가?

초효(땅 속 짐승)에서 관귀 현무가 함께 있을 경우이다.

57. 何知人家無牛猪　丑亥空亡兩位虛
　　　하 지 인 가 무 우 저　축 해 공 망 양 위 허

집에 소나 돼지가 없는 것을 어찌 아는가?

丑이나 亥가 공망이고 휴수되는 경우이다.

58. 何知人家無鷄犬　酉戌二爻空亡倦
　　　하 지 인 가 무 계 견　유 술 이 효 공 망 권

집에 닭이나 개가 없는 것을 어찌 아는가?

酉나 戌이 2효에 있으면서 공망된 경우이다.

59. 何知人家人不來　世應俱落空亡排
　　　하 지 인 가 인 불 래　세 응 구 락 공 망 배

사람이 오지 않음을 어찌 아는가?

세효와 응효가 모두 공망된 경우이다.

60. 何知人家宅不寧　六爻俱動亂紛紛
　　　하 지 인 가 택 불 녕　육 효 구 동 란 분 분

집이 편안치 않는 것을 어찌 아는가?

육효가 난동하여 어지러울 경우이다.

십팔문답(十八問答)

역(易)에 이르기를 변화(變化)라는 것은 나아가고 물러남의 상(象)이고, 강유(剛柔)라는 것은 낮과 밤의 상(象)이다.

즉 강(剛)이 극에 이르면 유(柔)하게 되고, 유(柔)가 극에 이르면 강(剛)하게 되니, 강유(剛柔)는 주야(晝夜)와 같이 시간의 흐름에 따라 변하는 것이다.

📋 삼전이 모두 용신을 극하면 어찌되는가? 또는 한 효가 동하여 용신을 생하고 다른 한 효는 동하여 용신을 극하는 경우 탐생망극(貪生忘剋) 현상이 일어나는가?

📑 한 효는 생하고 다른 한 효는 극할 경우, 동한 용신이 변효에게 극을 받으면 모두 흉하다. 하물며 삼전이 모두 극한다면 흉하다는 것은 말할 필요가 없다.

📋 월이 극하고 일이 생하거나 일이 극하고 월이 생하면 어떤가?

📑 비슷하다. 동하여 생하면 생을 받게 되고, 동하여 극하면 극을 받게 된다.

			택지췌 ⇐ 수화기제	감수(坎水)궁		
청룡		‖	兄子	‖	身 應		
현무		┃	官戌	┃			辰월
백호	兄亥	┃	父申	✗			丙申일
등사	孫卯	‖	兄亥	✗	命 世	財午	공망 辰巳
구진		‖	官丑	‖			
주작	官未	‖	孫卯	✗			

형의 병점

• 형은 형효가 용신이니 3효에서 동한 亥水가 용신이다.

• 용신 亥水의 변효 卯가 손효〔의약〕여서 긍정적이다.

• 손효〔의약, 의사〕를 충하는 酉시에 좋은 의사를 만날 것이다.

• 亥水는 월에 입묘되고 일에서 생을 받는다.

• 초효가 동하여 亥卯未 삼합이 되면서 용신을 설기한다.

- 4효는 동하여 용신을 생한다.

- 휴수와 생부가 함께 있을 때는 보통 상태로 본다.

- 亥일이 되면 용신이 힘을 받으니 나을 것이다.

			뢰풍항 ⇐ 택수곤		태금(兌金)궁		
청룡		‖	父未	‖	命		
현무	兄申	‖	兄酉	✗			午월
백호		∣	孫亥	∣	應		丁未일
등사	兄酉	∣	官午	✗	身		공망 寅卯
구진		∣	父辰	∣			
주작		‖	財寅	‖	世		

동생의 재판을 묻는 송사점

- 동생에 관한 것은 형이 용신이니 5효에서 동한 酉金이다.

- 용신은 퇴신이 되어 힘이 약하다.

- 용신 酉金은 월에서 휴수되고 일에서 생을 받으니 보통이다.

- 3효가 동하여 용신을 극하니 동생이 불리하다.

- 午월은 지났으니 퇴신인 申월이 되면 힘들 것이다.

- 송사점에서 상대는 응효가 된다.

- 위 점은 관귀가 용신을 극하고 있다.

- 흉한 일은 합이 되면 더 흉하고, 충이 되면 길하다.

	택화혁 ⇐	수화기제	감수(坎水)궁			
청룡		‖	兄子 ‖	身應		
현무		¦	官戌 ¦			辰월
백호	兄亥 ¦		父申 ✗			丙申일
등사		¦	兄亥 ¦	命世	財午	공망 辰巳
구진		‖	官丑 ‖			
주작		¦	孫卯 ¦			

동생의 병점

● 동생은 형효가 용신이니 3효와 상효에 있다.

● 지세한 3효의 亥水가 용신이다.

● 용신은 월에 입묘되고 일에서 생을 받고 있다.

● 원신인 4효가 동하여 용신을 생하니 질병은 나을 것이다.

● 손은 약에 해당하니 酉시에 초효의 약을 암동시켜 좋아지기 시작했다.

● 용신이 왕해지는 己亥일에 완쾌되었다.

	⇐ 화지진	건금(乾金)궁			
주작		官巳 ¦			
청룡		父未 ‖			午월
현무		兄酉 ¦	身世		戊辰일
백호		財卯 ‖			공망 戌亥
등사		官巳 ‖			
구진		父未 ‖	命應	孫子	

누이의 출산점

● 누이는 형이 용신이니 지세한 4효의 酉金이다.

● 용신이 현무에 임해 암담하니 점을 쳤다.

- 酉金은 월에서 극을 당하고 일과 생합이 되니 보통이다.

- 합된 것은 충을 할 때 응하니 己卯일에 순산하였다.

		화풍정 ⇐ 택풍대과		진목(震木)궁			
현무	孫巳	ㅣ	財未	✕	身		
백호	財未	‖	官酉	✕			巳월
등사		ㅣ	父亥	ㅣ	世	孫午	乙未일
구진		ㅣ	官酉	ㅣ	命		공망 辰巳
주작		ㅣ	父亥	ㅣ		兄寅	
청룡		‖	財丑	‖	應		

나의 질병점

- 나에 관한 점은 세효가 용신이니 4효에 있는 亥水가 용신이다.

- 亥水는 월에서 충을 당하고 일에서 극을 당한다.

- 5효가 동하여 회두생되면서 용신을 생한다.

- 상효도 동하여 회두생되면서 용신을 극한다.

- 상효는 용신을 극하기 전에 탐생망극으로 5효에 있는 원신 酉金을 생한다.

- 원신인 동효의 힘은 월일에 비하면 너무 적다.

- 월령이 교장이면, 일진은 담임이고, 동효는 반장이다.

- 卯일에 버팀목이 되었던 원신을 충하여 사망하였다.

🈯 회두극은 무엇이며, 길흉을 어떻게 따지는가?

🈁 土효가 동하여 木효로 변하고, 木효가 동하여 金효로 변하고, 金효가 동하여 火효로 변하고, 火효가 변하여 水효로 변하고, 水효가 변하여 土효로 변하면 회두극이 된다.

또 건금괘나 태금괘가 변해 이괘로 변하고, 감괘가 간괘나 곤괘로 변하고, 간괘나 곤괘가 진괘나 손괘로 변하고, 진괘나 손괘가 건괘나 태괘로 변하면 괘의 회두극이 된다.

용신이나 원신이 회두극을 당하면 흉하고, 기신이나 구신이 회두극을 당하면 길하다. 변효는 본위의 동효를 생충합극할 수 있지만 타효를 생충합극할 수 없다.

백호등사	건위천	⇐	수천수		곤토(坤土)궁		
백호	兄戌	I	財子	X	命		
등사		I	兄戌	I			卯월
구진	父午	I	孫申	X	世		癸亥일
주작		I	兄辰	I	身		공망 子丑
청룡		I	官寅	I		父巳	
현무		I	財子	I	應		

안부점

- 집안 식구의 안부를 묻는 점
- 4효에 손효 申金이 동하여 회두극이 된다.

- 손은 지세하여 있으니 자식과 본인이 함께 극을 받는다.
- 상효에서 동한 재가 역시 회두극을 당하니 처도 좋지 않다.
- 세효는 월일에서 휴수되고, 재는 월에 휴수하고 일에서 비화되고 있으나 공망이다.
- 午월이 되면 세효와 손이 회두극되니 본인과 자식이 불길하다.
- 상효의 재도 午월에는 월파되고 변효 戌土를 생하여 재를 극한다.
- 화재로 일가족 모두가 사망했다고 한다.

			지화명이 ⟸ 간위산		간토(艮土)궁	
등사	孫酉	‖	官寅	✗	命 世	
구진		‖	財子	‖		寅월
주작		‖	兄戌	‖		辛酉일
청룡		∣	孫申	∣	身 應	공망 子丑
현무		‖	父午	‖		
백호	官卯	∣	兄辰	✗		

가게 오픈 길흉

- 본인이 가게를 오픈하니 세효가 용신이다.
- 돈을 벌 수 있는가를 점칠 때는 재가 용신이다.
- 상효에 있는 세효는 회두극되고 있으며 관귀가 지세한다.
- 용신 寅木은 월에서 비화되고 일에서 극을 당한다.
- 초효가 동하여 회두극되며 용신을 휴수시킨다.
- 가게 오픈을 하지 않는 것이 좋다.

⊙ **가게 오픈으로 돈을 벌고자 하는 점에서는...**

- 재가 지세하여 유기해야 한다.

- 재가 세효와 합하고 재와 세효가 힘이 있어야 한다.

- 세효가 힘이 있을 때 재가 세효를 극하면 돈을 번다.

- 그러나 세효가 휴수무기할 때 재가 세효를 극하면 돈을 못 번다.

		천풍구 ⇐ 천산둔		건금(乾金)궁		
주작		‖	父戌	‖		
청룡		‖	兄申	‖	應		申월
현무		‖	官午	‖	命		戊午일
백호		‖	兄申	‖			공망 子丑
등사	孫亥	‖	官午	X	世	財寅	
구진		‖‖	父辰	‖‖	身	孫子	

본인의 질병점

- 본인에 관한 점은 세효가 용신이니 2효에서 동한 午火가 용신이다.

- 용신은 회두극을 당하고 있다.

- 용신 午火는 월에서 휴수되고 일에서 비화되고 있다.

- 亥월이 되면 변효가 강해져 용신과 일진을 극한다.

- 戌월에는 용신을 입묘시키니 그때 사망하였다.

	풍천소축 ⇐		풍화가인		손목(巽木)궁		
현무		I	兄卯	I			
백호		I	孫巳	I	命 應		卯월
등사		II	財未	II			乙未일
구진		I	父亥	I		官酉	공망 辰巳
주작	兄寅	I	財丑	⚊X	身 世		
청룡		I	兄卯	I			

재물점

- 재물점은 재가 용신이니 2효에서 동한 丑土가 용신이다.
- 용신 丑土는 월에서 극을 받고 일과 충이 된다.
- 2효에서 동한 용신은 회두극이 된다.
- 용신 재는 지세하고 있으니 세효와 운명을 같이 한다.
- 未월이 되니 용신이 충을 당하여 사망했다.
- 재물을 논할 때가 아니다.

	천화동인 ⇐		택지췌		태금(兌金)궁	
주작	父戌	I	父未	⚊X	身	
청룡		I	兄酉	I	應	卯월
현무		I	孫亥	I		戊辰일
백호	孫亥	I	財卯	⚊X	命	공망 戌亥
등사		II	官巳	II	世	
구진	財卯	I	父未	⚊X		

부친의 관재점

- 부친에 관한 것은 부가 용신이니 未土가 용신이다.
- 未土는 월에서 극을 받고 일에서 비화된다.

- 초효는 동하여 회두극이 되고, 3효는 동하여 회두생이지만 亥水는 공망이다.
- 상효는 동하여 진신이 되지만 변효 戌土는 공망이다.
- 3효에서 동한 卯木은 亥卯未 삼합이 되지만 亥水가 공망이다.
- 亥水가 출공하는 亥월 亥일에 용신이 극을 당해 관재를 면치 못할 것이다.

			감위수 ← 이위화		이화(離火)궁		
청룡	官子	‖	兄巳	✗	身世		
현무	孫戌	ㅣ	孫未	✗			午월
백호	財申	‖	財酉	✗			丙寅일
등사	兄午	‖	官亥	✗	命應		공망 戌亥
구진	孫辰	ㅣ	孫丑	✗			
주작	父寅	‖	父卯	✗			

자신의 질병점

- 여섯 개의 효가 모두 동한 보기 드문 난동괘이다.
- 육충괘는 만사가 순탄하지 못하다.
- 이괘가 감괘로 변해 효가 아닌 괘의 회두극이 되었다.
- 자신의 점은 세효가 용신이니 상효에서 동한 巳火가 용신이다.
- 용신 巳火는 월에서 비화되고 일에서 생을 받고 있다.
- 상효의 용신은 변효에게 회두극을 당하고 있다.
- 현재는 월일의 생을 받아 탈이 없으나 출공되는 戌亥월이나 일을 조심해야 한다.
- 戌월 丁亥일에 사망했다.

	곤위지 ← 감위수		감수(坎水)궁			
현무		‖	兄子	‖	世	
백호	兄亥	‖	官戌	✗		卯월
등사		‖	父申	‖	命	乙酉일
구진		‖	財午	‖	應	공망 午未
주작	財巳	‖	官辰	✗		
청룡		‖	孫寅	‖	身	

집세가 오를까?

- 괘의 회두극이다.

- 육충괘는 좋은 결과를 기대하기 힘들다.

- 집세는 재가 용신이니 3효에 있는 午火이다.

- 용신 午火는 월에서 생을 받고 일에서 휴수되면서 공망이다.

- 2효와 5효에서 동한 동효들이 용신을 휴수시키니 집세가 오를 가능성
  은 없다.

제 3 問

📋 용신을 생하는 것을 원신이라고 한다. 용신은 원래 길하지만 길한 중에 흉도 있는가?

📋 원신이 동하여 용신을 생해주고 용신이 출현해서 왕상한 경우는 더욱 길하다. 용신이 순공이 되거나, 쇠약하거나 ,복신이 되어 나타나지 않는 경우에는 득령하거나 또는 일진을 만날 때 성취할 수 있다.

용신이 왕상해도 원신이 휴수되어 동하지 못하거나, 혹 동했다 해도 변효가 절(絶)이나 묘(墓)에 해당하거나. 용신이나 원신이 극을 당하든지 또는 일월에서 충을 맞거나, 퇴신이 되는 경우에는 용신에게 도움은 커녕 손해만 있다.

				이위화 ⇐ 천화동인	이화(離火)궁	
주작		I	孫戌	I	身 應	
청룡	孫未	II	財申	✗		申월
현무		I	兄午	I		戊辰일
백호		I	官亥	I	命 世	공망 戊亥
등사		II	孫丑	II		
구진		I	父卯	I		

남편의 질병점

- 남편은 관이 용신이니 지세한 3효의 亥水가 용신인데 현재 공망이다.
- 亥水는 월에서 생을 받고 일에서 극을 받으며 입묘된다.

- 원신인 5효가 동하여 회두생되며 용신을 생한다.
- 상효의 戌土는 암동하여 원신인 申金을 생한다.
- 원신이 용신을 생한다고 하더라도 공망일 때는 생을 받지 못한다.
- 공망은 충으로도 출공되니 巳일이 되면 좋아질 것이다.

		수택절 ⇐ 택수곤		태금(兌金)궁	
현무		‖ 父未	‖	命	
백호		∣ 兄酉	∣		卯월
등사	兄申	‖ 孫亥	⤬	應	甲寅일
구진		‖ 官午	‖	身	공망 子丑
주작		∣ 父辰	∣		
청룡	官巳	∣ 財寅	⤬	世	

분묘점

- 장례 후 자식이 없다.
- 육합괘가 변하여 육합괘가 되었다.
- 자식은 손효를 보니 4효에서 동한 亥水가 용신이다.
- 용신은 회두생되고 월일에서 휴수되면서 일진과는 합이 된다.
- 4효의 변효인 申金이 일진과 충을 하니 불길하다.
- 申金은 물의 생지인데 충을 맞아 물이 흐르지 못하고 있다.
- 申년이 되면 물의 흐름이 풀려 자손을 얻을 것이다.

	화산려 ⇐		천화동인		이화(離火)궁	
주작		I	孫戌	I	身 應	
청룡	孫未	II	財申	✗		丑월
현무		I	兄午	I		戊子일
백호		I	官亥	I	命 世	공망 午未
등사		II	孫丑	II		
구진	孫辰	II	父卯	✗		

자신의 질병점

- 자신에 관한 것은 세효가 용신이니 3효에 있는 亥水가 용신이다.

- 용신 亥水는 월에서 극을 받고 일에서 비화되고 있다.

- 초효가 동하여 용신의 힘을 빼고 5효가 동하여 회두생되면서 용신을 생한다.

- 현재 5효의 변효인 未土는 공망으로 월에서 충을 받고 있다.

- 원신의 뿌리가 없어진 것이다.

- 寅월이 되자 원신인 申金이 충을 맞고 용신인 亥水가 합이 된다.

- 이때 사망했다.

		지수사 ⟸ 지풍승		진목(震木)궁		
현무		‖ 官酉	‖			
백호		‖ 父亥	‖	命		寅월
등사		‖ 財丑	‖	世	孫午	乙丑일
구진	孫午	‖ 官酉	✗			공망 戌亥
주작		∣ 父亥	∣	身	兄寅	
청룡		‖ 財丑	‖	應		

모친의 질병점

● 부모는 부가 용신이니 亥水가 용신인데 현재 공망이다.

● 원신인 3효가 동하여 회두극이 되어 힘이 없다.

● 용신은 월에서 寅亥합을 당하고 일진에게 극을 받는다.

● 3효 원신이 도우려고 해도 현재 공망이라 어쩔 수가 없다.

● 卯월 卯시에 그나마 돕고 있었던 원신이 충을 당하니 사망하였다.

問 삼합으로 국(局)을 이루었을 때는 어떻게 되는가?

답 원신이나 용신으로 국이 이루어지면 길하고, 기신이나 구신으로 국이 이루어지면 흉하다. 국을 이루면 그 힘이 막강해지니 동효 하나로는 억제하지 못한다. 만일 세 개의 효가 동해서 용신국이 되면 합화오행(예 申子辰이라면 水)이 그대로 용신이 되고, 삼합이 되어 원신국이 되면 역시 합화오행이 원신이 된다. 구신국과 기신국도 마찬가지다. 삼합이 되는 세 글자 중 흠이 있는 글자가 있다면 그 효가 정상이 될 때 삼합국의 힘을 갖게 된다.

　① 일진이 충을 하는 정효는 암동이 된다.
　② 동한 효가 일진에게 충을 맞으면 실(失)이 된다.
　③ 약한 효가 월령에게 충을 맞으면 파(破)가 된다.

파나 충이 된 효는 합을 만나 국을 이룰 때 길흉이 나타나게 된다.

만일 하나의 효가 정(靜)하고 두 개의 효가 동(動)했을 때는 정한 효와 같은 날이나 월에서 길흉이 나타나게 된다. 만일 한 개의 정(靜)한 효가 공망을 만나거나, 동(動)한 효가 공망을 만나거나, 변효가 공망을 만날 때는 출공이 되는 때를 기다렸다가 길흉이 나타난다.

공망이 합이 되었을 때나, 정효(靜爻)가 합이 되거나, 동효(動爻)가 합이 되면 충이 되는 때에 길흉이 나타난다.

동효가 변효와 합되거나, 동효가 일진과 합되거나, 변효가 일진에 입묘 되거나, 동효가 일진에 입묘될 때는 충이 되는 때에 합이 풀리고 개고되 어 길흉이 나타난다. 즉, 삼합의 세 개의 효가 같이 동하고 아무 흠이 없 어야 삼합이 되는 것이다. 만일 변효나 동효가 일진에서 절(絶)이 되는 경우에는 반드시 장생이 되는 시기를 기다려야 한다. 즉, 삼합국이 되려 면 세 개의 효가 모두 동하고 한 개의 효라도 흠이 있어서는 안 된다.

		곤위지 ⇐ 이위화		이화(離火)궁		
청룡	財酉	‖	兄巳	✗	身 世	
현무		‖	孫未	‖		卯월
백호	孫丑	‖	財酉	✗		丁巳일
등사	父卯	‖	官亥	✗	命 應	공망 子丑
구진		‖	孫丑	‖		
주작	孫未	‖	父卯	✗		

마을끼리 물을 가지고 다투다

- 내괘는 우리편이고 외괘는 상대편이다.
- 내괘에서는 亥卯未 목국이 된다.
- 외괘에서는 巳酉丑 금국이 된다.
- 내괘의 목국은 월에서 비화되고 있고 일에서 휴수된다.
- 외괘의 금국은 월일에서 모두 휴수된다.
- 내괘가 외괘보다 힘이 더 강하다.
- 내·외괘가 동하지 않을 경우는 세응을 보고 판단한다.
- 육충괘가 육충괘로 화하니 곧 해산되었다.

			수천수 ⇐ 건위천		건금(乾金)궁		
청룡	孫子	‖	父戌	✗	世		
현무		│	兄申	│	身		巳월
백호	兄申	‖	官午	✗			丁酉일
등사		│	父辰	│	應		공망 辰巳
구진		│	財寅	│	命		
주작		│	孫子	│			

직장 공석이 내 차지가 될까?

- 직책을 차지하는 데는 관이 세효를 도우면 이롭다.
- 세효에 청룡이 임하고 세효는 월의 생을 받고 있고 일에서 휴수된다.
- 백호에 임한 관이 동하여 세효를 생한다.
- 寅일이나 寅월이 오면 寅午戌 삼합이 동하여 관이 왕해지니 빈자리는 내 차지가 될 것이다.
- 삼합 중 하나가 부족할 때는 그 글자가 오는 날을 기다리면 된다.

			풍천소축 ⇐ 건위천		건금(乾金)궁		
청룡		│	父戌	│	世		
현무		│	兄申	│	身		寅월
백호	父未	‖	官午	✗			丙辰일
등사		│	父辰	│	應		공망 子丑
구진		│	財寅	│	命		
주작		│	孫子	│			

그 직책에 내가 들어갈 것인가?

- 조직에 내가 들어가니 관효와 세효를 본다.
- 세효에 부가 일진에게 충을 맞아 암동한다.

- 4효의 관이 동하여 寅午戌 삼합이 되어 관이 왕하다.

- 세효도 삼합의 화기에 생을 받아 왕하니 그 자리를 차지할 것이다.

			택화혁 ⟸ 택지췌		태금(兌金)궁		
청룡		‖	父未	‖	身		
현무		∣	兄酉	∣	應		辰월
백호		∣	孫亥	∣			丁亥일
등사	孫亥	∣	財卯	⚊̸	命		공망 午未
구진		‖	官巳	‖	世		
주작	財卯	∣	父未	⚊̸			

복직 가능?

- 직책에 관한 것은 관효가 용신이니 2효의 巳火이다.

- 巳火는 월에서 휴수되고 일에서 충으로 암동한다.

- 초효와 3효가 동하여 亥卯未 목국을 이루어 원신이 왕하다.

- 용신은 약해도 원신이 왕하여 복직이 될 것이다.

- 亥卯未에서 未가 현재 공망이니 未월에 복직이 되었다.

			산화비 ⟸ 건위천		건금(乾金)궁		
구진		∣	父戌	∣	世		
주작	孫子	‖	兄申	✗	身		丑월
청룡	父戌	‖	官午	✗			己卯일
현무		∣	父辰	∣	應		공망 申酉
백호	父丑	‖	財寅	✗	命		
등사		∣	孫子	∣			

부모의 질병점

- 부모에 관한 것은 부가 용신이니 지세한 상효의 戌土가 용신이다.
- 용신은 월과 丑戌형이 되고 일에게 극을 받고 있어 불리하다.
- 다행히 2효와 4효에서 동하여 寅午戌 삼합을 이루어 원신국을 이루어 용신을 생해준다.
- 병점은 원신보다 용신이 왕해야 하지만 원신이 삼합국을 이룰 때는 용신도 왕해지니 좋다.
- 辰일이 되면 申子辰 삼합국으로 상태가 나빠질 수 있다.

🔲 반음괘는 흉하다고 하는데 거기에도 경중(輕重)이 있는가?

🔳 반음괘는 일의 반복이 있을지라도 용신이 극을 당하지만 않으면 시간이
　　지나 결국 성취한다. 그러나 반음이 되고 용신이 극을 당하면 모든 일이
　　흉하다.

				수풍정 ⟸ 수지비		곤토(坤土)궁		
백호		‖	財子	‖	應			
등사		∣	兄戌	∣			卯월	
구진		‖	孫申	‖	身		壬申일	
주작	孫酉	∣	官卯	✕	世		공망 戌亥	
청룡	財亥	∣	父巳	✕				
현무		‖	兄未	‖	命			

발령받아 떠나는데...

● 직장을 얻어 떠나니 관보다는 세효를 중심으로 본다.

● 세효에 관이 있어 관과 인연이 있는 팔자이다.

● 지세한 관은 월에서 비화되지만 일에서 극을 당한다.

● 3효가 동하여 회두극되니 반음이 되어 불안하다.

● 2효도 동하여 회두극 되면서 용신을 설기하니 좋지 않다.

● 지금은 가지 않는 것이 좋다.

		풍택중부 ⟸	지택림	곤토(坤土)궁		
현무	官卯	l	孫酉	X		
백호	父巳	l	財亥	X	應	卯월
등사		ll	兄丑	ll	身	乙亥일
구진		ll	兄丑	ll		공망 申酉
주작		l	官卯	l	世	
청룡		l	父巳	l	命	

승진 가능할까?

- 승진점은 관이 용신이니 2효에 있는 卯木이 용신이다.

- 용신은 월에서 비화되고 일에서 생을 받고 있다.

- 5효가 동하여 용신을 생하고, 상효는 동하여 용신을 충하는데 현재 공망이다.

- 용신인 관이 힘이 있어 승진할 것이다.

		곤위지 ⟸	산지박	건금(乾金)궁		
청룡	兄酉	ll	財寅	X		
현무		ll	孫子	ll	世	兄申	未월
백호		ll	父戌	ll	命	丁巳일
등사		ll	財卯	ll		공망 子丑
구진		ll	官巳	ll	應	
주작		ll	父未	ll	身	

형수의 병점

- 형수는 재가 용신이니 상효에서 동한 寅木이 용신이다.

- 용신 寅木은 월에서 입묘되고 일에서 휴수된다.

- 상효의 용신은 변효에게 극을 당해 반음이 되니 치료가 어렵다.

- 반음은 재발한 것으로 본다.
- 申일이 되면 재가 극을 당해 조심해야 할 것이다.

문 복음괘는 흉하다고 하는데 여기에도 경중(輕重)이 있는가?

답 복음은 우울하고 신음하는 상(象)인데, 내괘가 복음이면 내부가 좋지 않고, 왜괘가 복음이면 외부가 좋지 않다. 모두 일이 뜻대로 되지 않고 마음대로 움직일 수도 없어 근심하고 신음하는 상(象)이다. 벼슬하는 사람도 복음이 되면 진급이 안 되어 곤란함을 겪는다.

복음이 되면 구재점에는 자본금이 점점 줄고, 분묘점이나 가택점에서는 옮기고자 하여도 옮길 수 없다. 병점에서는 구병(久病)은 신음하고, 혼인점에서는 혼인이 이루어지기 어렵다. 송사점에서는 풀려나지 못하고, 행인점에서는 나가 있는 사람이 우울한 환경에 처한다. 내괘가 복음이면 내가 성취할 수 없고, 외괘가 복음이면 타인이 불리하다. 길흉은 용신의 생극관계로 판단하고, 화복(禍福)은 용신과 기신 그리고 복음으로 판단한다.

	천지비	⇐	뢰지예		진목(震木)궁		
현무	財戌	I	財戌	X			
백호	官申	I	官申	X	命		寅월
등사		I	孫午	I	應		乙卯일
구진		II	兄卯	II			공망 子丑
주작		II	孫巳	II	身		
청룡		II	財未	II	世	父子	

처의 안부점

● 처는 재가 용신이니 상효의 戌土가 용신이다.

● 용신 戌土는 월일에서 극을 받고 있다.

● 상괘에서 동한 5효와 상효가 복음이 되니 불길하다.

● 일진이 용신을 卯戌합으로 묶고 있으니 지금은 견딜 수 있다.

● 辰월이 오면 辰戌충으로 합이 풀리니 그때가 위험하다.

問 **도저전공(到底全空)이란 무엇이고, 어떻게 판단하는가?**

答 도저(到底)는 근본 뿌리 밑바닥이란 의미이니 극만 있고 생이 없으면서 공망이 된 경우를 도저전공이라고 한다. 용신이 도저전공되면 흉하지만, 생함만 있고 극함이 없으면 출공하는 일월에 성사된다. 기신이나 구신은 도저전공이 되면 더욱 좋다.

			⇐ 택풍대과		진목(震木)궁		
백호			財未	‖	身		
등사			官酉	┃			酉월
구진			父亥	┃	世	孫午	壬辰일
주작			官酉	┃	命		공망 午未
청룡			父亥	┃			
현무			財丑	‖	應		

자식의 질병점

- 동효는 없다.

- 자식은 손이 용신이니 4효에서 복신으로 있는 午火가 용신이다.

- 午火는 현재 공망이면서 비신 亥水의 극을 받고 있다.

- 용신 午火는 월일에서 휴수되고 있다.

- 용신은 현재 공망이어서 亥水의 극을 피하고 있다.

- 출공되는 午일 午시에 죽었다.

			← 풍뢰익	손목(巽木)궁			
주작			兄卯	I	應		
청룡			孫巳	I	身		巳월
현무			財未	II			戊戌일
백호			財辰	II	世	官酉	공망 辰巳
등사			兄寅	II	命		
구진			父子	I			

구재점

- 동효는 없다.
- 구재점은 재가 용신이니 3효에서 지세하고 일진과 충이 되는 辰이 용신이다.
- 용신은 현재 공망이니 도저전공처럼 보인다.
- 그러나 월에서 생을 받고 있으니 도저전공은 아니다.
- 일진에게 충를 받아 용신 재가 암동하니 뜻밖의 재를 얻을 것이다.
- 공망도 충이 되면 안 된 것보다는 못하지만 유용하다.
- 공망이 되면 출공될 때 일의 성패가 결정나게 된다.

			택화혁		감수(坎水)궁		
현무			官未	‖	身		
백호			父酉	ǀ			亥월
등사			兄亥	ǀ	世		甲子일
구진			兄亥	ǀ	命	財午	공망 戌亥
주작			官丑	‖			
청룡			孫卯	ǀ	應		

대인점 : 처를 기다리다

- 동효는 없다.

- 처는 재가 용신이니 3효에서 복신으로 있는 午火가 용신이다.

- 용신은 월일에서 극충을 받으면서 비신 亥水의 극도 받고 있다.

- 현재 亥水는 공망이다.

- 복신을 품고 있는 비신 亥水가 무력해지는 날 돌아올 것이다.

- 巳일에 비신이 충되어 복신이 드러나 귀가하였다.

		지풍승	⇐	지수사		감수(坎水)궁		
등사		‖		父酉	‖	應		
구진		‖		兄亥	‖			酉월
주작		‖		官丑	‖	命		庚辰일
청룡	父酉	ǀ		財午	✗	世		공망 申酉
현무		ǀ		官辰	ǀ			
백호		‖		孫寅	‖	身		

장모의 질병점

- 장모는 부가 용신이니 상효에 있는 酉金이 용신이다.

- 현재 용신 酉金은 공망이다.

- 용신은 월에서 비화되는데 월령 또한 공망이다.

- 용신 酉金은 일에서 합이 된다.

- 근병(近病)은 공망이 되면 낫는데 합이 되면 불가하다.

- 지세한 3효가 동하여 용신을 극하니 불길하다.

- 출공되는 酉일 卯시에 사망하였다.

문 월파(月破)가 되면 어떤 현상이 일어나며, 도저파(到底破)가 쓸모없는 것은 왜
인가?

답 현재 월파가 되었다고 하더라도 그 달이 지나가면 파에서 벗어나게 된
다. 동하지 않은 정효나 일진의 생조가 없는 동효에 월파가 성립한다.
동효가 생은 있고 극이 없는 상태에서 월파를 당하면 파에서 해방되는
출파나 합파 또는 전실의 시기에 다시 유용하게 된다. 월파가 되더라도
합이 되면 불파가 된다. 도저파는 정효가 극을 만나고 생이 없을 경우를
말한다. 따라서 도저파는 쓸모가 없다.

		⇐ 지천태	곤토(坤土)궁			
청룡		孫酉	‖	應		
현무		財亥	‖	身		戌월
백호		兄丑	‖			丁卯일
등사		兄辰	l	世		공망 戌亥
구진		官寅	l	命	父巳	
주작		財子	l			

관재에 관한 송사점

● 세효와 관효 중심으로 점을 친다.

● 세효는 3효의 辰으로 월파당하고 일에서 극을 당한다.

● 파와 극을 당하니 회생 불가능한 도저파(到底破)라고 할 수 있다.

● 세응이 합이 되니 합처봉합이라고 할 수 있다.

● 관은 2효에 있는데 월에서 휴수되지만 일에서는 비화된다.

- 관이 세효를 극하니 관재에 불리하다.
- 상대방 응효는 월에서 생을 받고 일과 충이 된다.
- 세응이 합이 되고 내가 상대방을 생하니 서로 화해의 마음이 있다.
- 지세한 辰土는 형효이니 돈을 들여서라도 합의 하면 좋다.

				천수송 ⇐ 태위택		태금(兌金)궁		
현무	父戌	I	父未	X	世		
백호		I	兄酉	I	命		亥월
등사		I	孫亥	I			乙丑일
구진		II	父丑	II	身		공망 戌亥
주작		I	財卯	I	應		
청룡	財寅	II	官巳	X			

공직으로 갈 수 있는가?

- 자신의 직장 문제이니 세효와 관효를 함께 본다.
- 초효에서 동한 관은 회두생되며 세효를 생한다.
- 세효는 현재 월에 휴수되고 일에서 충을 당한다.
- 상효에 있는 세효가 동하여 변효와 丑戌未 삼형이 되지만 戌은 현재 공망이다.
- 관과 인연이 있을 것이다.

		⇐ 택산함		태금(兑金)궁			
등사			父未	‖	命 應		
구진			兄酉	∣			丑월
주작			孫亥	∣			庚申일
청룡			兄申	∣	身 世		공망 子丑
현무			官午	‖		財卯	
백호			父辰	‖			

분묘점

- 지세한 申金이 일에서 비화되고 월에서 생을 받으니 힘이 있다.
- 세효는 혈을 의미한다.
- 좌 청룡이 힘이 있으니 용(龍)이 좌로 뻗었을 것이다.
- 우 백호 辰土는 월에서 비화되지만 일에서는 휴수되니 우측도 나름 뻗어내려 온다.
- 응효는 조산(朝山)인데 월에서 월파를 당하고 일에서 휴수된다.
- 세효가 혈이고 주작은 혈의 앞인데 주작이 亥水에 속하고 일진의 생을 받으니 물이 있다.
- 간효는 명당(明堂)인데 월일에서 생을 받으니 크고 넓은 터가 된다.
- 이처럼 묘(墓)의 위치 등도 육효점으로 판단할 수 있다,

🔖 용신이 괘 중에 없을 때 복신을 쓰는데 복신의 득출과 부득출은 어떻게 구분하는가?

📋 다음과 같은 경우에 복신이 득출되는데, 그때는 유용하다.

　　1️⃣ 일월이 복신을 생하거나 부조하는 경우

　　2️⃣ 비신이 복신을 생하거나 또는 동효가 생하는 경우

　　3️⃣ 일진이나 월령 또는 동효가 비신을 충극하는 경우

　　4️⃣ 일진에게 비신이 공파묘절이 되어 휴수되는 경우

복신이 부득출하는 경우는 다음과 같은데, 그때는 무용하다.

　　1️⃣ 복신이 휴수무기하고 일월에서 극을 당하는 경우

　　2️⃣ 비신이 일월에 생조를 받아 왕한 비신이 복신을 극해하는 경우

　　3️⃣ 복신이 일월이나 비신에게 묘절되는 경우

　　4️⃣ 복신이 휴수되고 공망이나 월파가 되는 경우

			← 산화비	간토(艮土)궁			
백호			官寅	I			
등사			財子	II			卯월
구진			兄戌	II	身 應		壬辰일
주작			財亥	I		孫申	공망 午未
청룡			兄丑	II		父午	
현무			官卯	I	命 世		

언제 문서를 득할지?

- 문서는 부를 용신으로 하니 2효에 복신으로 있는 午火이다.

- 용신 午火는 월에서 생을 받고 일진과 비신에서 휴수되고 있다.

- 용신 午火는 현재 공망이다.

- 출공하는 날 문서를 받을 것이다.

- 출공하는 날 복신이 응하는 것이다.

			⇐ 지뢰복	곤토(坤土)궁			
청룡			孫酉	‖			
현무			財亥	‖			卯월
백호			兄丑	‖	命 應		丙辰일
등사			兄辰	‖			공망 子丑
구진			官寅	‖		父巳	
주작			財子	I	身 世		

부친의 질병점

- 부친은 부가 용신이니 2효에 있는 복신 巳火가 용신이다.

- 용신 巳火는 월에서 생을 받고 일에서 휴수되고 있다.

- 2효의 비신 寅木이 용신 巳火를 생하니 복신이 왕하다.

- 다음날인 巳일에 좋아질 것이다.

⽂ 진신과 퇴신은 동효와 변효와의 관계에서 나오는데, 진신과 퇴신의 길흉화복

과 희기는 어떻게 분별하는가?

答 길신은 진신이 되면 좋고, 기신은 퇴신이 되면 좋다.

진신에는 세 가지 법칙이 있는데...

첫째, 왕상한 글자는 진신이 되면 좋고

둘째, 휴수한 글자는 때를 기다려야 하고

셋째, 동효와 변효에 공망이나 충합파가 될 경우에는 운에서 해소되어야 한다.

퇴신에도 세 가지 법칙이 있는데...

첫째, 일월이나 동효가 생부하여 왕상한 경우는 퇴신이 되지 않아야 하고

둘째, 휴수한 글자는 즉시 퇴신이 되어야 하고

셋째, 동효나 변효가 공파충합이 되면 이러한 것들이 먼저 해소되어야 한다.

공망일 때는 출공되어야 하고,

파가 되었을 때는 전실이 되어야 하고,

충이 되면 합이 되어야 하고,

합이 되면 충이 된 뒤에 퇴신이 되어야 한다.

	택풍대과 ⇐ 뢰풍항				진목(震木)궁		
백호		‖	財戌	‖	應		
등사	官酉	∣	官申	✗			申월
구진		∣	孫午	∣	身		癸卯일
주작		∣	官酉	∣	世		공망 辰巳
청룡		∣	父亥	∣		兄寅	
현무		‖	財丑	‖	命		

고시에 붙을 수 있을까?

- 고시는 관직으로 가는 시험이니 관이 용신이다.
- 5효에서 동한 申金이 용신이다.
- 용신은 월에서 비화되고 일에서 휴수된다.
- 5효가 동하여 진신이 되어 긍정적이다.
- 일이 충하는 3효는 암동하여 용신을 돕는다.
- 그래서 酉월이 되면 합격할 것이다.

	수택절 ⇐ 수뢰둔				감수(坎水)궁		
등사		‖	兄子	‖	命		
구진		∣	官戌	∣	應		酉월
주작		‖	父申	‖			庚戌일
청룡		‖	官辰	‖	身	財午	공망 寅卯
현무	孫卯	∣	孫寅	✗	世		
백호		∣	兄子	∣			

출산점

- 출산은 자식의 일이니 손이 용신이다.
- 2효에서 동한 손효 寅木이 용신인데 진신이 되었으나 진신이 공망이다.

- 용신은 월에서 극을 받고 일에서 휴수되었으나 현재 공망이다.
- 진신인 변효 卯의 글자는 일진과 卯戌합이고 월령과는 월파가 되었다.
- 공망일 때는 출공될 때 이루어진다.
- 卯월에 출산하였다.

		택화혁 ⇐ 천화동인 이화(離火)궁				
청룡	孫未	‖	孫戌	✗	身 應	
현무		Ⅰ	財申	Ⅰ		未월
백호		Ⅰ	兄午	Ⅰ		丁卯일
등사		Ⅰ	官亥	Ⅰ	命 世	공망 戌亥
구진		‖	孫丑	‖		
주작		Ⅰ	父卯	Ⅰ		

구직이 가능한가?

- 직업은 관이 용신이니 3효에 있는 亥水가 용신이다.
- 용신 亥水는 현재 공망으로 월에서 극을 받고 일에서 휴수되고 있다.
- 2효의 丑土는 월과 충이 되어 암동하며 용신을 극한다.
- 상효에서 동한 戌土가 용신을 극하고 있으나 퇴신이 되어 효력이 없다.
- 그러나 戌土는 일진과 卯戌합이 되어 용신을 극하고 있다.
- 辰년이 오면 戌土를 충하여 합이 풀리니 戌土는 다시 퇴신이 되어 힘이 없어진다.
- 戌년에 구직을 하였다.

문 충중봉합과 합처봉충이 되면 어떻게 길흉을 판단하는지?

답 합이란 모이는 것이고, 충이란 흩어지는 것이다. 충중봉합은 처음에는 흩어졌다가 뒤에 모이는 것이고, 처음에는 잃었다가 나중에 얻는 것이며, 처음에는 엷어졌다가 나중에 짙어지는 것이다. 합처봉충은 그와 반대로 생각하면 된다.

			← 곤위지	곤토(坤土)궁		
현무			孫酉	‖	世	
백호			財亥	‖		戌월
등사			兄丑	‖	身	甲辰일
구진			官卯	‖	應	공망 寅卯
주작			父巳	‖		
청룡			兄未	‖	命	

융자가 가능할까?

- 육충괘로 동효가 없다.
- 융자는 돈에 관한 것이니 재가 용신이다.
- 5효에 있는 亥水가 용신으로 일진에 입묘되고 월에서 극을 받는다.
- 원신인 상효의 酉金은 일진과 辰酉합으로 묶여 있다.
- 육충괘가 합이 있으니 충중봉합이다.
- 우여곡절을 거치며 어렵게 융자가 될 것이다.

			← 화산려	이화(離火)궁			
현무			兄巳	I			
백호			孫未	II	身		卯월
등사			財酉	I	應		乙卯일
구진			財申	I		官亥	공망 子丑
주작			兄午	II	命		
청룡			孫辰	II	世	父卯	

돈을 빌릴 수 있을까?

- 돈은 재가 용신이니 3효와 4효에 있다.

- 월일에서 충을 맞는 4효의 酉金이 용신이다.

- 용신이 월일에서 충을 당하고 있으니 이루어지기 힘들다.

		중진뢰 ←	뢰풍항		진목(震木)궁		
청룡		II	財戌	II	應		
현무		II	官申	II			午월
백호		I	孫午	I	身		丙辰일
등사	財辰	II	官酉	✗	世		공망 子丑
구진	兄寅	II	父亥	✗			
주작	父子	I	財丑	✗	命		

외국과 무역을 하면 어떨까?

- 무역은 돈에 관한 것이니 재와 세효를 본다.

- 초효에서 동한 재 丑土는 현재 공망이다.

- 3효에서 지세한 酉金은 변효 卯와 충이 되지만 일진과 합이 되니 충중
  봉합이다.

- 초효의 재 丑土는 월에서 생을 받고 일에서 비화되고 있다.

- 상효의 戌은 일진과 충이 되어 암동하며 세효를 생한다.
- 세효는 월에서 극을 받고 일에서 생을 받고 있다.
- 변하여 합이 되면 우여곡절을 겪어도 결국 좋은 결과를 가져온다.
- 무역을 하면 좋을 것이다.

			⇐ 천지비		건금(乾金)궁		
청룡			父戌	Ⅰ	應		
현무			兄申	Ⅰ			辰월
백호			官午	Ⅰ	身		丁酉일
등사			財卯	Ⅱ	世		공망 辰巳
구진			官巳	Ⅱ			
주작			父未	Ⅱ	命	孫子	

본인의 혼인점

- 혼인은 내가 세이고 상대방은 응이다.
- 상괘와 하괘가 합이 되니 일단 긍정적이다.
- 동효가 없으니 혼인에 대한 특별한 계기가 없다.
- 세는 3효에 있는 卯木으로 월에서 휴수되고 일에서 충이 된다.
- 응은 상효에 있는 戌土로 월과 충이 되고 일에서 휴수된다.
- 세응이 월일에서 충이 되니 아직은 때가 아니다.

				이화(離火)궁		
		화산려	⇐	이위화		
청룡		I	兄巳	I	身 世	
현무		II	孫未	II		未월
백호		I	財酉	I		丁巳일
등사		I	官亥	I	命 應	공망 子丑
구진		II	孫丑	II		
주작	孫辰	II	父卯	✗		

혼담이 다시 재개될까?

- 육충괘가 육합괘가 되니 긍정적이다.

- 세효 당사자는 월에서 휴수되고 일에서 비화되고 있다.

- 초효에서 동한 卯木은 세효를 생한다.

- 응효 상대방은 월에서 극을 당하고 일과 충이 된다.

- 응효는 일에서 충을 당하여 암동하니 亥卯未 삼합이 된다.

- 상대가 먼저 청혼할 것이다.

- 혼사는 巳亥충이 합으로 해소되는 寅년이나 寅월에 이루어질 것이다.

問 **사생(死生)과 묘절(墓絶)의 길흉을 어떻게 설명하는가?**

答 사생묘절에는 세 가지가 있는데...

① 일진이 사생묘절에 해당하는 경우

② 비신이 사생묘절에 해당하는 경우

③ 동효나 변효가 사생묘절에 해당하는 경우이다.

기신이나 구신이 장생이면 그 화(禍)가 적지 않고, 기신이나 구신이 사절이나 묘에 해당하면 길하다.

용신이나 원신이 장생에 해당하면 대길하고, 용신이나 원신이 사묘나 절에 임하면 불리하다.

정해진 법이 이와 같지만 통변하는 것은 각 개개인의 능력에 달려 있다. 항상 기초라도 쉽게 흘려보내서는 안 된다.

		감위수 ⇐ 택수곤		태금(兌金)궁		
현무		II	父未	II	命	
백호		I	兄酉	I		卯월
등사	兄申	II	孫亥	✗	應	乙未일
구진		II	官午	II	身	공망 寅卯
주작		I	父辰	I		
청룡		II	財寅	II	世	

처의 출산점

- 처는 재가 용신이니 초효에 있는 寅木이 용신이다.

- 용신은 월에 비화되고 일진에 입묘되는데 현재 공망이다.

- 4효가 동하여 회두생되며 초효를 생한다.

- 申일이 되면 寅을 충하여 출공하니 순산할 것이다.

			풍지관 ⟸ 산지박		건금(乾金)궁		
주작		I	財寅	I			
청룡	官巳	I	孫子	⚊	世	兄申	寅월
현무		II	父戌	II	命		戊子일
백호		II	財卯	II			공망 午未
등사		II	官巳	II	應		
구진		II	父未	II	身		

자신의 출산점

- 자신에 관한 점은 세효를 용신으로 한다.

- 5효에서 동한 세효 子水가 용신이다.

- 子水는 월에서 휴수되지만 일에서 비화되고 있다,

- 용신 子水는 변효에게 회두절이 된다.

- 원신 金은 복신으로 있어 도움이 안된다.

- 癸巳일에 출산했는데 회두절에 해당하는 관이 강해지는 때이다.

- 세효가 약해져서 태아와 산모가 사망했다.

		뢰화풍 ← 이위화		이화(離火)궁			
주작	孫戌	‖	兄巳	✗	身世		
청룡		‖	孫未	‖			巳월
현무		Ⅰ	財酉	Ⅰ			戊寅일
백호		Ⅰ	官亥	Ⅰ	命應		공망 申酉
등사		‖	孫丑	‖			
구진		Ⅰ	父卯	Ⅰ			

언제 재물을 얻을 것인가?

- 재물은 재가 용신이니 4효에 있는 酉金이 용신이다.
- 용신 酉金은 월일에서 휴수되고 있고 현재 공망이다.
- 상효의 형이 동하였으나 巳火는 변효 戌土에 입묘되어 제 역할을 못한다.
- 형이 입묘되니 용신인 酉金을 극하지 못하는 것이다.
- 용신이 현재 공망이니 충으로 출공되는 卯일에 재물을 득할 것이다.
- 辰일에는 상효의 변효 戌을 충하여 형을 입묘시키지 못한다.
- 그래서 형이 제 역할을 하니 재물을 얻지 못한다.

			풍택중부 ← 풍산점		간토(艮土)궁		
등사		Ⅰ	官卯	Ⅰ	命應		
구진		Ⅰ	父巳	Ⅰ		財子	子월
주작		‖	兄未	‖			辛未일
청룡	兄丑	‖	孫申	✗	身世		공망 戌亥
현무	官卯	Ⅰ	父午	✗			
백호	父巳	Ⅰ	兄辰	✗			

자식의 질병점

- 질병점은 용신이 왕하여야 좋다.

● 자식은 손이 용신이니 3효에서 동한 申金이 용신이다.

● 용신 申金은 申子辰 삼합으로 휴수되었다.

● 그러나 3효의 용신 申金은 3효의 변효인 丑土에 입묘된다.

● 휴수되고 입묘되니 현재 아프다.

● 다행히 오늘 未일 3효의 변효인 丑土를 충하니 입묘에서 해방되었다.

● 그리고 초효와 2효가 동하여 용신을 생하니 곧 나을 것이다.

● 2효는 동하여 탐생망극으로 초효의 원신을 돕는다.

📋 육충이나 육합은 어떻게 판단하는가?

📋 나쁜 것은 충이 되는 것이 좋고, 좋은 것은 합이 되는 것이 좋다.

그러나 병점에서는 근병(近病)과 구병(久病)을 구별해야 한다.

근병은 충을 만나야 좋고, 구병은 충을 만나면 죽는다.

육합일 경우는 그 반대로 생각하면 된다.

육충괘가 일진과 합이 되든지, 동효가 변효와 합이 되면 처음에는 충이 되었다가 후에 결과는 합이 된다〔충중봉합〕.

육합괘가 일진과 충이 되든지 동효가 변효와 충이 되면 처음엔 합이 되었다가 결과적으로는 충이 된다〔합처봉충〕.

만일 기신을 충하면서 용신과 합이 되면 흉한 것을 제거하니 길하고, 용신과 충하면서 기신과 합이 되면 흉한 것을 끌어들여 명(命)을 해치니 흉하다.

			지천태 ⇐ 뢰천대장		곤토(坤土)궁		
백호		‖	兄戌	‖			
등사		‖	孫申	‖			酉월
구진	兄丑	‖	父午	✗	命 世		壬子일
주작		∣	兄辰	∣			공망 寅卯
청룡		∣	官寅	∣			
현무		∣	財子	∣	身 應		

신수점 : 조카에게 피해가 있을까?

● 조카는 자식과 같으니 손이 용신이다.

- 손은 5효에 있는 申金이다.

- 용신 申金은 월에서 비화되고 일에 휴수된다.

- 4효에서 지세하고 동한 午火가 용신을 극한다.

- 그러나 동효인 午火는 일진에게 충을 당하니 힘이 없다.

- 그래서 조카는 무사할 것이다.

		← 곤위지	곤토(坤土)궁			
현무			孫酉	‖	世	
백호			財亥	‖		子월
등사			兄丑	‖	身	乙巳일
구진			官卯	‖	應	공망 寅卯
주작			父巳	‖		
청룡			兄未	‖	命	

도박점

- 도박은 상대가 있으니 세효는 왕하고 응효는 쇠하면 좋다.

- 육충괘로 도박판이 온전하지 못해 끝까지 가지 못할 것이다.

- 오행의 생극으로 세효가 응효를 극하는 상이지만 응효는 현재 공망이다.

- 세효는 월일에서 휴수되고 극을 당한다.

- 응효는 월에서 생을 받고 일에서 휴수되니 응효가 더 강하다.

- 일진에게 충을 당해 암동한 5효의 亥水가 응을 생하니 세효가 불리하다.

◉ 도박점에서는...

- 세효가 응효를 극하면 내가 승리하고, 응효가 세효를 극하면 상대방이 승리한다.

- 관귀가 동하여 세효를 극하거나, 형이 임하거나, 세효가 공망이면 패한다.

- 세응이 모두 정하고 공망일 때는 도박판이 이루어지지 않는다.

- 세효에 관이 지세하면 타인들이 나를 속이는 도박이다.

- 간효가 동하여 관효나 형효가 되면 다툼이 일어난다.

			천지비 ⇐ 풍지관		건금(乾金)궁		
등사		I	財卯	I			
구진		I	官巳	I	命	兄申	辰월
주작	官午	I	父未	X	世		庚午일
청룡		II	財卯	II			공망 戌亥
현무		II	官巳	II	身		
백호		II	父未	II	應	孫子	

입시 시험점

- 구직을 위한 시험에는 관이 용신이지만 대학 입시 등은 부가 용신이다.

- 용신인 부는 4효에서 지세하고 회두생되고 있다.

- 용신은 월일에서도 비화되고 생을 받으니 반드시 좋은 결과가 있을 것
  이다.

			⇐ 건위천	건금(乾金)궁		
청룡			父戌	I	世	
현무			兄申	I	身	巳월
백호			官午	I		丁酉일
등사			父辰	I	應	공망 辰巳
구진			財寅	I	命	
주작			孫子	I		

언제 문서를 받을까?

- 문서는 부가 용신이니 공망이 된 3효의 진토가 용신이다.

- 용신 辰土는 월에서 생을 받고 일에서 辰酉합이 된다.

- 육충괘에서 일진과 합이 되니 충중봉합이 된다.

- 현재 용신이 공망이니 출공하는 甲辰일에 문서를 받았다.

			곤위지 ⇐ 손위풍		손목(巽木)궁		
현무	官酉	‖	兄卯	✗	世		
백호	父亥	‖	孫巳	✗			申월
등사		‖	財未	‖	身		乙卯일
구진	兄卯	‖	官酉	✗	應		공망 子丑
주작	孫巳	‖	父亥	✗			
청룡		‖	財丑	‖	命		

자식이 형(刑)을 받을까?

- 자식은 손효이니 5효에서 동한 巳火이다.

- 巳火는 월과 巳申형이 되고 일에서 생을 받는다.

- 용신 巳火는 동하여 회두극을 당한다.

- 4개의 효가 난동하여 모두 변효와 충이 되니 좋은 결과를 기대하기 힘
  들다.

- 상효에 있는 세효도 회두극이 되어 결과는 부자가 모두 형을 받았다.

	뢰지예 ⇐ 지뢰복		곤토(坤土)궁			
현무		‖	孫酉	‖		
백호		‖	財亥	‖		巳월
등사	父午	I	兄丑	✗	命應	甲戌일
구진		‖	兄辰	‖		공망 申酉
주작		‖	官寅	‖		
청룡	兄未	‖	財子	✗	身世	

돈 융자 가능할까?

- 돈은 재가 용신인데 초효와 5효에 재가 있다.

- 초효는 동했고 5효는 월파를 당했다.

- 손상이 더 큰 효를 용신으로 삼으니 5효의 亥水가 용신이다.

- 亥水는 월일에서 휴수되거나 극을 받는다.

- 초효 子水는 동하여 회두극이 되면서 용신을 생한다.

- 용신은 4효에서 동한 丑土에게도 극을 받는다.

- 원신인 상효의 酉金도 공망으로 도움이 안된다.

- 돈을 빌릴 수 없다.

🔖 삼형살이나 육해살은 반드시 흉한가?

📑 형에는 寅申巳와 丑戌未 삼형이 있고, 子卯형이 있고, 辰辰 午午 亥亥 酉酉 자형이 있다.

보통 용신이 휴수되거나, 타효의 극을 받은 상태에서 삼형이 겹치면 흉이 되지만, 괘 내에 삼형이 전부 있더라도 동하지 않거나 동해도 용신이 손상되지 않고 생부되면 삼형이 심각한 흉은 아니다. 육해는 적용해 봐도 별 효험이 없었다.

		화천대유 ⇐ 손위풍		손목(巽木)궁		
주작		I	兄卯	I	世	
청룡	財未	II	孫巳	X		亥月
현무	官酉	I	財未	X	身	戊戌日
백호		I	官酉	I	應	공망 辰巳
등사		I	父亥	I		
구진	父子	I	財丑	X	命	

처의 근병(近病)

● 근병은 충하는 것이 좋고, 구병은 합하는 것이 좋다.

● 처는 재성이 용신인데 일진과 丑戌未 삼형이 되었다.

● 근병은 충하는 것이 좋은데 초효의 丑土는 변효와 합이 되었다.

● 원신인 巳火도 월과 충이 되고 일에서 입묘된다.

● 좋아질 가능성이 없다.

			← 산화비	간토(艮土)궁			
등사			官寅	I			
구진			財子	II			戌월
주작			兄戌	II	身應		庚子일
청룡			財亥	I		孫申	공망 辰巳
현무			兄丑	II		父午	
백호			官卯	I	命世		

재수점

- 겨울에 재를 취할 수 있나?

- 재수점은 재가 용신이니 일진과 같은 5효의 子水가 용신이다.

- 子水는 월에 극을 당하고 일과 비화되고 있다.

- 세효는 월과 卯戌합이 되고 일진의 생을 받는다.

- 세효는 또 용신의 생을 받고 있어서 겨울이 되면 水 재가 강해진다.

- 겨울철에 재를 취할 것이다.

			산뢰이 ← 이위화		이화(離火)궁		
주작		I	兄巳	I	身世		
청룡		II	孫未	II			辰월
현무	孫戌	II	財酉	✗			戊午일
백호	孫辰	II	官亥	✗	命應		공망 子丑
등사		II	孫丑	II			
구진		I	父卯	I			

부친의 질병점

- 부친은 부가 용신이니 초효에 있는 卯木이 용신이다.

- 卯木은 월일에서 휴수되고 있다.

- 3효가 동하여 용신을 생하지만 회두극을 당한다.
- 4효도 동하여 회두생이 되면서 용신을 충한다.
- 회복하기 어렵다.

🔵 독정(獨靜)이나 독발(獨發)이 되면 어떻게 판단을 내리는가?

🔵 독정은 다섯 개 효가 동하고 한 개 효는 동하지 않는 경우를 말하고, 독발은 다섯 개 효가 안정되어 있고 하나의 효만 동한 경우를 말한다.

만일 여섯 개의 효에서 한 개 효는 명동(明動)하고 나머지 효 중 하나가 일진에게 충을 당해 암동(暗動)이 되었을 때는 독발이라고 하지 않는다. 반대로 여섯 개의 효가 안정되어 있어도 한 개 효가 일진에게 충을 당해 암동하면 이때는 독발이라고 한다.

그러나 독정이나 독발은 일의 성패가 빠르고 느린 차이만 있을 뿐 길흉에 영향을 미치는 것은 아니다. 길과 흉은 독정이나 독발이 아닌 용신의 상황을 보고 판단해야 한다. 용신을 무시하고 독정이나 독발로 사건을 해결하려고 해서는 안 된다.

	수산건		⇐ 화수미제		이화(離火)궁		
등사	官子	‖	兄巳	✗	應		
구진	孫戌	┃	孫未	✗			寅월
주작	財申	‖	財酉	✗	命		庚戌일
청룡	財申	┃	兄午	✗	世	官亥	공망 寅卯
현무	兄午	‖	孫辰	✗			
백호		‖	父寅	‖	身		

딸의 병점

- 딸은 손이 용신이니 2효에 있는 辰土가 용신이다.
- 5효에도 손이 있는데 2효가 동하고 충되었기 때문에 용신으로 삼는다.

- 2효에 있는 辰土는 월에서 극을 받고 일에서 충이 된다.
- 그러나 동하여 변효와 월일이 삼합을 이루어 용신을 생하고 있다.
- 3효와 상효에서 동한 午火 巳火도 용신을 생하니 회복될 것이다.
- 여섯 개의 효 중에서 초효만 동하지 않아서 독정(獨靜)이 되었다.
- 독정일 경우에는 독정하는 일에 응하니 寅일에 질병이 나왔다.

			이위화	⇐	화천대유	건금(乾金)궁	
청룡		l	官巳	l	應		
현무		ll	父未	ll	身		午월
백호		l	兄酉	l			丙午일
등사		l	父辰	l	世		공망 寅卯
구진	父丑	ll	財寅	✗	命		
주작		l	孫子	l			

부친을 모셔올 수 있을까?

- 부친은 부가 용신이니 지세한 3효의 辰土가 용신이다.
- 辰土는 월일에서 생을 받고 있다.
- 2효에 있는 寅木이 동하여 부를 극하는데 현재 寅木은 공망이다.
- 부친은 힘 없는 2효의 여자 재 때문에 움직이지 못하고 있다.

			지뢰복	곤토(坤土)궁			
등사			孫酉	‖			
구진			財亥	‖			申월
주작			兄丑	‖	命 應		辛卯일
청룡			兄辰	‖			공망 午未
현무			官寅	‖		父巳	
백호			財子	Ⅰ	身 世		

자식을 얻을 수 있을까?

- 자식은 손효인데 육합괘로 좋은 환경이 조성되었다.

- 상효의 酉金이 용신인데 월에서 비화되고 일과 충이 되고 있다.

- 그래서 현재는 불가하고 합이 되는 해가 오면 충이 해소되어 자식을 얻을 것이다.

- 甲辰년 辰酉합으로 충이 해소되어 자식을 얻었다.

문 진정괘(盡靜卦)와 진발괘(盡發卦)는 어떻게 판단하는가?

답 여섯 개의 효가 모두 안정되고 암동도 없을 경우를 진정이라고 한다. 그리고 여섯 개의 효가 모두 동할 경우는 진발이라고 한다.

진정은 봄철에 꽃이 피어나려고 하는 것이니 아직은 그 화려함을 볼 수 없지만 이슬이나 비가 내리면 화려하게 꽃이 필 것이다.

진발은 이미 꽃이 활짝 피어버린 것으로 그 화려함을 볼 수 있으나 광풍을 만나면 곧 꽃잎들이 떨어지게 된다.

따라서 진정은 앞으로 희망을 예고하지만, 진발은 앞으로 시들어 갈 날만 남았다.

			택지췌 ⇐ 산천대축		간토(艮土)궁			
백호	兄未	‖	官寅	⚊	命			
등사	孫酉	⎮	財子	⚋	應			子월
구진	財亥	⎮	兄戌	⚋				壬申일
주작	官卯	‖	兄辰	⚊	身	孫申		공망 戌亥
청룡	父巳	‖	官寅	⚊	世	父午		
현무	兄未	‖	財子	⚊				

부모님의 안부점

- 육효가 모두 난동하고 있다.
- 부모는 부가 용신인데 현재 2효에 복신으로 있다.
- 그러나 2효에서 동하여 화출된 변효 巳火가 있으니 巳火를 용신으로 한다.

- 용신 巳火는 월에서 극을 당하고 일에서 휴수되고 있다.

- 2효의 비신 寅木은 복신을 생하고 있다.

- 2효에서 동한 변효와 일진이 寅申巳 삼형을 이루어 흉하다.

- 부모에게 소식이 끊기고 연락조차 없었다.

		← 곤위지	곤토(坤土)궁			
구진			孫酉	‖	世	
주작			財亥	‖		辰월
청룡			兄丑	‖	身	己卯일
현무			官卯	‖	應	공망 申酉
백호			父巳	‖		
등사			兄未	‖	命	

빌려준 돈을 오늘 받을까?

- 동효가 없다.

- 돈은 재가 용신이니 5효의 亥水가 용신이다.

- 亥水는 월에 입묘되고 일에서 휴수된다.

- 상효에 있는 酉金은 일진에게 충을 당하여 암동한다.

- 원신인 酉金이 용신을 생해주니 받을 수 있다.

- 받는 시간은 巳시이다.

- 왜냐하면 동효가 없이 안정되면 충하는 시기가 응기이기 때문이다.

		← 이위화		이화(離火)궁			
등사			兄巳	I	身 世		
구진			孫未	II			午월
주작			財酉	I			庚辰일
청룡			官亥	I	命 應		공망 申酉
현무			孫丑	II			
백호			父卯	I			

직원이 언제 돌아올까?

- 아래 직원은 재가 용신이니 4효의 酉金이 용신이다.

- 용신은 현재 공망이고 월에서 극을 당하고 일에서 생합되고 있다.

- 육충괘이니 부정적이지만 합이 있어 충중봉합에 해당한다.

- 묶인 합은 충으로 풀어야 하니 卯일에 卯酉충으로 그때 돌아올 것이다.

- 합으로 보호는 되지만 합을 풀려면 충이 필요하다.

問 용신이 여러 개 나타나면 어느 것을 용신으로 취하는가?

답 ① 한가롭게 있는 효는 놓아두고 지세한 효를 용신으로 한다.

② 권세가 없는 효는 놓아두고 월령이나 일진과 동일한 효를 용신으로 한다.

③ 안정된 효는 놓아두고 동한 효를 용신으로 한다.

④ 월파가 되지 않는 효는 놓아두고 월파된 효를 용신으로 한다.

⑤ 공망이 아닌 효는 놓아두고 공망된 효를 용신으로 한다.

			← 풍천소축	손목(巽木)궁			
등사			兄卯	l			
구진			孫巳	l			未월
주작			財未	ll	命 應		庚子일
청룡			財辰	l			공망 辰巳
현무			兄寅	l			
백호			父子	l	身 世		

구재점

- 구재는 재가 용신인데 3효와 4효에 있다.

- 어느 것을 용신으로 잡을까?

- 3효의 辰土는 공망이고 4효의 未土는 월령과 같다.

- 결함이 많은 글자를 용신으로 삼으니 공망된 효가 용신이다.

- 辰이 공망이니 출공되는 甲辰일 巳시에 득재하였다.

		간위산 ⇐ 곤위지		곤토(坤土)궁		
백호	官寅	I	孫酉	X	世	
등사		II	財亥	II		寅월
구진		II	兄丑	II	身	癸亥일
주작	孫申	I	官卯	X	應	공망 子丑
청룡		II	父巳	II		
현무		II	兄未	II	命	

자식을 얻을 수 있을까?

- 자식은 손이 용신이니 상효에서 동한 酉金이 용신이다.

- 용신 酉金은 월일에서 휴수된다.

- 酉金은 동하여 변효에서 절이 되니 이리 저리 흉하다.

- 3효가 동하여 회두극 되며 용신과 충이 된다.

- 3효의 변효 申金마저 월과 충이 되니 득자하기가 힘들다.

		수천수 ⇐ 화천대유		건금(乾金)궁		
청룡	孫子	II	官巳	X	應	
현무	父戌	I	父未	X	身	未월
백호	兄申	II	兄酉	X		丁丑일
등사		I	父辰	I	世	공망 申酉
구진		I	財寅	I	命	
주작		I	孫子	I		

언제 부친이 귀가할까?

- 부친은 부가 용신이니 5효에서 동한 未土가 용신이다.

- 未土는 동하여 진신이 되면서 부효 戌土를 화출하니 길하다.

- 용신 未土는 월에서 비화되지만 일과 충이 된다.

- 충이 해소되는 합일에 귀가할 것이다.
- 午일에 귀가하였다.
- 상효가 동하여 용신을 생하고, 4효는 동하여 퇴신이 되면서 용신을 휴수시킨다.
- 월일뿐만 아니라 동효에서도 생왕과 휴수가 겹쳐 있을 때는 없는 것처럼 본다.

		뢰택귀매 ⇐ 뢰지예		진목(震木)궁			
청룡		‖	財戌	‖			
현무		‖	兄申	‖	命		亥월
백호		l	孫午	l	應		丙午일
등사		‖	兄卯	‖			공망 寅卯
구진	兄卯	l	孫巳	X	身		
주작	孫巳	l	財未	X	世	父子	

자식의 재앙에 대한 점

- 자식은 손이 용신인데 2효와 4효에 손이 있다.
- 어느 것을 용신으로 잡을까?
- 결점이 많은 글자를 용신으로 잡는다.
- 월에서 충을 맞은 2효의 巳火를 용신으로 잡는다.
- 용신은 회두생이 되며 월에서 충을 맞고 일에서 비화되고 있다.
- 충이 되어 용신이 될 때는 충이 되는 해에 응험이 있게 된다.

🈂 문점자가 정성스럽게 괘를 뽑아 정확하게 해석을 하는데도 맞지 않는 경우가 있는데, 왜 그런가?

🈯 점을 치는 자가 성의를 다 했으나 비밀스런 이야기를 차마 타인에게 그대로 말하기 어렵기 때문이거나, 또는 정신을 집중하지 않고 점을 치면서 딴 생각을 하는 경우에는 잘 맞지 않는다.

			⇐ 간위산	간토(艮土)궁			
백호			官寅	I	命世		
등사			財子	II			未월
구진			兄戌	II			癸亥일
주작			孫申	I	身應		공망 子丑
청룡			父午	II			
현무			兄辰	II			

금년 공명점

- 자기의 신수는 세효를 용신으로 하는데 월령에 입묘이다.
- 육충괘이니 좋지 않지만 지세한 寅木이 일진과 寅亥합을 하니 충중봉합이다.
- 합은 충으로 푸니 申일이 되면 합이 풀린다.
- 군인으로서 공명을 얻을까 점을 쳤다.
- 공명은 관이 용신이니 지세한 寅木을 용신으로 한다.
- 관이 지세하고 있으니 관과 세효가 같은 입장에 처한다.
- 申일에 공명을 이루었다.

	간위산	⇐	화산려		이화(離火)궁		
주작		l	兄巳	l			
청룡		ll	孫未	ll	身		酉월
현무	孫戌	ll	財酉	✗	應		戊申일
백호		l	財申	l		官亥	공망 寅卯
등사		ll	兄午	ll	命		
구진		ll	孫辰	ll	世	父卯	

백부의 생사?

• 백부는 부가 용신이니 초효에 복신으로 있는 卯木이 용신이다.

• 용신 卯木은 현재 공망이다.

• 卯木은 월일에서 극과 충을 받으니 불리하다.

• 4효가 동하여 회두생되며 용신을 극하니 역시 흉하다.

• 공망에 극과 충을 맞으니 사망했을 것이다.

	천뢰무망	⇐	풍뢰익		손목(巽木)궁		
등사		l	兄卯	l	應		
구진		l	孫巳	l	身		午월
주작	孫午	l	財未	✗			辛丑일
청룡		ll	財辰	ll	世	官酉	공망 辰巳
현무		ll	兄寅	ll	命		
백호		l	父子	l			

노모의 질병점

• 노모는 부가 용신이니 초효의 子水가 용신이다.

• 용신 子水는 월에서 충이 되고 일에서 극을 받고 있다.

• 4효가 동하여 회두생합되며 용신을 극한다.

- 용신이 입묘되는 辰일에 사망하였다.

六神							
		수택절 ⇐ 수풍정		진목(震木)궁			
현무		‖	父子	‖			
백호		❘	財戌	❘	身 世		申월
등사		‖	官申	‖		孫午	乙亥일
구진	財丑	‖	官酉	✗			공망 申酉
주작		❘	父亥	❘	命 應	兄寅	
청룡	孫巳	❘	財丑	✗			

동생의 시험 합격 가능?

- 동생은 형효가 용신이니 2효에 복신으로 있는 寅木이다.
- 寅木은 월에서 충을 맞고 일에서 생합이 된다.
- 복신 寅木은 비신에게 생을 받으나 寅亥합이 된다.
- 합이 되면 묶여 제대로 일이 안 풀린다.
- 월에서 충을 당하고 일에서 합이 되어 불합격될 것이다.

六神							
		⇐ 수천수	곤토(坤土)궁				
현무			財子	‖	命		
백호			兄戌	❘			子월
등사			孫申	‖	世		乙酉일
구진			兄辰	❘	身		공망 午未
주작			官寅	❘		父巳	
청룡			財子	❘	應		

승진이 가능할까?

- 승진은 관이 용신이니 2효에 있는 寅木이 용신이다.

- 寅木은 월에서 생을 받고 일에서 극을 당한다.

- 용신 관은 세효와 충이 되니 승진과 인연이 없다.

- 손효가 세효에 임하였으니 근무 중에는 편안하였다.

		천산둔 ⇐ 택지췌		태금(兌金)궁		
등사	父戌	l	父未	X	身	
구진		l	兄酉	l	應	午월
주작		l	孫亥	l		辛酉일
청룡	兄申	l	財卯	X	命	공망 子丑
현무		ll	官巳	ll	世	
백호		ll	父未	ll		

자식의 공명점

- 자식은 손이 용신이니 4효에 있는 亥水가 용신이다.

- 용신 亥水는 월에서 휴수되고 일에서 생을 받고 있다.

- 3효와 상효가 동하여 용신을 휴수시키고 있다.

- 공명은커녕 아이의 건강이 위태롭다.

- 未월 水일에 죽었다.

점술 중의 점술!! 육효!!
나이스 육효(上)

1판 1쇄 인쇄 | 2019년 05월 01일
1판 1쇄 발행 | 2019년 05월 10일

지은이 | 맹기옥
펴낸이 | 문해성
펴낸곳 | 상원문화사
주소 | 서울시 은평구 증산로 15길 36(신사동) (03448)
전화 | 02)354-8646 · **팩시밀리** | 02)384-8644
이메일 | mjs1044@naver.com
출판등록 | 1996년 7월 2일 제8-190호

책임편집 | 김영철
표지 및 본문디자인 | 개미집

ISBN 979-11-85179-30-8 (04180)
ISBN 979-11-85179-29-2 (04180)_세트

이 도서의 국립중앙도서관 출판예정도서목록(CIP)은 서지정보유통지원시스템 홈페이지
(http://seoji.nl.go.kr)와 국가자료공동목록시스템(http://www.nl.go.kr/kolisnet)에서 이
용하실 수 있습니다. (CIP제어번호 : CIP2019016935)